DuMont Schnellkurs

CHINA

Britta Rath studierte Sinologie, Japanologie und Völkerkunde. Zu Beginn der 1980er-Jahre lebte und studierte sie zwei Jahre in der Volksrepublik China und bereist das Land seit Ende der 1990er-Jahre wieder regelmäßig. Sie war über zehn Jahre als Lektorin in einem Buchverlag tätig. Heute lebt sie als freiberufliche Autorin, Lektorin und Übersetzerin in Norddeutschland.

EPSON

DuMont Schnellkurs

CHINA

Britta Rath

DUMONT

Impressum

Umschlagvorderseite von links nach rechts und von oben nach unten:
Drachenrelief auf einer roten Holztür, corbis/ Die Skyline von Shanghai-Pudong, dpa / Bronzelöwe in der verbotenen Stadt, Peking, corbis / Porzellanvase mit farbiger Malerei / Eine Schauspielerin der Pekingoper, dpa / Chinesisches Weltkulturerbe: Die Große Mauer, hier ein Teilstück in den Bergen bei Badaling, dpa

Umschlagrückseite von links nach rechts:
Der Kopf des 71 Meter hohen Le Shan Buddha in der Provinz Sichuan, dpa / Terrakotta-Armee im Grab des Ersten Kaisers, Qin Shihuangdi, E. Pansegrau

Frontispiz:
Moderne Hochhäuser am Huangpu-Fluss in Shanghai, E. Pansegrau

Bibliografische Informationen der Deutschen Bibliothek
Die Deutsche Bibliothek verzeichnet diese Publikationen in der Deutschen Nationalbibliographie; detaillierte bibliografische Daten sind im Internet über http://dnb.ddb.de abrufbar.

Originalausgabe

Satz und Herstellung: H.-J. Maschek-Schneider, Köln
Druck und buchbinderische Verarbeitung: Editoriale Lloyd

Printed in Italy ISBN 3-8321-7605-5

Inhalt

Inhalt

Die chinesische Gartenkunst

Die chinesische Malerei

Kunsthandwerk

Die chinesische Literatur

Die klassische Musik Chinas

Anhang

Vorwort

China hat über die Jahrhunderte, ja Jahrtausende hinweg immer wieder große Faszination auf die Menschen des Abendlandes ausgeübt. Waren es Handelsgüter, etwa Seide und Porzellan, die schon in früher Zeit das Interesse und die Begierde des Auslands erregten, so waren es später die großen philosophischen Schulen in der Tradition eines Konfuzius oder eines Laozi, die uns eine andere Weltsicht verhießen. Wo westliche Wissenschaft und westliche Religionen als nicht mehr ausreichend zur Lösung der Probleme unserer Zeit empfunden werden, rücken die großen Philosophien des Ostens, inklusive des Buddhismus, wieder verstärkt in den Blickpunkt. Nicht zuletzt beschäftigen sich immer mehr westlich ausgebildete Mediziner mit den Hintergründen der chinesischen Heilkunst.

China fordert den westlichen Menschen stets aufs Neue heraus. Im vergangenen Jahrhundert endete das Kaiserreich, und nach langen Kämpfen wagte das Land unter Mao Zedong das Experiment des Kommunismus chinesischer Prägung: ein Experiment, das nur partiell und für gewisse Zeit erfolgreich war – und unzählige Opfer forderte. Und heute versucht das Land wieder, einen chinesischen Weg zu beschreiten, sich zu einer Marktwirtschaft zu entwickeln und dabei – anders als die ehemalige UdSSR – nicht auseinander zu brechen. Ob, wann und gegebenenfalls wie China den Weg zu einem demokratischen Staat unseres Verständnisses beschreiten wird, bleibt abzuwarten. Die Öffnung Chinas gestaltet sich als ein schwieriges Unterfangen – vom Westen aufmerksam beobachtet und kritisch kommentiert.

China als Faszinosum indes hat unbestreitbar Bestand. Die alte Kultur, ihre Baudenkmäler und Traditionen, das kommunistische Experiment und die Rückbesinnung auf alte Werte, gepaart mit einer enorm aufstrebenden Wirtschaft und der Suche nach einem authentischen Weg, machen das Land erneut zu einer der spannendsten Kulturen der Welt. Wer heute nach China reist, erlebt wieder bunte Märkte, lebendige Tempel und pulsierende, hypermoderne Städte, taucht ein in ein Kaleidoskop alter Traditionen und modernen Fortschritts.

Das vorliegende Buch möchte zeigen, dass die chinesische Geschichte, Philosophie, Kunst und Kultur lebendig sind, viel zum Verständnis auch des modernen Chinas beitragen können. Immer wieder lassen sich deutliche Bezüge zwischen vergangenen Konstellationen und heutigen Positionen herstellen.

Wilstedt, im Dezember 2002 — Britta Rath

Reissetzen in Südwestchina

Die große und alte Kulturnation China ist auf dem Weg, eine der bedeutendsten Wirtschaftsnationen der Welt zu werden. Ausländische Wirtschaftskapitäne blicken auf die riesige Bevölkerung und hoffen, hier preiswert produzieren und auf längere Sicht viel absetzen zu können. Darüber hinaus präsentiert sich das Land als politisches Schwergewicht – im asiatischen Raum und als ›global player‹. Doch die Volksrepublik gerät mit ihrer Politik der wirtschaftlichen Öffnung ohne politische Liberalisierung immer wieder in die Kritik. Ob es die Tibet-Frage ist oder die Situation der nationalen Minderheiten insgesamt, die Frage von Pressefreiheit oder die Arbeit demokratischer Gruppen, das Verbot religiös-politischer Bewegungen wie der Falun Gong: Umstritten ist so manches.

Das Land

Wer sich China annähert, sollte sich zunächst eines vor Augen halten: Die Volksrepublik ist mit ca. 9,6 Millionen qkm größer als Europa. Während der nördlichste Punkt des Landes auf nahezu einer Höhe mit Hamburg liegt, befindet sich die südliche Metropole Guangzhou (Kanton) bereits auf einem Breitengrad mit dem ägyptischen Assuan. Im Westen greift China weit nach Zentralasien aus, im Osten und Süden grenzt es an Randmeere des Pazifischen Ozeans. Dementsprechend vielfältig sind die Landschaften und die Völker des Landes.

Wüsten wie Gobi und Taklamakan sowie die endlose Weite der mongolischen Steppe bestimmen die Landschaft im Norden und Nordwesten, Regenwälder den Süden und Südwesten, und mit dem Himalaya und dem Qinghai-Tibet-Plateau zählt eine der höchsten Regionen der Welt in Teilen zu China.

Der Osten des Landes stellt traditionell die Kultur- und Wirtschaftsregion des Landes dar. Die gewaltigen

Flüsse Huang He (Gelber Fluss) und Yangzi Jiang (Jangtse oder Chang Jiang) sind Fluch und Segen zugleich: Die Überschwemmungen des Huang He haben im Lauf der Jahrtausende eine fruchtbare Lösslandschaft entstehen lassen, mit der Nordchinesischen Tiefebene bewässern er und seine Nebenflüsse Wei und Huai die nördliche Kornkammer Chinas. Weiter südlich erfüllt der Yangzi diese Funktion. Er und seine Nebenflüsse bewässern das Rote Becken von Sichuan im Nordwesten wie auch die Reisfelder im Südosten Chinas.

Die Wüste Gobi und im Hintergrund der Tian Shan

Während in der nördlichen Hälfte des Landes ein warmgemäßigtes Klima herrscht und die Wintertemperaturen weit unter den Gefrierpunkt absinken, ist der Süden subtropisch geprägt.

Das chinesische Territorium bildet die Heimat für etwa 1,3 Milliarden Menschen; 92 % davon sind Han-Chinesen, die übrigen gehören 55 anderen Nationalitäten, so genannten nationalen Minderheiten, an (s. S. 56). Auf das gesamte Land gerechnet scheint China eher dünn besiedelt, doch konzentrieren sich etwa 75 % der Bevölkerung auf nur 15 % der Landfläche: in den fruchtbaren Landstrichen an Huang He und Yangzi und entlang der Ostküste. Über 15 Städte in China haben mehr als zwei Millionen Einwohner. Hierzu zählt die Metropole Chongqing im Südwesten des Landes, die erst vor einigen Jahren zur regierungsunmittelbaren Stadt erklärt wurde, ebenso wie Shanghai, Beijing oder Tianjin.

Steppenreiter in der Mongolei

All dies und vieles mehr sollte man bedenken, wenn man sich mit der Geschichte, der Kultur Chinas im Verlauf der Jahrtausende sowie den Problemen des heutigen Chinas und dem Potenzial dieses Landes befasst.

Die Frage, wie das Wasser, die Gewalt der Flüsse, zu kontrollieren und dem Menschen nutzbar zu machen ist, die Notwendigkeit, Ackerland zu bewässern, aber auch der Wunsch, Handelswege zu Wasser zu schaffen, veranlassen nicht erst die heutigen Regierenden Chinas, über Lösungen nachzudenken.

Wasserkraftwerk am Gelben Fluss

Vorreiter im Altertum waren etwa der Gouverneur des heutigen Sichuan, Li Bing, und sein Sohn Li Erlang. Sie ließen in der Zeit der Streitenden Reiche (475–221 v. Chr.) Dujiang Yan anlegen, ein aufwändiges Kanal- und Stausystem am Min Jiang im Südwesten Chinas. Der Min-Fluss wurde in zwei Kanäle geteilt, wobei sich der äußere Kanal nochmals teilt – zum einen in den alten Flusslauf, der der Schifffahrt diente und ein Ausweichbecken bei Hochwasser bildete, und in einen weiteren Kanal, der unzählige Bewässerungsgräben speist. Noch 1958 vermochte dieses System eine Agrarfläche von 3720 ha zu bewässern.

Ein anderes Beispiel liefert der Kaiserkanal, jene künstliche Wasserstraße, die auf den Sui-Kaiser Yangdi (reg. 604–617) zurückgeht. Dieser Kanal verbindet die beiden gewaltigsten Ströme Chinas miteinander – den Gelben Fluss (Huang He) und den Yangzi oder Chang Jiang – und bildet so bis heute eine wichtige Verkehrsader zwischen dem Norden und dem Süden des Riesenreichs.

Im 20. Jh. rief Mao Zedong die Bevölkerung Chinas dazu auf, mit simplen Mitteln (Sprengstoff und Schaufeln) einen Kanal zu bauen, um die trockenen Regionen im Zentrum des Landes zu bewässern: Der Rote-Fahne-Kanal entstand. Und heute plant die Regierung erneut gewaltige Projekte, um Wasser umzuleiten und dem Norden Chinas Wasser zuzuführen. Dies gilt auch für die Hauptstadtregion um Beijing und Tianjin. Die Trockenheit nimmt hier alljährlich zu und bedroht die Ernten, der Beijinger Grundwasserspiegel sinkt Jahr für

Jahr ab. Der gewaltige Strom des Gelben Flusses, der von Westen kommend das Lössland durchschneidet und im Osten ins Gelbe Meer mündet, liefert häufig nicht mehr die nötige Wassermenge. Auf der anderen Seite tritt der zweite große Strom des Landes, der Yangzi Jiang oder Chang Jiang, im südlichen China, immer wieder mit katastrophalen Folgen über die Ufer.

Um die Fluten des Yangzi zu bändigen, baut man einen ökologisch und sicherheitstechnisch umstrittenen und Kulturdenkmäler verschlingenden Staudamm. Als weitere Maßnahme sollen zunächst im östlichen und mittleren, später auch im westlichen Bereich des Flusses Kanäle (aus)gebaut und Wasser vom Yangzi und seinen Nebenflüssen über mehr als 1000 km nach Norden gepumpt werden. Modernste Technik soll hierbei zum Einsatz kommen.

Da bei diesen Projekten auch Stauseen geschaffen bzw. vergrößert werden, müssen wie beim Staudammbau am Yangzi erneut Hunderttausende Menschen umgesiedelt werden. Und auch dieses Projekt gilt ökologisch als nicht unbedenklich. Doch die Regierung sieht einerseits das zunehmende wirtschaftliche Ungleichgewicht zwischen dem Norden und Süden des Landes, will insgesamt die Infrastruktur gen Norden verbessern und sieht darüber hinaus in diesen gigantischen Projekten ein Mittel zur Arbeitsplatzbeschaffung: Zurzeit sind etwa 80 Millionen Chinesen als Wanderarbeiter auf Jobsuche im Land unterwegs.

Wasserräder der Dong in der Autonomen Region Guangxi

ca. 5.–2. Jt. v. Chr.
Neolithikum
um 2205–1766 v. Chr.
Xia-Zeit
um 1650–1050 v. Chr.
Shang-Zeit
um 1050–226 v. Chr.
Zhou-Zeit
um 1050–771 v. Chr.
Westliche Zhou
(770–476 v. Chr.: Zeit der Frühlings- und Herbstannalen)
(475–221 v. Chr.: Zeit der Streitenden Reiche)
(551–479 v. Chr.: Zeit der Hundert Schulen)
221–206 v. Chr.
Qin-Zeit

Die chinesische Frühzeit

Die Betrachtung der chinesischen Frühzeit hat zunehmend an Bedeutung gewonnen. Zahlreiche Funde, die in vielen Teilen des Landes zum Vorschein kamen, lassen heute keinen Zweifel mehr daran, dass sich die chinesische Kultur, die chinesische Zivilisation eigenständig auf ihrem Territorium entwickelte. In ihren Anfängen präsentiert sie sich noch als ein Konglomerat zahlreicher unabhängiger Kulturen und auch ethnischer Gruppierungen, die sich allmählich zu einer Kultur verbunden haben.

China war bereits früh besiedelt. Nicht zuletzt weisen Knochenfunde darauf hin, dass schon vor 1,7 Millionen Jahren Frühformen des Homo erectus, der so genannte Yuanmou-Mensch, existierten. Für die Zeit vor 800 000–600 000 Jahren ist der Lantian-Mensch belegt. Als einer der ältesten Vorfahren der heutigen Chinesen gilt der Liujiang-Mensch, dessen Überreste in Südwestchina, in der heutigen Autonomen Region Guangxi, gefunden und auf ein Alter von 18–19 000 Jahren datiert wurden. Viele Artefakt- und auch Tierskelettfunde bestätigen schließlich eine weit gestreute und regional differenzierte Besiedlung des chinesischen Territoriums bereits für die Zeit vor 12 000–30 000 Jahren. Allgemein bekannt sind die Existenz und der Fundort des Pekingmenschen, Sinanthropus pekinensis, der 1929 in Zhoukoudian bei Beijing (Peking) entdeckt wurde.

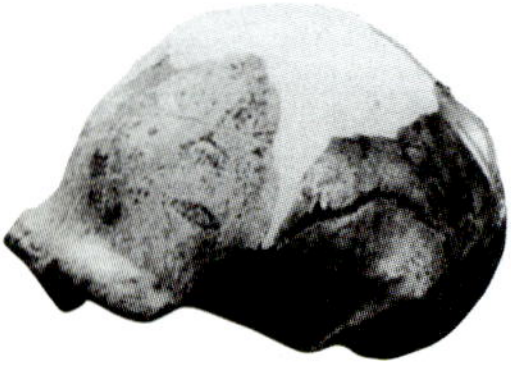

Restaurierter Schädel des so genannten Lantian-Menschen, der 1964 entdeckt wurde

Für die **Jungsteinzeit** sind in China Gesellschaftsstrukturen bezeugt. Neben der **Peiligang-Kultur** (6500–5000 v. Chr.) gilt die **Hemudu-Kultur** (5000–3000 v. Chr.) als eine der ältesten neolithischen Gesellschaften Chinas. Während die Menschen der Peiligang-Kultur in halb in den Boden eingetieften Grubenhäusern lebten, errichteten die Hemudu-Leute Pfahlbauten, denn ihr Lebensraum lag am klimatisch feucht-milden Unterlauf des Yangzi-Flusses. Die Holzkonstruktionen der Hemudu-Kultur wiesen bereits komplexe Techniken mit Zapfen, Nut und Boh-

Schädel des Pekingmenschen, dessen Alter auf ca. 500 000 Jahre geschätzt wird

Objekt der Peiligang-Kultur: Dieser Mühlstein mit einer Stabwalze aus Sandstein wurde zum Mahlen von Körnern verwendet.

rungen auf, wie sie bis heute verwendet werden. Man weiß, dass diese Menschen bereits Reisanbau betrieben und schwarze Keramiken mit geometrischen Ritzmustern herstellten. Zwei weitere, nicht zuletzt aufgrund ihrer Keramiken bekannt gewordene neolithische Kulturen sind Yangshao (5000–3000 v. Chr.) und Longshan (um 4000–2000 v. Chr.).

Die **Yangshao-Kultur** entwickelte sich auf dem chinesischen Lössplateau in Nord-Henan und Süd-Shanxi. Typisch für ihre Keramik sind die rötliche Farbe und geometrische sowie stilisierte Frosch- und Fischmotive. Außerdem weisen die Keramiken teils Ritzzeichen auf, die als frühe Formen der chinesischen Schrift gelten. Eine der bekanntesten Ausgrabungsstätten für die Yangshao-Kultur stellt das Dorf Banpo nicht weit von Xi'an dar. Das Wohnviertel des Dorfes war in einem unregelmäßigen Oval angelegt und von einem ca. 6 m tiefen Schutzgraben umgeben. Die runden oder eckigen Stampflehmhäuser, die sich um ein zentrales Gebäude gruppierten, waren zumeist leicht unter das Bodenniveau abgesenkt. Gräber und Brennöfen waren außerhalb des Wohnbezirks positioniert, lediglich Kinder wurden in irdenen Urnen nahe den Häusern beigesetzt. Archäologen machten darüber hinaus die Fundamente von Stallungen aus, entdeckten Vorratsgruben, Gewebereste etc. Aus diesen Fundstücken lässt sich schließen, dass die Bewohner Banpos von Ackerbau

206/202 v. Chr.–220
Han-Zeit
(206/202 v. Chr.–9 n. Chr.: Westliche Han)
(9–23/25: Interregnum des Wang Mang
(25–220: Östliche Han)
220–264
Zeit der Drei Reiche (Sanguo)
265–317
Westliche Jin-Zeit
317–589
Zeit der Nord- und Süddynastien (Nanbeichao)
581/589–618
Sui-Zeit
618–906
Tang-Zeit
690–705
Zhou-Dynastie (Wu Zetian)

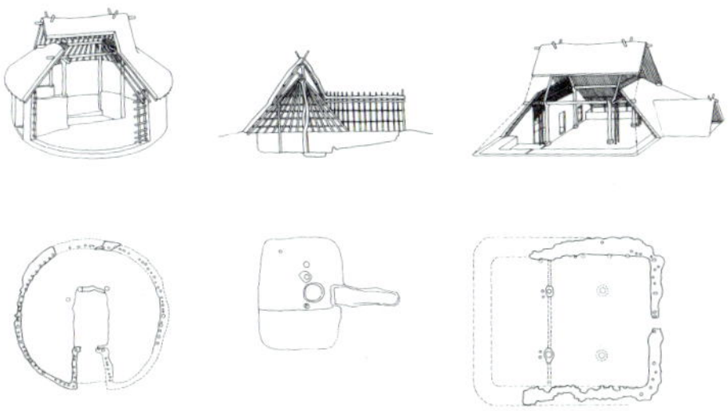

Grundrisse und Ansichten von drei Häusern, deren Überreste im neolithischen Dorf Banpo nahe Xi'an gefunden wurden

Objekt der Longshan-Kultur: Deckeltopf aus poliertem schwarzen Ton

907–960
Fünf Dynastien im Norden
901–979
Zehn Königreiche im Süden
960/979–1279
Song-Zeit
(960–1127: Nördliche Song)
(1127–1279: Südliche Song
(1115–1234: Liao-Dynastie (Nordchina)
(1115–1234: Jin-Dynastie (Nordchina)
1271–1368
Yuan-Zeit (Mongolen)
1368–1644
Ming-Zeit
1644–1911
Qing-Zeit (Mandschuren)
1911–49
Republik China
seit 1949
Republik China auf Taiwan
seit 1949
Volksrepublik China

(Hirse) und Viehzucht (Schweine, Hunde), Jagd und Fischfang lebten und auch die Textilherstellung beherrschten.

Die **Longshan-Kultur** entwickelte sich in der Provinz Shandong und in der nordchinesischen Tiefebene etwa 1000 Jahre später. Auch hier handelt es sich um eine agrarisch geprägte Gesellschaft, die vor allem vom Hirseanbau lebte und neben Schweinen und Hunden auch Schafe und Rinder hielt. Zur Keramik traten allmählich erste Versuche der Metallverarbeitung. Die Longshan-Kultur besaß bereits Städte, teils mit Wasserleitungen bestückt. Manches deutet darauf hin, dass in dieser Kultur hierarchische Strukturen ausgebildet waren und dass es spezialisierte Berufsgruppen gab (Orakelpriester, Töpfer). Neben den bereits erwähnten existierten weitere neolithische Kulturformen, auf die an dieser Stelle jedoch nicht weiter eingegangen werden kann.

Die ersten Staaten: Xia, Shang und Zhou

Bei der Frage nach den Anfängen Chinas fließen mythische und faktische Elemente zusammen. Die ausschließlich legendenhaften Ursprungsgeschichten des Landes finden sich in dem gesonderten Kapitel »Mythologie« (s. S. 58). Anzuknüpfen ist jedoch an den mythischen Herrscher Yu, denn mit ihm beginnt laut Tradition die erbliche Thronfolge in China. Yu gilt als Bezwinger der Fluten und als Begründer der halblegendären **Xia-Dynastie** (21.–16. Jh. v. Chr.). Allerdings bringen archäologische Untersuchungen in unseren Tagen die Bezeichnung ›halblegendär‹ ins Wanken: Fundstücke im Bereich des ›Knies‹ des Gelben Flusses, die auf das 19.–16. Jh. v. Chr. datiert werden, erlauben die These, dass die bisher nur aus deutlich jüngeren schriftlichen Quellen (insbesondere aus dem »Shi Ji« des Sima Qian, 145–73 v. Chr.) belegte Xia-Dynastie tatsächlich existierte. Dies könnte bedeuten, dass damit die älteste dynastische Struktur Chinas belegbar wird. Die Ergebnisse weiterer Grabungen bleiben deshalb mit Spannung abzuwarten.

Das Herrschaftsgebiet der Shang erstreckte sich von den Flusstälern der nordchinesischen Tiefebene bis zum Mittellauf des Yangzi. Diese Epoche der chinesischen Geschichte, die **Shang-Zeit** (16.–11. Jh. v. Chr.), ist sowohl durch schriftliche wie durch archäologische Quellen eindeutig belegt. Bei den schriftlichen Quellen handelt es sich zumeist um Inschriften auf bronzenen Ritualgefäßen und auf Orakelknochen (s. S. 168). Neben Widmungen und Orakelfragen finden sich darunter auch Berichte über bedeutende Ereignisse. Über 3000 Schriftzeichen, bisher nur zu einem Drittel verständlich, hat man gelistet.

Dieses Bronzegefäß vom Typ *ding* aus der späten Shang-Zeit (Ende des 11. Jh. v. Chr.), das in der Provinz Hunan entdeckt wurde, besticht vor allem durch das menschliche Anlitz.

Die Shang unterhielten vermutlich sechs Hauptstädte, von denen bisher zwei genauer untersucht wurden. Die Städte wiesen bereits eine klare Gliederung in verschiedene Bereiche auf: Palastbereich, Wohnviertel, Handwerkerquartiere etc. Die Gräberfelder wiederum lagen deutlich entfernt von diesen Bereichen. Stampflehmwälle schützten die Shang-Städte.

An der Spitze der Herrschaftshierarchie stand der König als weltliches und religiöses Oberhaupt, gefolgt von einer aristokratischen Oberschicht. Hierzu zählten Spezialisten für rituelle Handlungen, Kriegeradlige und Beamte. Durch die Vergabe von Lehen wurden Vasallen zur Treue und zu Dienstleistungen gegenüber dem Herrscher verpflichtet – vor allem hinsichtlich des militärischen Beistands.

Im religiösen Bereich stand der Ahnenkult im Mittelpunkt. Dem obersten Ahnherrn, Shangdi, wurden ebenso wie verstorbenen Vorfahren Opfer dargebracht. Darüber hinaus verehrte man Naturgottheiten.

Angehörige des **Zhou-Reiches** (11. Jh.–256 v. Chr.), ursprünglich Verbündete der Shang, stürzten den letzten Shang-König und errichteten im Tal des Wei-Flusses nahe dem heutigen Xi'an ihre Hauptstadt Hao. An

Wahrsagung mit Orakelknochen

Meist finden sich auf den Orakelknochen Fragestellungen, die einmal positiv und einmal negativ formuliert wurden. In den Zwischenraum zwischen diesen Fragen trieb man Löcher und in diese dann glühende Bronzestäbe. Durch die Hitze entstanden unregelmäßige Risse, die dann zur Antwortfindung gedeutet wurden. Dies war dem Herrscher der Shang vorbehalten, der nicht nur als weltliches, sondern auch als religiöses Oberhaupt fungierte.

Die **Zhou-Zeit**, die längste Herrschaftsepoche in der chinesischen Geschichte, teilt sich in die Westliche Zhou-Dynastie (11. Jh.–771 v. Chr.) und die Östliche Zhou-Dynastie (770–226 v. Chr.) – östlich, weil die Hauptstadt aufgrund von kriegerischen Auseinandersetzungen 770 v. Chr. nach Osten in die Nähe von Luoyang verlegt wurde. Die Östliche Zhou-Zeit wiederum gliedert sich in die Zeit der Frühlings- und Herbstannalen (Chunqiu, 770–476 v. Chr.) und die Zeit der Streitenden Reiche (Zhanguo, 475–221 v. Chr.). Innerhalb der Chunqiu-Zeit nennt man die Jahre 551–479 v. Chr. auch die Zeit der Hundert Schulen (551–479 v. Chr.).

der Spitze des Zhou-Reichs stand der König als weltlicher Herrscher, als Ahnenpriester und Lehnsherr. Während unter den Shang eine brüderliche Thronfolge herrschte, führten die Zhou die Vater-Sohn-Erbfolge ein. Das Reich wurde in zahlreiche Kleinstaaten aufgeteilt, die von Mitgliedern der Königsfamilie – insbesondere Brüdern des Herrschers – und verbündeten Sippen verwaltet wurden. Die einfache Bevölkerung war abhängig von der Adelsklasse: Fronarbeit und Ernteabgaben waren zu leisten. Die Handwerker produzierten ausschließlich für die aristokratischen Familien: Tonwaren, die berühmten Zhou-Bronzen, aber auch Seidenstoffe oder Lackwaren waren gefragte Luxusartikel. Zwar entstand ganz allmählich auch eine Kaufmannsschicht, doch rangierte diese weit unten im Sozialgefüge.

Im religiösen Kultus gab es bedeutungsvolle Veränderungen: Nicht mehr Shangdi – der oberste Ahnherr – wurde verehrt, sondern der Himmel, *tian*. Der Herrscher galt als Sohn des Himmels (*tianzi*) und hatte den himmlischen Auftrag inne, auf Erden zu herrschen und für das Wohl seiner Untertanen und des Reichs Sorge zu tragen. Dies tat er u. a., indem er regelmäßig Opferzeremonien vollzog und mit dem Himmel Zwiesprache hielt. Vernachlässigte er seine Pflichten, so konnte dies beispielsweise Naturkatastrophen, Hungersnöte etc. auslösen – Ereignisse, die das Volk legitimierten, ihn abzulösen (s. S. 29; 65: das Mandat des Himmels). Auf diese Weise hatten die Zhou bereits den Sturz der Shang begründet: mit der Verderbtheit und Unfähigkeit des Königs.

Das Lehensprinzip der Zhou diente u. a. dazu, eine ständige ›Streitmacht‹ zu bilden, um etwaige Rivalen des Herrschers vom Hof entfernen zu können. Eine anfangs erfolgreiche Strategie, die sich im Laufe der Zeit jedoch ins Gegenteil verkehrte. Die Lehensfürsten gewannen zunehmend an Macht, hatten ihre eigenen Streitkräfte und gingen mehr und mehr ihren eigenen regionalen Interessen nach – und nicht denen des Königs.

Im Jahr 770 v. Chr. zwang ein Bündnis aus Rong-Barbaren und rebellierenden Adeligen den Zhou-König, seine Hauptstadt nach Osten in die Nähe des heutigen Luoyang zu verlegen – der Beginn der Östlichen Zhou-Zeit. In dieser Zeit häuften sich die Machtkämpfe zwischen den einzelnen Lehensstaaten, deren Zahl von fast 1000 auf ca. 25 zurückging. So verloren zahlreiche Beamte und gebildete Staatsmänner ihre Stellungen, zogen sich frustriert und notgedrungen aus dem Staatsdienst zurück und suchten neue Antworten auf die Frage nach dem Lebenssinn an sich. In diesem Zuge beschäftigten sie sich mit Staatstheorie, Moral und Ethik: Es ist die Zeit der Frühlings- und Herbstannalen und der Hundert Schulen, die Zeit des Konfuzius (s. S. 63) und des Laozi (s. S. 75). In ihr entstanden jene Vorstellungen und Schriften, die das chinesische Gesellschafts- und Staatswesen sowie das chinesische Weltbild prägten und bis heute prägen. Es war die Blütezeit von Philosophie, Dichtkunst und Musik.

Mythischer Vogel, Östliche Zhou-Zeit, Zeit der Streitenden Reiche, 5. Jh. v. Chr., Provinz Hubei. Geflügelte Wesen, wie dieser Vogel mit Hirschgeweih, geleiteten die Verstorbenen ins Jenseits.

Auf der anderen Seite erweiterten die Lehensfürsten ihre Streitkräfte, die Waffenproduktion nahm zu, von benachbarten Nomaden wurde die Kavallerie übernommen – und die einstigen Vasallen der Zhou schufen sich ihre eigenen Staaten, die sie sogar mit Mauern oder Erdwällen umgaben. Sie kämpften weiter gegeneinander – bis nur noch wenige Staaten bzw. Fürstentümer übrig blieben, von der Geschichtsschreibung als die Streitenden Reiche (Zhanguo, 475–221 v. Chr.) bezeichnet. Um 300 v. Chr. hatten sich sieben Reiche herausgebildet: Han, Wei und Zhao, Qi, Yan, Qin und Chu. Unter diesen findet sich bereits jener Name, der mit der Gründung des ersten großen chinesischen Reichs verbunden ist: Qin.

Das geeinte Reich: die Qin-Zeit

247 v. Chr. übernahm König Zheng (gest. 210 v. Chr.) die Herrschaft im militärisch und wirtschaftlich starken Fürstentum Qin. Ihm gelang es bis 221 v. Chr., die übrigen Teilstaaten zu besiegen und seinem Herrschaftsgebiet einzuverleiben. Von nun an nannte sich

Aufstellung der tönernen Krieger der Terrakotta-Armee um das Grab des Ersten Kaisers

Die gewaltige Grabanlage, die sich der chinesische Reichseiniger Qin Shihuangdi in der Nähe seiner Hauptstadt Xianyang (beim heutigen Xi'an) errichten ließ, umfasst ein Gesamtareal von 2,5 qkm. Den Mittelpunkt bildet der Grabhügel – eine vierseitige, nahezu quadratische Pyramide mit einer Basis von 350 x 345 m und einer abgeflachten Spitze –, der heute noch 45 m emporragt. Der Grabhügel, unter dem die Grabkammer des Herrschers vermutet wird, blieb bis heute ungeöffnet. Technisch, konservatorisch sowie finanziell stellt eine zukünftige Öffnung kein leichtes Unterfangen dar. Archäologen gehen von Abmessungen von 460 x 392 m aus – und einer aufwändigen Gestaltung der Kammer. Der berühmte chinesische Geschichtsschreiber Sima Qian berichtet in seinen »Historischen Aufzeichnungen« (»Shi Ji«) von einer märchenhaft anmutenden unterirdischen Anlage, und Bodenuntersuchungen legen inzwischen nahe, dass seine Schilderungen durchaus der Realität entsprechen könnten. Berücksichtigt man die gewaltigen Ausmaße, die Imposanz der bereits freigelegten Schächte mit der Terrakotta-Armee, so scheinen die märchenhaften Schilderungen nicht mehr ganz so unwahrscheinlich.

Bau und Ausstattung der Grabanlage

»Die Arbeiter gruben durch drei unterirdische Wasseradern, die sie abschnitten, indem sie Bronze hineingossen, um die Grabkammer zu errichten. Diese füllten sie mit Modellen von Palästen, Pavillons und Amtsgebäuden, ferner mit kostbaren Gefäßen und Steinen sowie wunderbaren Raritäten. Handwerker erhielten den Auftrag, auf Eindringlinge zielende Armbrüste mit mechanischen Selbstauslösern zu installieren. Die verschiedenen Ströme des Landes, der Yangzi und der Gelbe Fluss, und selbst der große Ozean wurden mit Quecksilber nachgeahmt, das eine mechanische Vorrichtung in Bewegung hielt. Oben waren Konstellationen des Firmaments dargestellt und unten das geographische Relief der Erde. Leuchter wurden mit Walfischöl gespeist, um zu gewährleisten, dass sie ohne zu verlöschen für immer brannten (...). Schließlich pflanzte man Bäume und säte Gras (auf dem Grabhügel), damit er wie ein Berg aussähe.«
(Auszug aus dem »Shi Ji« des Sima Qian)

Plan der Grabanlage

1 Grabhügel
2 Innere Mauer (684,5 x 578 m)
3 Äußere Mauer (2173 x 974,2 m)
4 Steinmetzwerkstätten
5 Fundamente der Seitengebäude
6 Fundamente des Grabtempels
7 Fundamente vom Amt des Kostmeisters
8 Bronzene Staatskarossen
9 Seltene Tiere und ihre Wärter
10 Pferdestallungen
11 Massengräber

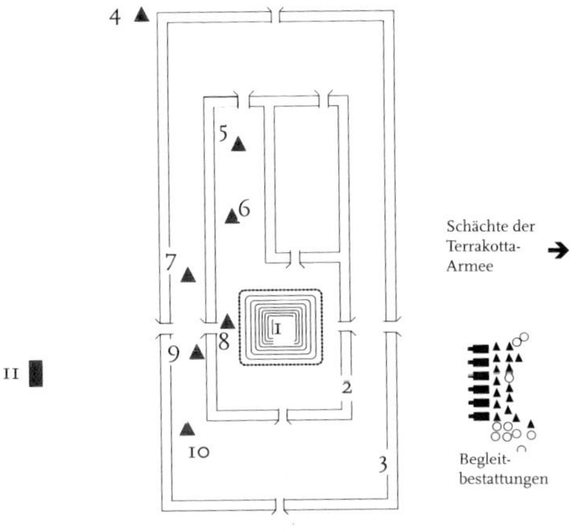

Von den oberirdischen Tempel- und Palastanlagen blieben nur Fundamente erhalten, da erstere bereits 206 v. Chr. beim Einmarsch feindlicher Truppen einem Brand zum Opfer fielen. In großen Teilen erhalten und inzwischen ausgegraben hingegen ist die Terrakotta-Armee. Ihre Entdeckung verdankt die heutige Welt einem Zufall. 1974 stießen zwei Bauern beim Ausschachten eines Brunnens auf die Anlage. Innerhalb weniger Jahre legten Archäologen vier Schächte frei, die Tausende terrakottener Krieger, 600 Pferde, 100 hölzerne Kriegswagen, Bronzekarossen etc. bargen. Diese tönerne Armee symbolisiert die militärische Macht des Ersten Kaisers; sie soll sein Grab schützen. Die Anordnung der Figuren in den Schächten folgt den Regeln der damaligen Kriegskunst. Die Kampftruppe in Schacht 1 gliedert sich in eine Haupttruppe, in Vor- und Nachhut sowie zwei Flanken. In üblicher Kampfaufstellung folgen Infanteristen auf Bogenschützen. Schacht 2 symbolisiert vermutlich eine Nachschubeinheit, bestehend wiederum aus Bogenschützen, Infanterie sowie Kavallerie und Quadrigen. Schacht 3 scheint die Kommandantur darzustellen: Der prunkvolle Kriegswagen, wachhabende Soldaten und eine Opferstelle deuten darauf hin.

Die Armee des Qin Shihuangdi beeindruckt nicht zuletzt durch die Größe der Figuren, die mit 1,80–2 m überlebensgroß sind. Obwohl man sie nicht einzeln modellierte, sondern aus jeweils in großen Stückzahlen gefertigten Teilen zusammensetzte, besitzen sie individuellen Ausdruck: Jede Plastik erhielt spezifische Details und wurde bemalt.

Fiktives Porträt des Qin Shihuangdi, der das Reich einte und sich »Erster Kaiser von Qin« nannte

Zheng »Erster Kaiser von Qin« – Qin Shihuangdi. Das Einheitsreich war geboren. Der Herrscher war den legalistischen Ideen insbesondere des Shang Yang (um 390–338 v. Chr.) verbunden (s. S. 72), die er dann mit Hilfe seines Beraters und Kanzlers Li Si zunächst im Fürstentum und dann im großen Reich Qin umsetzte. Ein zentralistisch geführtes Staatswesen wurde aufgebaut, das Reich in 36, später 40 Provinzen gegliedert, die jeweils ein ziviler und ein militärischer Beamter gemeinsam verwalteten. Um die Verwaltung zu erleichtern und den Machtfluss von oben – dem zentralen Kaiserreich – bis in die unteren Ebenen zu erleichtern, waren Vereinheitlichungen notwendig: von der Schrift, über Zahlungsmittel, Maße und Gewichte, den Kalender bis hin zu den Spurbreiten der Wagen. Ein gewaltiges Netz von so genannten Eilstraßen (*chidao*) mit Post- und Relaisstationen wurde von der Hauptstadt Xianyang (beim heutigen Xi'an) über das Land gezogen und Kanäle wurden zu Bewässerungs- und Transportzwecken angelegt.

Eilstraßen
Das Eilstraßennetz verband beispielsweise das heutige Pyöngyang (Nordkorea) ebenso mit der Hauptstadt wie Hanoi (Vietnam), Kunming (Provinz Yunnan), Chengdu (Provinz Sichuan), Guangzhou (Kanton; Provinz Guangdong) oder Hangzhou (Provinz Zhejiang). Im Bereich der Kanäle konnte Qin Shihuangdi auf den seit der Zeit der Streitenden Reiche bestehenden Kanal zwischen Gelbem Fluss und Yangzi zurückgreifen. Zusätzlich ließ er die Kanalsysteme des Yangzi und des Perlflusses im Süden miteinander verbinden (durch den Lingqu, den Magischen Kanal), sodass man nun von der Hauptstadt zu Wasser bis nach Guangdong gelangen konnte.

Zu den gigantischen Projekten des Kaisers gehörten aber auch die erste ganz China von West nach Ost durchziehende Mauer, die Große Mauer (s. S. 112), und die Grabanlage, die der Herrscher für sich anlegen ließ. Dies waren Projekte, für die Millionen von Fronarbeitern und Sträflingen herangezogen wurden.

Der Drang zur Vereinheitlichung und das Bestreben, den Legalismus auf die gesamte Reichsstruktur anzuwenden, machten auch vor der Literatur nicht Halt. Dies betrifft vor allem jene Schriften, die – wie die konfuzianischen – Gesellschaftssysteme und Strukturen vorheriger Herrschaftssysteme lobpriesen. 213 v. Chr. kam es zur großen Bücherverbrennung konfuzianischer Schriften, und viele Konfuzianer wurden ermordet. Dieser Umstand war ursächlich dafür, dass die Geschichtsschreiber späterer Zeit den Ersten Kaiser verteufelten. Der Sohn Qin Shihuangdis, Ershi Huangdi, der nach dessen Tod 210 v. Chr. den Thron bestieg, konnte das Reich nicht für seine Dynastie erhalten. Bauernaufstände und Machtkämpfe flammten auf. Einzelne Mitglieder des unter den Qin entmachteten Adels, aber auch andere nutzten den Augenblick und ernannten sich zu Herren über einzelne Gebiete. Letztlich siegte ein kleiner Beamter bäuerlicher Herkunft mit seinen Anhängern: Liu Bang. 206 v. Chr. fiel die Qin-Hauptstadt Xianyang und damit die Dynastie des Ersten Kaisers.

Die Han-Zeit (206/202 v. Chr.–220 n. Chr.)

Liu Bang (256/247– 197/195 v. Chr.), der einfache Beamte und Bauerssohn, bestieg 202 v. Chr. als Kaiser Gaozu, Großer Ahnherr, den Thron eines erneut geeinten Chinas. Er sollte sich als Begründer der **Han**, einer der großen chinesischen Dynastien, etablieren. Noch heute nennen sich die Chinesen nach dieser Epoche *hanren*, Han-Menschen. Liu Bang agierte klug. Ihm war klar, dass man zwar zu Pferde ein Reich erobern, es aber auf Dauer auf diese Weise nicht halten kann. So bewahrte er einen zentralistisch organisierten Regierungsapparat im Westen seines Reichs, im Osten aber machte er Abstriche, indem er halbautonome, erbliche Reiche unter Führung von Personen seines Familiennamens etablierte. Er hob die drakonische legalistische Strafgesetzgebung der Qin auf, versah sich mit gebildeten Beratern und reduzierte die Abgabenlast der Bevölkerung ebenso wie die Fronarbeit.

Unter Han Gaozu und seinen Nachfolgern erholte sich das Reich. Als Führungselite etablierte sich statt der alten Aristokratie eine neue Schicht, die so genannte Gentry: Ihr gehörten Clans wohlhabender Staatsbeamter und Kaufleute an, die auch Grundbesitz anhäuften und die bäuerlichen Pächter erneut mit höheren Abgaben und Frondiensten belasteten.

Zwei Tänzer; zwei Han-zeitliche Tonfiguren, die in der Nähe von Luoyang (Provinz Henan) ausgegraben wurden

Die **Han-Zeit** gliedert sich in die Westliche oder Frühe Han-Zeit (206/202 v. Chr.–8 n. Chr.) mit der Hauptstadt Chang'an (heute Xi'an), das Interregnum des Wang Mang (Xin-Zeit; 9–25 n. Chr.) und die Östliche oder Spätere Han-Zeit (25–220) mit der Hauptstadt Luoyang.

Ein ständiges Thema in der Han-Zeit bildeten die Einfälle und Plünderungen im Westen des Reichs, insbesondere durch das Reitervolk der Xiongnu. Zeitweilig versuchte man diese mit Geschenken – Seide, Getreide oder auch Han-Prinzessinnen als Gattinnen der Xiongnu-Führer – zu beschwichtigen. Insbesondere die Seidengaben nutzten die Xiongnu zum Handel, gaben sie an Händler aus Persien, Indien oder dem türkischen Raum weiter, sodass schon im 1. Jh. v. Chr. Seide ins Römische Reich gelangte.

Unter dem großen Han-Kaiser Liu Che (bzw. Han Wudi; reg. 141–87 v. Chr.) änderte sich die Politik. Die Tributzahlungen, denn nichts anderes waren jene Geschenke früherer Jahre, wurden eingestellt und im Jahr 139 v. Chr. eine Expedition unter Führung Zhang Qians gen Zentralasien ausgesandt. Er sollte versuchen, alte Feinde der Xiongnu, die Yuezhi, als Verbündete zu gewinnen. In den über 50 Jahren der Herrschaft Han Wudis dehnten die Han die Einflusssphäre ihrer Kultur bis nach Vietnam im Süden und Korea

Technische, wissenschaftliche und kulturelle Entwicklungen
Die Han-Zeit war eine blühende Epoche. Die wirtschaftliche Grundlage hierfür bildete insbesondere die Landwirtschaft, die von Bewässerungsprojekten, der Einführung des von Rind oder Wasserbüffel gezogenen gusseisernen Pflugs sowie verbesserten Anbaumethoden profitierte. In der Wissenschaft schritten Mathematik und Astronomie voran: 104 v. Chr. wurde der Mondkalender eingesetzt (s. S. 60), die Erfindung des Papiers ist für 105 n. Chr. schriftlich belegt und 132 n. Chr. wurde der Seismograph erfunden. Zu den bedeutendsten Literaturwerken der Zeit zählen das »Shi Ji« (»Historische Aufzeichnungen«) des Sima Qian (145–86 v. Chr.; s. S. 176) und das »Han Shu«, eine Geschichte der Westlichen Han-Zeit.

Rekonstruktion des von Zhang Heng 132 n. Chr. gebauten Seismoskops. Bei bestimmten Erdwellen ›spuckten‹ die Drachen Kugeln aus. Das Wissen um die genaue Funktionsweise ging jedoch verloren und ist bis heute nicht wieder erschlossen.

im Norden aus. Im Westen reichte ihr Territorium bis ins zentralasiatische Tarim-Becken hinein. Zur Verwaltung der westlichen Landesteile wurde ein Tributsystem etabliert, das in seinen Grundzügen bis zum Ende des Kaiserreichs erhalten blieb. Regionale Herrscher leisteten den Han Abgaben, entsandten Söhne als Geiseln an den Hof; im Gegenzug wurden nicht selten Ehrentitel verliehen oder chinesische Prinzessinnen dorthin verheiratet.

Auch innenpolitisch setzte Han Wudi Maßstäbe: Der Konfuzianismus wurde zur Staatsideologie (s. S. 69), in diesem Zusammenhang gewann auch die Zhou-zeitliche Vorstellung vom Himmlischen Mandat (s. S. 65) erneut an Kraft. Der Beamtenapparat wurde ausgebaut, eine konfuzianische Akademie zur Ausbildung der Staatsdiener gegründet. Hier wurden die konfuzianischen Klassiker gelehrt, ein Stoff, der bis 1911 zentraler Bestandteil des staatlich-kaiserlichen Prüfungssystems bleiben sollte.

Die Westliche Han-Dynastie sollte nach Han Wudis Tod eine Zeit des Niedergangs erleben. Streitigkeiten und Intrigen bei Hof, die Konzentration von Landbesitz in den Händen Weniger, immer höhere Steuern (ein Mittel, das schon Wudi zur Finanzierung seiner Expansionsfeldzüge gern genutzt hatte) und die damit zunehmende Not der Bevölkerung schufen den Nährboden für **Wang Mang** (45 v.–23 n. Chr.), der für einige wenige Jahre (9–25 n. Chr.) eine neue Dynastie errichten konnte. Seine Versuche, die Lage der Bevölkerung zu verbessern, scheiterten indes am Widerstand der Großgrundbesitzer und nicht zuletzt an Naturkatastrophen, die dramatische Ernteeinbußen zur Folge hatten.

Bereits 25 n. Chr. gelang es einem Angehörigen des alten Herrscherhauses Liu, Wang Mang abzusetzen und die Han-Dynastie ein zweites Mal zu etablieren – nun als **Östliche Han** mit der Hauptstadt Luoyang. Dieser Dynastie waren nur etwa 100 Jahre des wirtschaftlichen Aufschwungs beschieden. Höfische Intrigen, zumeist angezettelt entweder von den Clans der Kaiserin-

Han-zeitliche Steinabreibung, die Fuxi (den Vermittler von Jagd und Fischfang), Nügua (die Erschafferin der Menschen), Xiwangmu (die Herrscherin über das Westliche Paradies der Unsterblichen) sowie einige Figuren zeigt, die Arzneisubstanzen zerstoßen

Das berühmte Fliegende Pferd aus der Provinz Gansu – eine Bronzearbeit

nen oder von Hofeunuchen, schwächten die Macht des Kaisers. Kriege gegen die Xiongnu oder auch gegen die tibetischen Qiang kosteten Geld, der wachsende Reichtum der Landbesitzerfamilien höhlte das zentralistisch dominierte Staatssystem aus. Im Land selbst taten immer wieder aufflammende Aufstände ein Übriges, vor allem die der messianischen Gelben Turbane und der Fünf-Scheffel-Reis-Sekte (beide s. S. 87), die sich dank der Not der Menschen großen Zulaufs erfreuten. Zu den berühmtesten Generälen jener Endphase gehört General Cao Cao (155–220), der weite Teile im Norden Chinas kontrollierte und faktisch beherrschte. Der Zerfall des Reichs war unaufhaltsam: 220 n. Chr. dankte der letzte Kaiser der Han ab.

Eunuchen
Bereits die Zhou-Könige scheinen Eunuchen als Sklaven besessen zu haben. Seit der Han-Zeit war es Vorschrift, dass alle männlichen Diener, die aufgrund ihrer Tätigkeit mit Hofdamen in Kontakt kamen, kastriert sein mussten. Immer wieder stiegen Eunuchen zu wichtigen Beratern und Vertrauten der Kaiser auf, besaßen entsprechenden Einfluss und suchten sich diesen auch zu sichern. In der Ming-Zeit, in der über 10 000 Eunuchen am Kaiserhof lebten, umfassten ihre Aufgaben ein breites Spektrum: von Küchenarbeit über Schauspiel und Musik bis hin zur Verwaltung der Staatskasse und dem Zugang zum kaiserlichen Siegel.

Von der Zeit der Drei Reiche bis zur Tang-Zeit

Mit dem Ende der Han-Zeit setzte eine Phase politisch-territorialer Zersplitterung ein. Fast 400 Jahre sollte es dauern, bis es den Sui (581–618) gelang, das Reich wieder zu vereinen. Die Phase des Zerfalls gliedert sich in die Zeit der Drei Reiche (Sanguo, 220–264), der Jin-Dynastie (265–317) und der Nord- und Süddynastien (Nanbeichao, 317–589).

Die **Drei Reiche** hießen Wei, offiziell 221 von Cao Caos Sohn Cao Pei mit Luoyang als Hauptstadt gegründet, Shu, gegründet von dem Han-Nachfahren Liu Bei im Südwesten mit der Hauptstadt Chengdu, und Wu, 222 im Südosten Chinas mit der Hauptstadt Jianye (heute Nanjing) gegründet. Die Geschichte dieser drei Staaten ist durch den Roman »Die Geschichte der Drei Reiche« (»Sanguozhi Yanyi«) aus dem 16. Jh. sowie zahlreiche Opern zum Volksgut geworden.

Die drei Reiche hatten nicht lange Bestand: 263 wurde Shu von Wei annektiert. Dort wiederum übernahm der Sima-Clan 265 die Macht und gründete die **Westliche Jin-Dynastie** (265–317). Das Reich Wu bestand bis 280 und wurde dann von den Westlichen Jin erobert. Der Jin-Kaiser Sima Yan (reg. 265–290) musste seinen Weggefährten und seinen Familienmitgliedern große Latifundien als Lehen überlassen, allerdings ohne dass jene sich ihm sonderlich verpflichtet fühlten. Die neue Einheit Chinas blieb ein kurzes Zwischenspiel: Bürgerkriege und Angriffe im Norden durch Steppenvölker zwangen die Jin bald, die Nordgebiete aufzugeben.

Mit dem Rückzug der Jin in den Südosten Chinas, die sich von nun an Östliche Jin nannten, war erneut eine Reichsteilung besiegelt, die **Zeit der Nord- und Süddynastien** begann. Im Süden Chinas folgten sechs Dynastien aufeinander, während sich im Norden 16 Reiche etablierten. Im Norden spielten in jener Zeit Steppenvölker – insbesondere die Xianb(e)i und die Toba – als Reichsgründer eine große Rolle: Diese Epoche der Zerrissenheit und der Machtkämpfe sollte wiederum zugleich eine Epoche kultureller und philosophischer Blüte sein. In Südchina erlebten Malerei und Dichtkunst eine neue Entwicklung, und auch der Buddhismus hatte mit Kaiser Xiao Yan (reg. 502–549) im Reich Liang einen Förderer: An seinem Hof hielt sich der Mönch Bodhidharma – Begründer der buddhistischen Chan-Lehre – längere Zeit auf.

Vor allem jedoch breitete sich der Buddhismus im Norden mit den Fremddynastien aus. So hielt sich der buddhistische Gelehrte Kumarajiva am Hof der Späten Qin auf, und der Mönch Faxian bereiste 399–414 Indien. Hierbei kam der Dynastie der Toba-Wei besondere Bedeutung zu, der es im Norden gelang, sich gegen die übrigen Reiche durchzusetzen. Unter ihrer Ägide entstanden die ersten buddhistischen Höhlentempel. Sie übernahmen allmählich das chinesische Regierungssystem, der Herrscher verbot die Sprache seines eigenen Volkes, Mischehen zwischen Toba und Chinesen wurden für die Toba obligatorisch etc. Doch auch dieses Reich sollte sich noch einmal spalten, in die Nördlichen Qi (550–557) und die Nördlichen Zhou (557–580). Aus letzterem Reich, das bis in die südlichen Teile expandierte, ging schließlich die Sui-Dynastie hervor, die 589 die erneute Einigung Chinas abschloss.

Ming-zeitliches Bildnis des Bodhidharma, der in China den Chan-Buddhismus (jap. Zen-Buddhismus) begründete

Vielseitiger Fortschritt
Neben der künstlerischen Blüte und der Blüte des Buddhismus – die auch zur Ausprägung einer buddhistischen Kunst führte – ist anzumerken, dass in der Zeit der Nord- und Süddynastien Gesandte aus Rom China besuchten und der Seehandel chinesische Hafenstädte prosperieren ließ. Aus der Wissenschaft seien das »Buch zur Flusskunde«, »Shuijingzhu«, erwähnt sowie der Umstand, dass die Kreiszahl *pi* (π) auf sieben Stellen genau bestimmt wurde.

Porträt des Kaisers Taizong

Chinas Goldenes Zeitalter: Sui, Tang und Song

Die 581 gegründete **Sui-Dynastie** (581/589–618) herrschte ab 589 über ganz China. Die ersten beiden Herrscher dieser Dynastie, Wendi (reg. 581–604) und Yangdi (reg. 604–617), besaßen staatsmännisches Geschick, sowohl im Bereich der Außenpolitik, in der die Bedrohung der nordwestlichen Gebiete durch die turkstämmigen Tujue einer Lösung bedurfte, als auch im Hinblick auf die innere Reichsorganisation. Das Verwaltungssystem wurde in höchstem Maße zentralistisch ausgerichtet und neu organisiert, das Prüfungssystem für Beamte weiter ausgebaut und der berühmte erste Kaiserkanal, der Yunhe (Transportfluss), gebaut. Dieser Kanal von etwa 2000 km Länge verband den Gelben Fluss mit dem Yangzi, den Norden mit dem Süden des Reichs. Yangdi dehnte seine Herrschaft über das Tarim-Becken im Nordwesten des Reichs bis nach Vietnam im Süden aus. Doch war sein Erfolg nicht von Dauer. Yangdis Korea-Feldzüge scheiterten – und er hatte sowohl die Wirtschaftskraft als auch die Leidensfähigkeit des Volkes überschätzt. Seine Großprojekte und Feldzüge forderten Frondienste und finanzielle Mittel im Übermaß, was dazu führte, dass sich sowohl im Adel als auch in der Bevölkerung Widerstand formierte. Aufstände erschütterten das Land, und aus dem Bürgerkrieg ging ein nordchinesischer Adeliger siegreich hervor: Es war Li Yuan, der Begründer der **Tang-Dynastie** (618–906).

Li Yuan, der als Kaiser Gaozu (reg. 618–626) in die Annalen einging, proklamierte sich 618 in Chang'an (Xi'an) zum Kaiser von China, verlor den Thron jedoch nach nur acht Jahren durch einen Staatsstreich an seinen Sohn Li Shimin (Taizong, reg. 626–649). Kein rühmlicher Machtantritt des Taizong, doch sollte jener sich zu einer der bedeutendsten Herrscherpersönlichkeiten Chinas entwickeln. Ihm gelang es, das Reich bis weit nach Zentralasien und ins südliche Sibirien auszudehnen. Im Tarim-Becken wurde ein Militärprotektorat errichtet. Taizongs Nachfolger Li Zhi (Gaozong, reg. 649–683) brachte dann auch Korea unter die Kontrolle Chinas, Nord-Vietnam wurde Militärprotektorat.

Tang-China gelangte zu Wohlstand: Das Felderverteilungssystem (*juntian*), schon unter den Sui eingeführt, wurde fortgesetzt (Land wurde an die Bevölkerung verteilt, allerdings erhielten Beamte und Adel weitaus großzügigere Anteile als die Bauern), Getreide- und Seidenproduktion florierten. Im Bildungswesen etablierte man nun auch Schulen für die Beamtenausbildung, von wo aus Erfolg versprechende Schüler dann höhere Laufbahnen bzw. eine weitere Ausbildung, etwa an den neu eingerichteten Akademien in Chang'an und Luoyang, antreten konnten.

Dank der gedeihenden Landwirtschaft und der Machtausdehnung des Reichs blühte auch der Handel und der kulturelle Austausch über die Seidenstraßen. Chang'an entwickelte sich mit etwa einer Million Einwohnern (darunter ca. 5000 Ausländer) zur damals größten Stadt der Welt, zu einer kosmopolitischen Metropole, in der Menschen unterschiedlichster Herkunft aufeinander trafen. Im Gefolge der Händler wurde der Buddhismus nochmals ins Land getragen, sogar nestorianische Christen ließen sich in China nieder.

Auch Tanz, Musik, Dichtkunst und Malerei erlebten eine fruchtbare Zeit. Die Kultur Chinas strahlte in die Nachbarstaaten aus. (Gerade dem Japan der Heian-Zeit war die Kultur der Tang Vorbild, die Hauptstadt Kyôto wurde sogar nach dem Vorbild Chang'ans erbaut.)

Nestorianer in China

Eine in Syrisch und Chinesisch beschriftete Grabtafel, datiert auf 781, berichtet, dass bereits ab 631 nestorianische Christen in China missionierten. Der Nestorianer Aloben habe in dieser Zeit die erste Heilige Schrift ins Land gebracht, und sieben Jahre später habe Kaiser Taizong den Nestorianern das Missionieren und die Errichtung von Kirchen erlaubt. Allerdings endete im Jahr 845, als alle fremden Religionen verboten wurden, auch die Zeit der Nestorianer in China.

Darstellung eines Palmsonntagsgottesdienstes auf einem Wandgemälde in Gaochang (Autonome Region Xinjiang)

Nach dem Tod des Gaozong im Jahr 683 regierte dessen Witwe Wu Zetian zunächst der Form halber für die nachfolgenden Kaiser Li Xian und Li Dan (reg. 684–690). Doch 690 tat sie etwas für China Ungeheuerliches: Sie ernannte sich selbst zum Kaiser (*huangdi*) und gründete eine eigene Dynastie Zhou. Als gläubige Buddhistin förderte sie den Buddhismus, war aber auch dem Daoismus und Konfuzianismus wohl gesonnen. Nach ihrem Tod 705 restaurierte die Li-Familie ihre Macht. Li Xian und Li Dan regierten nochmals kurze Zeit, bis dann Li Longji 712 als Kaiser Xuanzong (reg. 712–756) den Thron bestieg. Die Regierungszeit Xuanzongs gilt als Höhepunkt der Tang-Zeit. Der kunstsinnige Kaiser scharte Künstler und Gelehrte um sich, vernachlässigte darob jedoch die politische Regierung.

Der Einfluss der Militärgouverneure, die für die Sicherung der Grenzregionen zuständig waren, wuchs zusehends. Sie mussten das Reich gegen die Osttürken, gegen die Tibeter und das islamische Kalifat schützen. Die Osttürken wurden 744 von den Uighuren mit chinesischer Unterstützung geschlagen, im Kampf gegen die Tibeter gelangten chinesische Truppen sogar bis in den Pamir und den Hindukush. Berühmt, da wohl einmalig als Konstellation, wurde die Schlacht am Talas-Fluss, wo sich Chinesen und Araber 751 gegenüberstanden. Die Chinesen verloren, was aber keine Konsequenzen hatte. Anders war es mit dem Aufstand im Jahr 755, den der Militärgouverneur sogdischer Abstammung, An Lushan (693–757), anzettelte. Er eroberte in kurzer Folge zunächst Luoyang und dann Chang'an. Zwar gelang es dem nach Sichuan geflohenen Tang-Kaiser mit Hilfe ausländischer Hilfstruppen (Türken, Uighuren, Tibeter) bereits 757, An Lushan zu besiegen, doch setzten sich die Unruhen fort. So eroberten die Tibeter unter König Trisong Detsen (reg. 754–797) die heutige Provinz Gansu und forderten Tribut, um die

General Guo Ziyi, dem die Niederschlagung des An-Lushan-Aufstandes (755–763) zu verdanken war, nimmt die Ehrenbezeugungen der Uighuren entgegen. Beeindruckt vom persönlichen Mut des Generals und dank kostbarer Gastgeschenke gaben sie ihre Allianz mit den Tibetern auf, sodass diese aus dem chinesischen Kernland vertrieben werden konnten.

Hauptstadt Chang'an zu schonen. 763 plünderten sie Chang'an, nachdem sich Kaiser Daizong (reg. 762–779) geweigert hatte, die Tributzahlungen fortzusetzen.

Neue Steuergesetze, Staatsmonopole auf Salz, Tee und Alkohol vermochten die Regierungskasse nur vorübergehend zu entlasten. Am Kaiserhof griff einmal mehr das Netz der Intrigen: Eunuchen, Beamte, Clans bekämpften sich. Die Militärgouverneure waren weiterhin mächtig. Allein der Zerfall des tibetischen Reichs und des uighurischen Staats verschaffte Luft. Innenpolitisch schlug sich dies im Verbot aller Fremdreligionen nieder, die zuvor unter dem Schutz der uighurischen Herrscher gestanden hatten. Am meisten betroffen hiervon war der Buddhismus: Klöster wurden säkularisiert, Mönche in den Laienstand versetzt. Hiervon sollte sich der Buddhismus nie mehr vollständig erholen (s. S. 97).

Wandmalerei mit Tänzerin aus einer Tang-zeitlichen Grabanlage

In der Zeit der Auseinandersetzungen hatte das Land gelitten. Die Bevölkerungszahl war von 53 Millionen auf 17 Millionen zurückgegangen. Dürren und Überschwemmungen machten neben den ständigen Kämpfen den Menschen das Leben schwer. Der richtige Zeitpunkt für einen erneuten Aufstand – das Himmlische Mandat schien abgelaufen. Der Aufstand des Huang Chao in den Jahren 875–884 läutete den endgültigen Niedergang der Tang-Dynastie ein.

Das Reich zerfiel in zehn südliche Einzelstaaten, im Norden gründeten rivalisierende Militärherrscher fünf aufeinander folgende Dynastien. 960 annektierte General Zhao Kuangyin der (nördlichen) Zhou-Dynastie (951–960) das Gros der Südreiche und rief die **Song-Dynastie** (960–1127, 1127–1279) aus. Er strukturierte seine Verwaltung um. Zivile Beamte traten an Stelle der militärischen Beamten – Offiziere mussten ihre Positionen regelmäßig wechseln. So sollten etwaige partikularistische Bestrebungen von Militärgouverneuren, die u. a. zum Untergang der Tang geführt hatten, vermieden werden.

Bedrohungen aus den Randgebieten des Reichs begegnete man mit Tributzahlungen: Schon 937 hatte

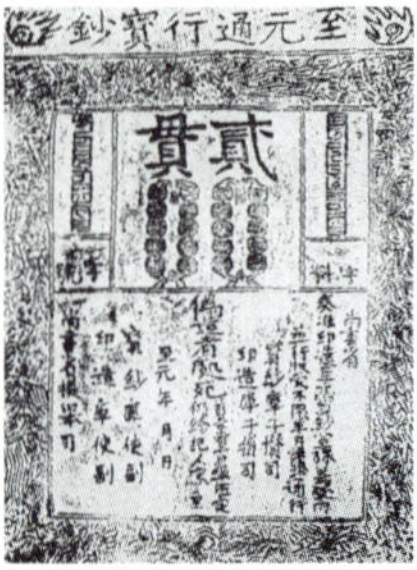

Bereits im Jahr 1020 wurde in China das erste Papiergeld gedruckt.

sich in Nordostchina beispielsweise ein weiteres Reich etabliert, die Liao-Dynastie der Khitan, Nachfahren der Xianb(e)i. Im Nordwesten hatten die Tanguten ihr Xixia-Reich errichtet. Unter Kaiser Shenzong (reg. 1068–85) konnte Wang Anshi (1021–86) Reformen durchführen. Reiche Kaufleute und Beamte, die ihren Landbesitz nicht versteuern mussten, wurden im Erwerb weiterer Latifundien eingeschränkt, Kleinbauern erhielten staatliche Darlehen etc. Dank verbesserter Methoden (Wasserkraft zum Dreschen und zum Mahlen von Getreide) stieg die Produktivität der Landwirtschaft deutlich an. Die Bevölkerung wuchs auf 100 Millionen, der Handel blühte – nicht nur zu Lande, sondern auch zur See (ab 1119 setzte die chinesische Seefahrt bereits den Kompass ein). 1020 wurde in China das erste Papiergeld gedruckt.

Dank des Blockdrucks mit beweglichen Lettern wurden Bücher und Abhandlungen verbreitet, Bildung wurde breiteren Schichten zugänglich. Dies war die Epoche der Gelehrten und Staatsmänner, deren Stellung wie die der Elite an sich nun auf Bildung beruhte. Es war die Zeit der Literatengelehrten, der *wenren*, und es galt das Ideal des gebildeten Beamten, der ebenso die Verwaltung ausüben wie Gedichte verfassen oder malen konnte (s. S. 141). Der Song-Kaiser Huizong (reg. 1100–26) liebte, wie Kaiser Xuanzong der Tang, Malerei und Kalligraphie und besaß eine große Kunstsammlung. Allerdings vernachlässigte auch er darüber seine staatsmännischen Aufgaben, was letztlich dazu führte, dass die Dschurdschen 1115 in Nordwestchina die Jin-Dynastie ausriefen und 1127 ganz Nordchina für sich eroberten.

Kaiser Huizong der Ming. Er war nicht nur ein großer Förderer der Kunst, sondern auch selbst Maler und Dichter. Da er indes seine politischen Pflichten vernachlässigte, konnten die Dschurdschen in Nordwestchina die Macht übernehmen.

Die Song erlebten als Südliche Song mit Nanjing und später Hangzhou als Hauptstadt noch eine Zeit kultureller Blüte, in der auch der Konfuzianismus in Form des Neo-Konfuzianismus erneut eine Hoch-Zeit erleben sollte (s. S. 71). Doch dann kamen die Mongolen ...

Die Herrschaft der Mongolen: die Yuan-Zeit (1271/79–1368)

Im Jahr 1211 rückte Dschinghis Khan (reg. 1206–27) mit seinem Reiterheer gegen das Jin-Reich vor und erreichte 1215 Beijing. Sein Enkel Khubilai Khan (1215–94) unterwarf 1279 schließlich auch das Reich der Südlichen Song: China stand nun unter der Herrschaft einer Fremdmacht. Khubilai nannte seine Dynastie, die ab 1279 über das gesamte chinesische Territorium herrschte, »Yuan« (Uranfang). Bereits 1267 verlegte Khubilai die mongolische Hauptstadt aus dem zentralasiatischen Karakorum nach Khanbaliq (Herrscherstadt, chin.: Dadu, Große Hauptstadt): Das heutige Beijing wurde erstmals Hauptstadt von ganz China.

Dschinghis Khan, berühmt-berüchtigter Herrscher der Mongolen: bewundert für sein militärisches Geschick, gefürchtet wegen seiner unbarmherzigen Strenge und Skrupellosigkeit im Umgang mit seinen Feinden

Khubilai wusste die chinesische Kultur und Staatsverwaltung zu schätzen, strukturierte seinen Staatsapparat nach chinesischem Vorbild, wobei er sich weitgehend auf nicht-chinesische Berater verließ. Die Mongolen teilten ihre Untertanen in vier ethnische Gruppen ein: An der Spitze standen die Mongolen selbst, gefolgt von den so genannten Semuren (Nicht-Chinesen wie Perser, Syrer, Zentralasiaten und Türken), an dritter

Erobererdynastien

Die größte Bedrohung für das chinesische Reich ging seit jeher von den kriegerischen Steppenvölkern aus, denen es in Zeiten des politischen Zerfalls immer wieder gelang, im Norden Chinas Fuß zu fassen. Seit dem 10. Jh. bildeten einige dieser Völker – die Tanguten, die Khitan, die Dschurdschen und Mongolen – Staatengebilde, die sich am Vorbild der chinesischen Verwaltung orientierten. Ihre militärische Stärke konnte sich mit derjenigen der chinesischen Song-Dynastie durchaus messen, doch bekämpften sie sich auch untereinander. So zerstörten die ostmandschurischen Dschurdschen – Begründer der Jin-Dynastie – zunächst als Verbündete der Song 1125 das Liao-Reich der Khitan. Nur zwei Jahre später eroberten sie Nordchina. Doch knapp 100 Jahre später trat ein Volk auf den Plan, dem auch sie nicht gewachsen waren: die Mongolen. Diese bauten sich zu Beginn des 13. Jh. in kurzer Zeit ein Weltreich auf, das vom Pazifischen Ozean im Osten bis nach Südrussland reichte: 1206 war Dschinghis Khan (1162–1227) zum Großkhan aller Mongolen gewählt worden.

Traditionell leben die Mongolen in Jurten. Hier im Vordergrund die Jurte eines mongolischen Großen

Marco Polo
Der berühmteste Chinareisende der Mongolenzeit ist gewiss Marco Polo (1254–1324), der mit seinem Vater Niccolò und seinem Onkel Maffeo Polo 1271 zu einer Chinareise aufgebrochen war. Trotz des von ihm hinterlassenen Reiseberichts bleibt es aber im höchsten Maße zweifelhaft, ob er jemals wirklich selbst China erreichte, dort gar Regierungsämter innehatte oder ob er seine Kenntnisse nicht den Informationen eines persischen Zeitgenossen verdankte.

Marco Polo, Frontispiz des deutschen Erstdrucks seines Reiseberichts, Nürnberg 1477

Stelle standen die Hanren (vor allem Nordchinesen und sinisierte Völker des Nordens wie Khitan, Tanguten oder Koreaner). Das Schlusslicht in der ethnischen Hierarchie bildeten die Südchinesen, als ›Südbarbaren‹ (*manzi*) diffamiert und von allen Ämtern ausgeschlossen. Die Chinesen waren insgesamt während der Yuan-Zeit gegenüber anderen Ethnien benachteiligt, z. B. durch höhere Steuern, beschränkten Zugang zu Beamtenprüfungen etc.

Der Eroberungsdrang der Mongolen war groß: Sie drangen gen Süden nach Vietnam und Birma (heute Myanmar) vor, wo sie 1287 das Reich von Pagan zerstörten. Auch nur zu Wasser zu erreichende Gebiete waren nicht vor ihnen sicher: Khubilai investierte massiv in eine Handels- und Kriegsmarine, versuchte mehrmals vergeblich Japan zu attackieren und 1292 sogar Java. Khubilai war sich der Bedeutung der nationalen Infrastruktur bewusst: Er ließ Straßen ausbauen und den Kaiserkanal erweitern, was dem in- und ausländischen Handel zugute kam.

Ab Ende des 13. Jh. verkehrten erstmals Europäer am chinesisch-mongolischen Hof. Neben dem angeblichen Aufenthalt Marco Polos waren es Franziskanermönche, die den Hof des Großkhans aufsuchten.

Die Mongolen, die selbst den tibetischen Buddhismus favorisierten, standen den Religionen insgesamt offen und tolerant gegenüber. Bereits Mitte des 13. Jh. hatten die Franziskaner Wilhelm von Rubruk und Giovanni de Piano Carpini Karakorum erreicht, zu Beginn des 14. Jh. besuchte Giovanni de Montecorvino sogar

Khublai Khan mit Maffeo und Niccolò Polo

den Hof in Khanbaliq. Ihm wurde es gestattet, in der Hauptstadt eine Kirche zu errichten, und 1307 ernannte ihn der Papst zum Erzbischof.

Ming-zeitliche Darstellung eines mongolischen Bogenschützen zu Pferd

Ungeachtet aller militärischen und wirtschaftlichen Erfolge hatte die Yuan-Dynastie immer wieder mit unzufriedenen Bauern zu kämpfen. Insbesondere im Süden des Reichs wurde das Leben zusehends unerträglich: Die Steuern waren kaum mehr aufzubringen, Naturkatastrophen wie Überschwemmungen und Deichbrüche am Gelben Fluss sowie Erdbeben forcierten ab Beginn des 14. Jh. die Krise.

Aufstände flammten auf, an denen vor allem verschiedene buddhistische oder auch chiliastische Sekten, die beispielsweise auf Buddha Maitreya als Messias warteten, beteiligt waren. So weigerten sich Anhänger des Weißen Lotos, die Buddha Amitabha verehrten, Steuern zu zahlen und Frondienste zu leisten. Ihre Sekte wurde 1308 verboten. Die bedeutendste Geheimgesellschaft aber war die der Roten Turbane (Hongjin, 1351–66), die bereits in der Song-Zeit an Aufständen beteiligt war. 1350 hatte sich der ehemalige buddhistische Bettelmönch Zhu Yuanzhang (1328–98) an die Spitze dieser Aufstandsbewegung gesetzt, die über Hunderttausende Kämpfer verfügte. 18 Jahre benötigte er, um dann 1368 in Nanjing die Ming-Dynastie auszurufen und noch im selben Jahr Khanbaliq/Dadu zu erobern.

Die Ming-Zeit (1368–1644)

Unter Zhu Yuanzhang, der als Hongwu-Kaiser der Ming (reg. 1368–98) regierte, wurde die Verwaltung umstrukturiert. Sein Anliegen war es, das Leben der Bauern zu verbessern, was er durch den Aufbau einer autokratischen Regierung und Verwaltung durchsetzen wollte: Er schaffte erbliche Posten ab, bediente sich zwar seiner Beamten, denen er indes vollkommen misstraute. Alle Ministerien und Beamten standen letztlich unter seiner Leitung, er baute ein nahezu absolutistisches System auf. Die Beamten wurden weiterhin über Examina ausgewählt, das Ausbildungssystem wurde auch Menschen aus unteren Schichten zugänglich gemacht. Geringste Verfehlungen der Beamten wurden aufs Härteste bestraft, vom Auspeitschen wegen fehlerhafter Briefe bis hin zur Liquidation Zehntausender Beamter und ihrer Familien allein auf den unbestimmten Verdacht der Verschwörung hin (1380–95). Um der Gefahr sich emanzipierender Regionalführer entgegenzuwirken, gliederte der Hongwu-Kaiser die provinzielle Verwaltung in militärische Belange, allgemein-zivile Belange sowie in Überwachungssysteme. Seine Geheimpolizei, die alle Beamten überwachte, war gefürchtet. Auch jeglicher Machtausweitung von Heerführern begegnete er mit strikten Maßnahmen: Selbst wenn sie erfolgreich der immer wieder drohenden Gefahr durch die Mongolen entgegentraten, erhielten sie ihr Kommando stets nur für die Dauer eines Feldzuges.

Während der Hongwu-Kaiser noch Nanjing als Hauptstadt wählte und mit riesigen Palast- und Wehranlagen ausstatten ließ, verlegte der Yongle-Kaiser (reg. 1402–24) die Hauptstadt wieder nach Beijing. Er setzte

Die Namensgebung chinesischer Kaiser
Chinesische Kaiser tauchen in den Quellen häufig mit unterschiedlichen Namen auf. Sie trugen selbstverständlich einen Familien- und einen persönlichen Namen; dieser war zwar den Geschichtsschreibern bekannt, ab der Thronbesteigung jedoch tabuisiert. Starb ein Herrscher, so wurde er auf der Ahnentafel im Tempel mit einem Tempelnamen eingetragen. Daneben führten die Herrscher noch einen dynastischen Titel, einen Memorialnamen. So hieß der erste Han-Kaiser mit Familiennamen Liu, mit Eigennamen Che, also Liu Che (im Chinesischen steht der Familien- dem Eigennamen voran). Sein Tempelname lautet Shizong, sein dynastischer Titel Wudi. Unter letzterem Namen ist er als Han Wudi wohl am bekanntesten. Neben diese Bezeichnungen trat bereits ab 163 v. Chr. die Gepflogenheit, Regierungsdevisen (*nianhao*, Jahresname) zu wählen, anfangs bestimmten Herrscher im Verlauf ihrer Regierungszeit zumeist mehrfach neue Devisen. In der Ming-Zeit änderte sich dies. Jeder Kaiser wählte eine Regierungsdevise, die für seine gesamte Herrschaftszeit galt. So hieß der zweite Ming-Kaiser mit persönlichem Namen Zhu Di, mit dynastischem Titel Taizu und und wählte die Devise Yongle. So ist es korrekt, von ihm als Kaiser Taizu zu sprechen. Doch findet man in europäischen Texten häufig Bezeichnungen wie Kaiser Yongle oder Kaiser Qianlong. Dies ist jedoch inkorrekt, da es sich nicht um einen Personennamen handelt. Richtig wäre es vom Yongle-Kaiser oder Qianlong-Kaiser etc. zu sprechen.

Tierskulpturen am Seelenweg zu den 13 Ming-Gräbern bei Beijing: Im Norden Beijings wurde ein riesiger Grabkomplex für 13 der 16 Ming-Herrscher angelegt. Ein Ehrenweg mit mehreren Toren und flankiert von monumentalen Tier- und Menschenskulpturen (Seelenweg) bildet den Eingang zum Grabbezirk.

27 000 Handwerker ein, um seine Hauptstadt zu gestalten. Auf ihn geht der heutige Kaiserpalast (s. S. 108) zurück. Unter seiner Regierung stieg China für kurze Zeit zu einer bedeutenden Seemacht auf. Er entsandte gewaltige Flotten, maßgeblich unter Führung des Eunuchen Zheng He, die mehrjährige Reisen unternahmen und 30 Länder besuchten.

Der Bau der Ming-zeitlichen Großen Mauer (s. S. 112) erfolgte dann ab 1449, nachdem die Mongolen erneut vor Beijing gestanden hatten.

In der Ming-Zeit prosperierte das Reich zunächst. Die landwirtschaftlichen Erträge waren zufriedenstellend, u. a. dank einer neuen dürrebeständigeren Reissorte. Die Händler und Handwerker machten gute Geschäfte. Zwar war der private Seehandel verboten, doch der binnenchinesische Handel und der Außenhandel zu Lande florierten. Die Nachfrage nach Seide und Porzellan war in Europa außerordentlich groß, sodass Seiden- und Porzellanmanufakturen eine Blütezeit erlebten.

Die Ming-Zeit war auch die Zeit, in der erneut Europäer China betraten. 1517 landeten portugiesische Seeleute in Kanton. Es folgten Spanier, Holländer, Engländer. Kurz darauf entsandte die katholische Kirche Missionare. Diesmal waren es Jesuiten, die bald dank ihres hohen Bildungsstandes und ihrer naturwissenschaftlichen Kenntnisse am Kaiserhof hohes Ansehen genossen. Als erster ließ sich 1601 Matteo Ricci (1552–1610) in Beijing nieder, der zuvor die chinesische Sprache in Macao erlernt hatte. Ihm folgten der Kölner Johann Adam Schall von Bell (1592–1666) und der Belgier Ferdinand Verbiest nach, die beide als Hofastronomen der Qing tätig waren.

Doch wieder einmal sollten Intrigen bei Hof, in die Beamte ebenso wie die mächtig gewordene Eunuchen-

Romanliteratur
Steigende Bildung und wohlhabende neue Schichten, die nicht der traditionellen Beamtenschaft entsprangen, boten die Plattform für neue Formen der Literatur, für Romane in der Umgangssprache. So stammt der berühmte historische »Roman der Drei Reiche« ebenso aus dieser Zeit wie das erotische »Jinpingmei« oder die »Reise nach dem Westen« (s. S. 177).

clique verwickelt waren, die allmähliche Akkumulation des Landbesitzes in den Händen einiger weniger Familien, die Not der einfachen Bauernschaft, kostspielige Militärexpeditionen und eine Hungersnot in Shaanxi auf das Ende der Dynastie hinwirken. Der Bauernführer Li Zicheng (1606–48) nahm 1644 mit seinen Truppen Beijing ein, der letzte Kaiser der Ming erhängte sich an einem Baum im Park des Kohlehügels hinter seinem Palast. Li rief sich zum Kaiser einer Dynastie Shun aus, doch nur einige Monate später übernahmen die Mandschuren die Macht in China.

Die Qing-Zeit (1644–1911)

Nachdem es Nurhači (reg. 1583–1626) vom Stamm der Aisin-Gioro gelungen war, die verschiedenen mandschurischen Stämme zu einen, entwickelte sich im Nordosten Chinas ein mächtiger Staat. Bereits Nurhačis Nachfolger Hong Taiji (reg. 1626–43) wählte den Dynastienamen Qing. Fulin (reg. 1643–61) gelang es schließlich, die Truppen Li Zichengs zu schlagen und sich als Kaiser von China zu proklamieren. Es sollte noch bis in die 1670er-Jahre dauern, die mandschurische Macht über ganz China auszuweiten. Die letzten Ming-Loyalisten, die sich nach Taiwan zurückgezogen hatten, wurden sogar erst 1683 besiegt, womit Taiwan von nun an der chinesischen Zentralregierung unterstellt war.

Auch die Mandschuren (Manzhu) erkannten den Nutzen der chinesischen Verwaltungsstrukturen. Um

Bannerpavillon im Kaiserpalast von Shenyang, dem früheren mandschurischen Mukden (Provinz Liaoning).
Die Mandschuren waren in zunächst vier, dann acht Bannern (*qi*) – militärischen Einheiten – organisiert. Diesen Bannern gehörten die Krieger mit ihren Familien an. An die Bannerstruktur erinnert noch ein Hof im Kaiserpalast von Shenyang (Mukden). Diesen Palast ließ Nurhači, nachdem er Shenyang 1625 zu seiner dritten Hauptstadt erhoben hatte, errichten. Im Ostteil der Residenz säumen vor dem kaiserlichen Pavillon zwei Reihen à fünf Pavillons die auf den Kaiserpavillon zulaufende Mittelachse. Acht dieser Pavillons dienten den acht Bannerbefehlshabern als Sitz, zwei den ältesten Prinzen.

Chinesische Männer mit dem mandschurischen Zopf. Ebenso wie der Zopf wurde auch die mandschurische Tracht unter Androhung der Todesstrafe zur Pflichtkleidung für die Chinesen.

die eigene Macht zu festigen, wurden Ämter stets doppelt mit einem Mandschuren und einem Chinesen besetzt, wobei die mandschurischen Vertreter den Vorteil hatten, nicht an den Beamtenprüfungen teilnehmen zu müssen. Die Qing-Regierung verbot die Ehe zwischen Mandschuren und Chinesen, und 1645 erging eine Anordnung, dass alle Chinesen unter Androhung der Todesstrafe die mandschurische Tracht – und den bekannten Zopf als Haartracht – zu tragen hätten. Zwar fühlten sich die Chinesen gedemütigt, doch brachten drei fähige Kaiser dem Land Frieden und Wohlstand.

Die Zeit des Kangxi- (reg. 1662–1722), des Yongzheng- (reg. 1722–35) und des Qianlong-Kaisers (reg. 1736–95) war geprägt von weitsichtigen Entscheidungen. Der Besitz reicher Chinesen blieb weitgehend unangetastet, Frondienste wurden abgeschafft, vom Krieg zerstörte Gebiete von Steuern befreit. Der Kangxi-Kaiser ließ Deichbauarbeiten am Gelben Fluss vornehmen und den Kaiserkanal regulieren. Am Kaiserhof war Raum für Kunst und konfuzianische Ideale. Es bestand Interesse an Mathematik, Astronomie und Kalenderwesen. Die Nachfolger Matteo Riccis – Johann Adam Schall von Bell und Ferdinand Verbiest – dienten als kaiserliche Hofastronome. Außerdem erlebte die umgangssprachliche Literatur weiterhin eine Blütezeit. So wurde beispielsweise 1791 »Der Traum der Roten Kammer« (s. S. 178) erstmals gedruckt, und die Pekingoper (s. S. 188) bildete sich heraus.

Die Jesuiten Johann Adam Schall von Bell und Ferdinand Verbiest genossen als Astronomen am kaiserlichen Hof großes Ansehen.

Allerdings musste bereits der Kangxi-Kaiser Krieg führen. Zunächst kämpfte man in Ostturkestan gegen die Dsungaren und, nachdem diese 1717 Tibet erobert hatten, entsandte der Kaiser ein Expeditionskorps nach Tibet, vertrieb die Dsungaren und gliederte Tibet 1724 dem Qing-Reich ein. Der Qianlong-Kaiser besiegte die Dsungaren endgültig. Unter seiner Herr-

Der Qianlong-Kaiser der Qing: Neben seinen Amtsgeschäften war er ein großer Förderer von Kunst, die der konservativen akademischen Tradition folgte.

schaft erreichte das chinesische Reich eine nie gekannte territoriale Ausdehnung: Taiwan, große Teile der Mongolei, das Tarim-Becken und Ostturkestan gehörten zum Reich, Tibet war Protektorat.

Dem Qianlong-Kaiser war diese Expansion dank seines Vorgängers möglich geworden: Der Yongzheng-Kaiser hatte ein besonderes Augenmerk auf die Staatsfinanzen, ließ u. a. ein Rechnungsprüfungsamt einrichten und führte ein gerechteres Steuersystem ein. Und dennoch sollte sich die Situation Chinas zum Negativen wenden. Zum einen hatte der Wohlstand des 18. Jh. zu erheblichem Bevölkerungswachstum geführt, ohne dass die landwirtschaftliche Nutzfläche – trotz der Expansion Chinas – proportional gestiegen war, sodass kurz- bis mittelfristig Versorgungsengpässe auftreten mussten. Zum anderen trat Europa auf den Plan, und China vermochte im technologischen und wissenschaftlichen Bereich aufgrund seines ›eingefrorenen‹ konfuzianisch geprägten Beamtentums nicht mitzuhalten.

Seit Beginn des 19. Jh. versuchten die **europäischen Mächte**, allen voran England – Portugiesen, Spanier und Holländer folgten –, mit Vehemenz auf dem chinesischen Markt Fuß zu fassen. Insbesondere Tee war die Ware, die nach Europa exportiert wurde. Die Nachfrage stieg derartig, die Preise waren so hoch, dass England ein Handelsdefizit befürchtete und versuchte, Opium, das in seinen indischen Besitzungen produziert wurde, in China zu verkaufen: 1729 führten die Engländer 20 Kisten zu je 65 kg Opium in China ein, woraufhin die Qing-Regierung den Opiumgenuss sowie den Import verbot. Briten wie korrupte Mandarine (Beamte) unterliefen dieses Verbot. Die Qing entsandten daraufhin 1839 Lin Zexu als Bevollmächtigten nach Guangzhou (Kanton), der dort 20 000 Kisten Opium vernichten ließ und die Engländer des Landes verwies. Diese Aktion löste den **ersten Opiumkrieg** (1840–42) aus, den die Engländer für sich entschieden. Im Vertrag von Nanjing, dem ersten der so genannten ›ungleichen Verträge‹, verpflichtete sich China, fünf Häfen – Guangzhou

Vielsprachigkeit
China entwickelte sich unter den Mandschuren zu einem echten Vielvölkerstaat. Alle bedeutenden Staatsdokumente wurden mehrsprachig abgefasst: auf Mandschurisch, Chinesisch, Mongolisch, Tibetisch und Uighurisch.

(Kanton), Xiamen (Amoy), Fuzhou, Ningbo und Shanghai – für den europäischen Handel zu öffnen und Xianggang (Hongkong) an England abzutreten. Kriegsentschädigungen waren zu zahlen, die Engländer erhielten Exterritorialrechte, was sie der chinesischen Gerichtsbarkeit entzog, und eine Meistbegünstigungsklausel sicherte ihnen automatisch alle Rechte zu, die China einem anderen Staat gewährte.

Opium
Anders als gemeinhin angenommen war der Opiumgenuss vor dieser Zeit in China nicht verbreitet. Zwar war Opium schon seit der Tang-Zeit im Land bekannt, wurde jedoch primär zu medizinischen Zwecken benutzt.

Auch innerhalb Chinas brodelte es. Im Süden des Landes trieben religiöse Sekten und Geheimbünde ihr Unwesen. Die Unruhen gipfelten im **Taiping-Aufstand** (1850–64) unter Führung Hong Xiuquans (1814–64). Die Taiping waren von christlich-messianischen Ideen vom Neuen Jerusalem beeinflusst und verbanden diese mit buddhistischem, daoistischem und sozialrevolutionärem Gedankengut. Die Aufständischen schlugen mehrere kaiserliche Armeen, nahmen 1853 Nanjing ein und ernannten es zu ihrer ›Himmlischen Hauptstadt‹ .

Damit nicht genug, brach während dieses Aufstands 1856 der **zweite Opiumkrieg** aus (1856–58), in dem Briten und Franzosen Guangzhou eroberten, nach Beijing vorstießen und dort den Sommerpalast des Kaisers zerstörten. Der zweite ›ungleiche Vertrag‹, der Vertrag von Tianjin, demütigte China weiter: Weitere zehn Häfen wurden geöffnet, europäische Diplomaten durften sich in Beijing niederlassen, Exterritorialität, Konsulargerichtsbarkeit, das Recht der freien Schifffahrt auf Chinas Flüssen und die Legalisierung des Opiumhandels wurden verankert.

Auch Japan entwickelte sich zu einem Gegner. Nachdem China schon die ihm tributpflichtigen Länder Birma und Vietnam an Engländer bzw. Franzosen verloren hatte, besetzten die Japaner 1879 die Ryûkyû-Inseln.

Illustration zum Taiping-Aufstand. Beim Kampf gegen die Rebellen zeigte sich die militärische Schwäche der Qing: Sie benötigten zehn Jahre, um den Taiping-Aufstand niederzuschlagen.

Sinozentrismus
Für die Chinesen, man verzeihe die Verallgemeinerung, war seit jeher alles jenseits der Grenzen ›Barbarenland‹. Keine Kultur wurde als der chinesischen gleichwertig erachtet. Der Sieg Britanniens im ersten Opiumkrieg zwang die Chinesen dazu, die wissenschaftlich-technische Überlegenheit Europas anzuerkennen und bedeutete für sie eine bittere Schmach. Dennoch stellte man in China die Überlegenheit der eigenen Kultur und ihrer Tradition nie grundsätzlich in Frage – ausgenommen zu Beginn des 20. Jh., als Wege zur Modernisierung der Gesellschaft gesucht wurden. Heute hat China aufgeholt, schließt im wissenschaftlich-technischen Bereich zu Europa, Japan und den USA auf, entwickelt sich zu *der* kommenden Nation Asiens und der Welt. Dabei versucht das Land einen chinesischen Weg zu gehen, indem es sich auf seine Traditionen besinnt.

Im **Chinesisch-japanischen Krieg** von 1894/95 in Korea unterlagen die Chinesen erneut und verloren Taiwan an das japanische Kaiserreich. Diese Gebietsabtretungen zogen Forderungen der europäischen Mächte nach sich: Das Deutsche Reich erhielt 1897 Qingdao auf der Halbinsel Shandong und pachtete 1898 auf 99 Jahre Jiaozhou, Großbritannien erhielt Weihaiwei (Shandong), Frankreich die Bucht von Guangzhou, und 1898 erhielt das Russische Reich Lüda (Port Arthur) und Dalian.

Diese demütigende und katastrophale Situation, die eindeutig auf Fehler in der chinesischen Politik hindeutete, veranlasste eine Gruppe von Reformern, sich mit der Modernisierung Chinas zu befassen. Ihr Vertreter Kang Youwei (1858–1927) gelangte in Kontakt mit dem jungen Guangxu-Kaiser (reg. 1875–1908) und konnte ihn für seine Ideen gewinnen. 1898 verkündete er erste Reformen, die China modernisieren und alte Privilegien abschaffen sollten. China war im Rahmen dieser so genannten **Hundert-Tage-Reform** für kurze Zeit auf dem Weg zu einer konstitutionellen Monarchie. Doch die Kaiserinwitwe Cixi (1835–1908) durchkreuzte die Pläne, stellte den jungen Kaiser unter Arrest und fungierte von nun an als Regentin.

Unter ihrer Regentschaft und mit ihrer Duldung kam es 1900 zum **›Boxeraufstand‹**. Wieder war es eine Geheimbewegung, die für Aufruhr sorgte. Sie richtete sich gegen die Ausländer und gegen christliche Chinesen: Kirchen in Beijing und Tianjin wurden zerstört. Das Ausland reagierte, und alliierte Truppen marschierten in Beijing ein. Oberkommandierender des deutschen Korps war Graf Waldersee. Beijing war drei Tage lang zur Plünderung freigegeben. 1901 war die Qing-Regie-

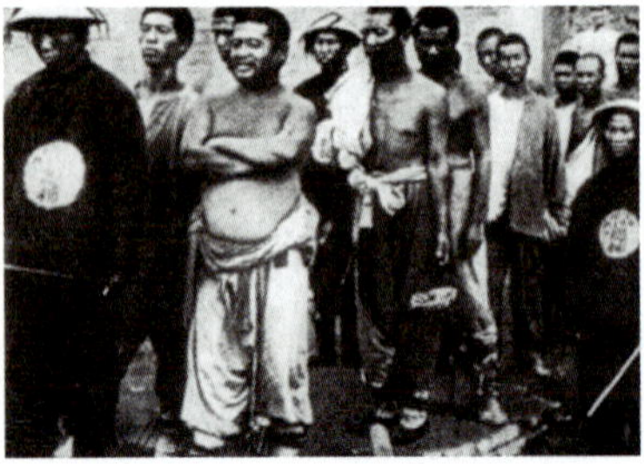

Gefangen genommene ›Boxer‹

rung gezwungen, das so genannte Boxerprotokoll zu unterzeichnen, was sie einmal mehr zu exorbitanten Kriegsentschädigungen verpflichtete.

Die Kaiserinwitwe Cixi

Letztlich führten diese Ereignisse dazu, dass die Regierung einige Reformen durchführte, das Prüfungssystem für Beamte abschaffte oder das Verbot chinesisch-mandschurischer Ehen aufhob. Doch es war zu spät: In China formierte sich der Widerstand, demokratisches Gedankengut hatte seinen Weg ins Land gefunden. Anführer der revolutionären Bewegungen war Dr. Sun Yat-sen (Sun Zhongshan, 1866–1925), der eine republikanische Verfassung forderte.

1908 starb zunächst der Guangxu-Kaiser, zwei Tage später die Kaiserinwitwe Cixi. Zum Thronfolger hatte sie den erst zweijährigen Aisin-Gioro Puyi (1906–67) bestimmt. 1911 kam es in Sichuan zu Aufständen, die General Yuan Shikai niederschlagen sollte. Dieser stellte sich jedoch auf die Seite der Rebellen, und so konnte in Nanjing eine provisorische Regierung gebildet werden, zu deren Präsidenten am 29.12.1911 Sun Yat-sen gewählt wurde, der sein Amt an Yuan Shikai abtrat.

Am 12.2.1912 dankte der Kindkaiser Puyi ab. Die Zeit des chinesischen Kaiserreichs war vorüber.

Der Weg in die Moderne: die chinesische Republik

Die Republik China stand unter keinem guten Stern. Der Militärführer Yuan Shikai, der dank des Verzichts seitens Sun Yat-sens ihr Präsident war, schwang sich alsbald zum Diktator auf, beabsichtigte sogar eine eigene neue Dynastie auszurufen. Dazu kam es nicht mehr, da er 1916 plötzlich verstarb.

Mit der Abdankung des letzten Kaisers waren Tibet und die Äußere Mongolei (das Gebiet der heutigen Volksrepublik Mongolei) von China abgefallen: Sie fühlten sich an das Kaiserhaus, nicht aber an China als Staat gebunden. China versank im Chaos. Kriegsherren, so genannte Warlords, teilten das Land unter sich auf und ergingen sich in ständigen Kämpfen. Plünderungen waren an der Tagesordnung, den Menschen ging es schlecht. Und erneut kam eine Demütigung durch das Ausland hinzu. China hatte sich im 1. Weltkrieg auf die Seite Japans und der USA gegen Deutschland gestellt. Man hoffte, nach einem Sieg der Alliierten die bis 1915 vom Deutschen Reich kontrollierten und dann von Japan annektierten Gebiete zurückzuerhalten. Stattdessen sprach der Versailler Vertrag diese Japan zu. Hinzu kam, dass Japan 1915 China einen 21-Punkte-Katalog vorgelegt hatte, der es faktisch zu einem Protekorat Japans gemacht hätte.

In China formierte sich massiver Widerstand gegen Japan. Er kulminierte zunächst am 4. Mai 1919 in einer Demonstration auf dem Beijinger Tian'anmen-Platz und dem Aufruf, japanische Waren zu boykottieren. Von dort breitete sich die Bewegung aus: Aus dem antijapanischen Widerstand entwickelte sich die **Vierte-Mai-Bewegung** (s. S. 178), in der sich die Intellektuellen des

Sun Yat-sen (Sun Zhongshan, 1866–1925)

Sun Yat-sen (rechts) und Chiang Kai-shek

Sun Yat-sen gilt als Vater der chinesischen Republik. Er stammte aus einfachen Verhältnissen, gehörte also nicht der klassischen Bildungselite an, was seine Akzeptanz auch bei modernen chinesischen Intellektuellen seiner Zeit zunächst erschwerte. Er besuchte Missionsschulen und studierte auf Hawaii und in Hongkong Medizin. Darüber hinaus hielt er sich zeitweise in Paris, Brüssel, Berlin und insbesondere Japan auf. Gerade Japan war Zentrum der studentischen anti-mandschurischen Bewegung. Sun war von verschiedenen chinesischen und europäischen Gelehrten, von russischen Revolutionären und chinesischen Emigranten in seinem Denken beeinflusst. Als Destillat seiner Erfahrungen und Überzeugungen verfasste er schließlich die »Drei Grundlehren vom Volk« (*sanmin zhuyi*): Hierin werden Nationalismus, Demokratie und Sozialismus bzw. Volkswohlstand als die Prinzipien proklamiert, die China in eine bessere Zukunft tragen sollen. Bereits 1905 gründete er die Republikanische Partei, die später in Nationale Volkspartei (GMD = Guomindang, auch KMT = Kuomintang) umbenannt wurde. Nachdem er 1912 das Präsidentenamt der neuen Republik Yuan Shikai überlassen hatte und dieser sich zum Diktator aufschwang, floh Sun ins japanische Exil. 1916, nach Yuans Tod, kehrte er von dort zurück und nahm den Kampf gegen die Warlords und für ein geeintes und republikanisches China auf. Sun Yat-sen wird bis heute in der Volksrepublik China wie auf Taiwan als großer Demokrat verehrt.

modernen Chinas für literarische, geistige und politische Reformen engagierten. Bildungspolitiker, Literaten und politische Theoretiker schlossen sich in Zirkeln zusammen, Zeitschriften wurden gegründet und moderne Literatur wurde nun in der normalen gesprochenen und nicht mehr in der für viele Menschen unverständlichen klassischen Schriftsprache publiziert.

1918 hatten Li Dazhao (1888–1927) und Chen Duxiu (1879–1942) eine Gesellschaft zum Studium des Marxismus gegründet, der sich auch Mao Zedong (1893–1976) anschloss. 1921 war der Boden reif für die Gründung der Kommunistischen Partei Chinas (KPCh, Zhongguo Gongchandang).

Sun Yat-sen, der Führer der Nationalen Volkspartei (Guomindang/GMD), suchte in dieser Zeit bei den USA Unterstützung für den Aufbau einer demokratischen Regierung, die diese ihm jedoch verweigerten, sodass er Gespräche mit der Sowjetunion aufnahm, in denen ein Bündnis mit der KPCh angestrebt wurde. So kam es, dass sowjetische Kommunisten chinesische Demokraten sowie chinesische Kommunisten beim Aufbau ihrer Partei berieten. Als Sun 1925 verstarb, übernahm Chiang Kai-shek (Jiang Jieshi) dessen Funktion in der GMD. Ihm gelang es, die Warlords zu besiegen. Doch stellte er sich anschließend gegen die Kommunisten, verbot die Partei und verfolgte ihre Anhänger. Deutsche Berater ersetzten die sowjetischen. In den Städten wurde ein Aufschwung spürbar: Elektrizität wurde eingeführt, Frauen durften Schulen und Universitäten besuchen. Auf dem Land hingegen änderte sich wenig.

Die Kommunisten um Mao Zedong, Zhou Enlai (um 1898–1976) und Zhu De (1886–1976) waren vor der Verfolgung durch die Geheimpolizei Chiangs ins südchinesische Bergland (Provinz Jiangxi) geflohen. Sie erfuhren am eigenen Leib die Nöte der Landbevölkerung, wodurch Mao zu der Überzeugung gelangte, dass eine kommunistische Revolution in China nicht vom Arbeiterproletariat ausgehen, sondern von den Bauern angestoßen werden müsse.

Der letzte Qing-Kaiser, Aisin-Gioro Puyi, gelangte als Marionettenkaiser von japanischen Gnaden nochmals auf einen chinesischen Thron, den von Manzhuguo.

In Jiangxi bauten sie eine Bauernarmee auf und riefen 1931 die Erste Chinesische Sowjetrepublik aus. Letztere sollte aber nur kurze Zeit bestehen: Der Druck durch die GMD-Truppen zwang die Rote Armee – das Militär der KPCh – sich im Oktober 1934 auf den **Langen Marsch** zu begeben. 12000 km zogen sie quer durch das Land bis nach Yan'an in der Provinz Shaanxi. Von den 100 000 Menschen, die auf gebrochen waren, gelangten lediglich 7000–8000 ans Ziel. Sie gründeten in Yan'an einen neuen kommunistischen Stützpunkt.

Japan hatte die innerchinesischen Auseinandersetzungen dazu genutzt, 1931/32 die Mandschurei zu besetzen. Dort errichteten sie einen Marionettenstaat, **Manzhuguo**, an dessen Spitze sie den letzten Qing-Kaiser Puyi setzten. Fünf Jahre später griffen sie chinesische Großstädte an und hatten in Kürze die Ostküste unter Kontrolle. Doch selbst angesichts dieser Krisenlage Chinas gelang keine dauerhafte Einheitsfront von GMD und KPCh gegen Japan. Chiangs Regierung musste sich nach Chongqing zurückziehen. Die Besetzung der chinesischen Ostküste wurde durch Japans Niederlage im 2. Weltkrieg beendet. Damit trat zugleich die Auseinandersetzung zwischen GMD und KPCh in ihre Endphase: Chiang Kai-shek floh mit seinen Getreuen auf die Insel Taiwan, wo er die **Republik China auf Taiwan** ausrief, während Mao Zedong am 1. Oktober 1949 in Beijing die Volksrepublik China proklamierte.

Die Volksrepublik China

Als erster Staat erkannte die Sowjetunion die junge chinesische Volksrepublik an. Sie engagierte sich sofort mit Beratern und leistete technische und wirtschaftliche Hilfe. Das Verhältnis zu den USA war dagegen nach dem Korea-Krieg 1950–53, in dem sich die beiden Bündnisse Südkorea/UN-Streitkräfte und Nordkorea/Rote Armee gegenüber standen, auf einem Tiefstand.

In der Gründungs- und Formationsphase setzte die chinesische Regierung zunächst Basisziele um: Hierzu zählten die Enteignung von Großgrundbesitz und

Großindustrie sowie die Bekämpfung der Korruption. Mit dem **ersten Fünfjahresplan** (1953–57) sollten Wirtschaft wie Landwirtschaft in ihrer Produktivität gesteigert werden. Im industriellen Bereich spielte die Schwerindustrie (Kohle, Erdöl, Elektrizität) eine bedeutende Rolle. In kurzer Zeit gelang es, die Inflation einzudämmen, und eine neue, stabile Währung, die Volkswährung (*renminbi*), wurde eingeführt.

Mao Zedong während seiner Rede am 1. Oktober 1949 auf dem Platz des Himmlischen Friedens, mit der er die Volksrepublik China proklamierte

1954 trat die neue chinesische Verfassung in Kraft und Mao Zedong wurde als Staatschef bestätigt. 1957 rief er die **Kampagne der Hundert Blumen** ins Leben. Ihr Slogan »Lasst hundert Blumen blühen, lasst hundert Schulen miteinander wetteifern« bezog sich auf die Zeit der Hundert Schulen (551–479 v. Chr.). Überzeugt, dass Maos politischer Weg auf allgemeine Zustimmung stieß, sollte konstruktive Kritik geübt werden. Dass diese jedoch weder vor ihm noch vor der politischen Führung Halt machte, sich insbesondere auch gegen die Beschränkung wissenschaftlicher und künstlerischer Arbeit richtete, ließ die kurze Phase der Liberalisierung schnell enden. Stattdessen wurde eine **Kampagne gegen Rechtsabweichler** ins Leben gerufen, im Verlauf derer Hunderttausende Intellektuelle ihre Ämter verloren, zur Feldarbeit aufs Land geschickt oder in Umerziehungslager gesteckt wurden.

Mit dem **Großen Sprung nach vorn** – im Februar 1958 von Mao propagiert – sollte der Kommunismus deutlicher im Volksbewusstsein verankert, städtische wie rurale Gemeinschaften radikal umgewandelt werden: Das Privateigentum (bisher waren z. B. auf dem Land kleinere Betriebe privat geblieben), d. h. nicht nur Land, sondern jedweder private Besitz wurde abgeschafft, Volkskommunen (in denen teilweise über 20 000 Menschen zusammengefasst waren) wurden errichtet. Die Bauern wurden nun wie die Arbeiter in den Städten zu Arbeitern in großen staatlichen Betrieben. Doch auch dieses Experiment war nicht von Erfolg gekrönt: Der Boden wurde zu intensiv bewirt-

Plakat für die Kampagne Großer Sprung nach vorn. Landwirtschaft und insbesondere die Schwerindustrie sollen ihre Produktivität steigern.

schaftet, laugte aus oder versalzte, Insektenplagen folgten auf die Vernichtung der angeblich die Ernte bedrohenden Vögel, die Bevölkerung war nicht uneingeschränkt zu motivieren. Naturkatastrophen und Missernten kamen hinzu. Auch im industriellen Sektor waren die Maßnahmen nicht erfolgreich. So sollten beispielsweise überall auf dem Land ›Mini-Hochöfen‹ Alteisen aufbereiten, wofür manch nützliches Gerät geopfert wurde. Für Mao Zedong bedeuteten diese Maßnahmen samt ihrer Auswirkungen zunächst den Verlust seiner Führungsrolle: Bereits 1958 wurde er durch Liu Shaoqi als Staatschef abgelöst.

Die brutale Niederschlagung des Aufstandes in Tibet 1959 – als Protest gegen die Besetzung (1951) des souveränen Tibets und Auslöser für die Flucht des rechtmäßig herrschenden 14. Dalai Lama Tenzin Gyatso nach Dharamsala ins indische Exil –, der Bruch mit der Sowjetunion (1960/61 Abzug aller sowjetischen Berater) und die Grenzstreitigkeiten mit Indien 1962 erschwerten die Lage zusätzlich. Die Zeit von 1959 bis 1962 wurde zu den **Drei Harten Jahren**: Erstmals seit Gründung der Volksrepublik suchten Hungersnöte das Land heim, bei denen Millionen Menschen ums Leben kamen. In der Folge nahm die Regierung unter Liu Shaoqi manche der tief greifenden Reformen maßvoll zurück. Die Kommunen wurden verkleinert, die Bauern durften zum Teil Land wieder privat bewirtschaften und Überschüsse auf dem freien Markt verkaufen. Die Volkswirtschaft erholte sich, und die allgemeine Lebenssituation der Chinesen veränderte sich positiv.

Mao Zedong, weiterhin Vorsitzender der KPCh, sah im pragmatischen Ansatz Liu Shaoqis eine Abkehr von den kommunistischen bzw. marxistisch-leninistischen Prinzipien und agierte innerhalb der KPCh gegen Liu.

Hierbei fand er Unterstützung in der Parteilinken und in Teilen der Roten Armee, namentlich durch Lin Biao, der Mao schon 1931 beim Aufbau der Ersten Chinesischen Sowjetrepublik unterstützt hatte und seit 1959 als Außenminister tätig war. Mao war von der Notwendigkeit einer permanenten (*buduan*) Revolution überzeugt. Nichtsdestotrotz war die Kulturrevolution natürlich auch ein schlichter Machtkampf.

1966 war es so weit. Die **Große Proletarische Kulturrevolution** wurde ins Leben gerufen. Ziel war die ›Schaffung des neuen Menschen‹. Die beiden mächtigsten Führungspersönlichkeiten, der Generalsekretär der KPCh Deng Xiaoping und der Staatspräsident Liu Shaoqi, wurden entmachtet. Schulen und Universitäten wurden geschlossen, Schüler und Studenten organisierten sich in den Roten Garden, gingen gegen Intellektuelle, gegen die ›bürgerliche Kultur‹ vor, zogen dabei durch das ganze Land. Viele Intellektuelle wurden in dieser Zeit massiver Kritik durch die Massen unterzogen, verloren ihre Ämter, wurden inhaftiert oder hingerichtet. Zwar gab es 1967 Proteste in der Bevölkerung, die mit Hilfe des Militärs niedergeschlagen wurden, und Mao selbst verurteilte die ›ultra-linken‹ Tendenzen der Roten Garden, doch setzte sich die Kulturrevolution im engeren Sinn bis 1969 fort.

»Lasst uns die Große Proletarische Kulturrevolution zu Ende führen.« – Mao spricht auf dem Tian'anmen-Platz zu den Massen und verkündet seine Vision: die Schaffung eines neuen Menschen.

Die Angriffe richteten sich auch gegen materielle Kulturgüter: Unzählige Denkmäler, Tempel, Klöster, Moscheen und Kirchen wurden zerstört oder beschädigt. An Stelle der bourgeoisen Kultur sollte eine revolutionäre treten: Bereits Mao hatte in seinen Reden von Yan'an (s. S. 180) die Funktion von Kunst und Literatur klar postuliert: Sie solle allein der Revolution dienen. Nun engagierte sich insbesondere seine Frau Jiang Qing, eine ehemalige Schauspielerin, im Bereich von Theater, Film und Oper und wurde zu einem der füh-

Zhou Enlai. Er starb im Januar 1976. Im Juli 1976 erschütterte das ungeheure Erdbeben von Tangshan, das 240 000 Menschenleben forderte, Ostchina. Im September 1976 starb Mao Zedong: Hatte das Erdbeben auf das Ende des ›Himmlischen Mandats‹ für Mao Zedong hingewiesen (s. S. 65)?

Das ›Rote Buch‹
Die Bezeichnung ›Rotes Buch‹ oder ›kleines Rotes Buch‹ bezieht sich auf eine ab 1966 in Riesenauflagen publizierte und in unzählige Sprachen übersetzte Auswahl von Gedanken und Äußerungen Mao Zedongs mit dem offiziellen Titel »Worte des Vorsitzenden Mao« (»Mao Zhuxi yulu«).

renden Köpfe des kulturellen Umbruchs. Revolutionsopern, die das Ideal des neuen Menschen thematisierten, der nur für die Partei und das Land lebt und sich selbst gänzlich hintenan stellt, wurden auf die Bühne gebracht und entsprechende Filme gedreht.

In diese Zeit fiel auch die **Aufs-Land-Bewegung**. Etwa 15 Millionen Jugendliche wurden zum Arbeitseinsatz aufs Land verschickt – teils in abgelegenste Gegenden: »Von der Landbevölkerung lernen« lautete die Devise. Diese Verschickung war zumeist mit einem Passentzug verbunden bzw. mit der Umwidmung der Residenzerlaubnis. Das bedeutete: Einmal aufs Land verschickt, war es fast unmöglich, in die alte Heimat zurückzukehren.

Während der Kulturrevolution wurde der Personenkult um Mao Zedong ins Übermaß gesteigert. Die Mao-Zedong-Ideen wurden allerorten studiert und das ›kleine Rote Buch‹ war in jedermanns Hand.

Im April 1969 sollte der 9. Parteitag der KPCh eine allmähliche **Kursänderung** einläuten. Maßgeblich hieran beteiligt war Zhou Enlai, der von 1949 bis zu seinem Tod 1976 das Amt des Ministerpräsidenten Chinas innehatte. 1971 kam Lin Biao bei einem mysteriösen Flugzeugabsturz ums Leben, nachdem er sich politisch-ideologisch gegen Mao gestellt hatte. Der Parteiapparat, der – wie alles im Land – nahezu funktionsunfähig geworden war, wurde wieder aufgebaut, Kader wurden rehabilitiert und in ihre Positionen zurückversetzt.

Zhou Enlais Engagement, insbesondere hinsichtlich einer Öffnung zum Westen (Staatsbesuche in China: 1972 US-Präsident Richard Nixon, 1975 Bundeskanzler Helmut Schmidt, Aufnahme voller diplomatischer Beziehungen zwischen China und den USA jedoch erst 1979), war dem linksradikalen Flügel der KPCh um Maos Frau Jiang Qing ein Dorn im Auge. Jiang Qing und drei ihrer Kampfgefährten – später bekannt als die ›Viererbande‹ – sahen hierin eine Chance, erneut an Einfluss zu gewinnen.

1975 erkrankte Zhou schwer, und der in der Kulturrevolution entmachtete Deng Xiaoping (geb. 1904) als sein Stellvertreter setzte seine Politik fort. Als Zhou dann 1976 starb, gelang es der Gruppe um Jiang Qing, nicht Deng, sondern Hua Guofeng – einen treuen Gefolgsmann Maos – zunächst zum Ministerpräsidenten und nach Maos Tod zum Parteichef zu erheben. Dass diese Ernennung gelang, mag verwundern, hatten sich nach dem Tod Zhou Enlais doch über 200 000 Menschen auf dem Tian'anmen-Platz in Beijing versammelt, um gegen die Linksradikalen und für eine gemäßigte Politik im Sinne Zhous zu demonstrieren.

Die ›Viererbande‹ hatte sich in Hua Guofeng allerdings getäuscht: Nach dem Tod Mao Zedongs im September 1976 ließ er sie als Kopf des radikal-ideologischen Flügels der Partei verhaften, und ab 1977 setzte sich der gemäßigte Kurs um Deng Xiaoping durch. 1980 erreichte Deng Xiaoping, dass Zhao Ziyang neuer Ministerpräsident und Hu Yaobang neuer Parteichef wurde. 1980/81 wurde der ›Viererbande‹ der Prozess gemacht und schließlich die Todesstrafe verhängt. Diese Urteile wurden jedoch später in lebenslange Haftstrafen umgewandelt. Die Mao-Witwe Jiang Qing starb 1991 unter Hausarrest.

Ein-Kind-Politik

Mao Zedong noch hatte in der Größe eines Volkes seine Stärke gesehen und die Familien zu Kinderreichtum ermutigt. Erst 1971 konnten sich die politischen Kräfte durchsetzen, die im unkontrollierten Bevölkerungswachstum enorme wirtschaftliche Risiken sahen. 1979 erging dann der Beschluss des Nationalen Volkskongresses, der jeder Familie nur noch ein Kind erlaubte. Gegenüber finanziellen Hilfen, medizinischer Versorgung und Ausbildung des Kindes einer Ein-Kind-Familie seitens des Staates stehen der Entzug all dieser Förderungen sowie eine hohe Geldstrafe bei Verstoß gegen diese Regel. Mit dem wirtschaftlichen Aufschwung folgt daraus allerdings inzwischen das Problem, dass die Kinderzahl eine Frage der Finanzkraft ist. Ausnahmen gelten für Angehörige der nationalen Minderheiten und inzwischen für chinesische Bauern. Letzteres hängt mit zwei Dingen zusammen: Zum einen benötigen die Bauern für die private Bewirtschaftung des Landes die Unterstützung ihrer Kinder, zum anderen müssen Maßnahmen gegen die hohe Mädchensterblichkeit getroffen werden. Was hat es damit auf sich? Söhne sind in China seit alters – ganz nach der konfuzianischen Tradition – die wichtigeren Nachkommen. Sie sichern den Fortbestand der Familie, denn Mädchen verlassen nach ihrer Heirat die elterliche Familie und gehören fortan zur Familie ihres Mannes. Auf dem Land bedeutet dies, dass eine Arbeitskraft verloren geht. Nur ein Sohn kann demnach den Eltern eine Altersversorgung gewähren. Da aus diesen Gründen vermehrt Mädchen abgetrieben, ihre Geburt nicht gemeldet oder sie schlimmstenfalls sogar getötet wurden, ist es der ländlichen Bevölkerung nun erlaubt, einen ›zweiten Versuch‹ zu unternehmen, falls das erste Kind ein Mädchen ist.

Deng Xiaoping

Chinas Zukunft: wirtschaftliche Öffnung ja – und Demokratie?

Die Öffnung Chinas, die auf wirtschaftlichem Gebiet 1978 eingeläutet wurde, ist eng mit Deng Xiaoping verbunden. Sein Ausspruch: »Es ist gleichgültig, ob die Katze schwarz oder weiß ist, Hauptsache, sie fängt Mäuse« charakterisiert seinen pragmatischen Ansatz. Ende 1978 wurde die Kollektivierung des Bodens aufgehoben: Der Boden bleibt Eigentum des Staates, die Bauern bebauen ihn jedoch eigenverantwortlich und zahlen dem Staat eine Abgabe. Die erstmals von Zhou Enlai formulierten **Vier Modernisierungen** – Modernisierung der Landwirtschaft, der Industrie, der Technologie, der Verteidigung – wurden durch Hua Guofeng und Deng Xiaoping Bestandteil des Parteiprogramms und der chinesischen Verfassung.

1979 wurden die ersten vier Wirtschaftssonderzonen Chinas eingerichtet: Shenzhen, Zhuhai, Shantou und Xiamen. Hierbei handelt es sich um Freihandelszonen, in denen chinesische Firmen unabhängig arbeiten können, wo Steuervergünstigungen und Garantien für ausländische Firmen gelten, insbesondere für Firmen, die sich in Joint-Ventures (Gemeinschaftsunternehmen) engagieren. Von dieser Maßnahme verspricht sich China wirtschaftlichen Aufschwung, Anregung und Initiative sowie den Erwerb von wirtschaftlichem und technischem Know-how. China ist auf dem Weg zu einer freien Marktwirtschaft.

Wer China heute besucht und das Land vielleicht aus der Zeit zu Beginn der 1980er-Jahre kennt, stellt fest: Auch optisch schlägt sich die wirtschaftliche Entwicklung nieder. Ein gewaltiger Bauboom überzieht die Städte, modernste Infrastrukturmaßnahmen werden durchgeführt (Paradebeispiel ist Shanghai, das jetzt sogar eine Transrapid-Strecke in Betrieb genommen hat), Boutiquen und Kaufhäuser internationalen Niveaus sind in den Metropolen selbstverständlich, und auch in Provinzstädten abseits der Küstenregion hat sich das Angebot exorbitant vergrößert, ebenso wie die Anzahl von Restaurants, Cafés und Bars. Diese Entwicklung zeigt auf der einen Seite, dass sich die Versorgung der Bevölkerung insgesamt verbessert hat und eine Mittelschicht entsteht, auf der anderen Seite offenbart sie, dass im China von heute die Diskrepanz zwischen Arm und Reich wieder wächst. Millionen von Menschen, angezogen von den Verlockungen der großen Städte, verlassen das Land, ziehen als Wanderarbeiter in die Städte und versuchen dort Arbeit zu finden.

Chinas Städte entwickeln sich zu Boomtowns: dichter Verkehr auf der Shanghaier Fuzhou Lu. Im Hintergrund ist der supermoderne Fernsehturm der Stadt zu sehen.

Seit das Prinzip der ›eisernen Reisschüssel‹ weggefallen ist, also die *danwei* – die Arbeits- und Lebenseinheit, in die jeder Bürger eingebunden war – ihre Funktion als Wohnraum-, Arbeitsplatz- und Versorgungsgarant immer mehr verliert, und auch marode Staatsbetriebe wirtschaftlich arbeiten müssen, um nicht geschlossen oder privatisiert zu werden, zeigen sich erhebliche Probleme. In den Städten (nicht auf dem Land) besteht zwar inzwischen in eingeschränktem Maß eine Renten- und Sozialversicherung, doch trägt sich das System nicht selbst, sondern steht immer wieder kurz vor

Staat und Partei – die politische Struktur im Überblick
China gliedert sich verwaltungstechnisch in 22 Provinzen, fünf Autonome Regionen und die vier regierungsunmittelbaren Städte Beijing, Tianjin, Shanghai und Chongqing. Seit der Rückgabe Hongkongs an China 1997 und Macaos 1999 besitzen die frühere britische wie die frühere portugiesische Kolonie den Status von Sonderverwaltungszonen. Das höchste Organ des Staates ist offiziell der Nationale Volkskongress mit gesetzgebender Gewalt. Seine Mitglieder gehen aus Wahlen in den Volkskongressen der Provinzen, Autonomen Regionen, regierungsunmittelbaren Städte und Armee-Einheiten hervor. Führungsgremium des NVK ist der Ständige Ausschuss, dem ca. 150 Mitglieder angehören. Der NVK wählt den Staatspräsidenten und die Mitglieder des Staatsrates, der Zentralregierung, mit dem Ministerpräsidenten. Weitere wichtige Funktionen, die der NVK besetzt, sind die des Vorsitzenden der Zentralen Militärkommission, des Präsidenten des Obersten Volksgerichtshofes und des Generalstaatsanwaltes. Der Staatsrat bildet die zentrale Volksregierung Chinas, dem die Ministerien und wichtige zentrale Kommissionen unterstehen. Die Kommunistische Partei (KPCh) bestimmt bis heute die Politik Chinas. Der Nationale Parteitag bildet ihr höchstes Gremium und wählt das Zentralkomitee (ZK) der Partei. Das ZK wählt dann den Parteivorsitzenden und seinen Stellvertreter. Besondere Bedeutung kommt dem Politbüro des ZK und dessen Ständigem Ausschuss zu: Hier werden wichtige Grundsatz- und Personalentscheidungen getroffen. Für deren Umsetzung in die Praxis ist dann das Sekretariat des ZK zuständig. Anzumerken ist, dass hinter diesen offiziellen Parteigremien ein informeller Kreis wirkt, der großen Einfluss auf die letztendlichen Entscheidungen der Partei und damit auf die Grundausrichtung auch der Regierungspolitik nimmt.

dem Kollaps. Hinzu kommen Probleme aufgrund des erhöhten Verkehrsaufkommens und ungelöste Fragen im Bereich des Umweltschutzes.

Trotz aller Schwierigkeiten bejaht die KPCh und damit die Regierung der Volksrepublik China die wirtschaftliche Öffnung. Sie will China insbesondere im Technologiesektor an die Weltspitze führen und sieht in der chinesischen Form der Marktwirtschaft den richtigen Weg, um China wirtschaftlich und sozial zu stabilisieren. Anders hingegen sieht es mit der politischen Entwicklung, mit der Frage einer demokratischen Öffnung aus, die bisher weiterhin von der chinesischen Führung abgelehnt wird.

1977 begann der **Pekinger Frühling**: Es formierte sich – zunächst im Untergrund, dann aber auch bis zu einem gewissen Grad öffentlich – eine Kritik an der Partei, an der Person Mao Zedongs und letztlich eine Menschenrechts- und Demokratiebewegung. Die Kritiker äußerten ihre Ansichten insbesondere auf Wandzeitungen, die in der Nähe der Universität Beijing angebracht wurden, der Mauer der Demokratie. Auch hier ging es anfangs um wirtschaftliche Reformen, dann jedoch auch um politische Modernisierung und Demokratie. 1978 forderte der Dissident Wei Jingsheng eine Fünfte Modernisierung, die Demokratisierung. Doch die Kritik an der Partei ging zu weit, bereits 1979 wurde die Mauer der Demokratie von Regierungsseite geschlossen, führende Vertreter der Bewegung verhaftet. Nicht wenige gingen ins Exil.

In den 1980er-Jahren wurden die Vier Modernisierungen zügig vorangetrieben. Politische Proteste aber blieben unerwünscht und hatten Konsequenzen. Um die ideologische Linie in der Bevölkerung besser zu verankern, wurden diverse Kampagnen durchgeführt, Kulte des Volksglaubens waren wieder zugelassen, die Ideen des Konfuzius

Mauer der Demokratie in Beijing. Zu sehen ist eine Wandzeitung, die für die sino-amerikanische Freundschaft wirbt.

Militäreinheit auf dem Tian'anmen-Platz, der 1989 zum Zentrum politischer Demonstrationen wurde, bevor die chinesische Regierung die Forderungen zahlreicher Menschen nach Demokratie, Pressefreiheit und Menschenrechte gewaltsam unterdrückte.

wurden ›gesellschaftsfähig‹ und Tempel wieder zum Leben erweckt. Doch auch der Personenkult um Mao lebte fort.

1983/84 ging man mit der **Kampagne gegen Geistige Verschmutzung** massiv gegen nonkonforme Auswüchse vor, die nach Ansicht der Partei mit der westlichen Kultur bzw. ihren negativen Seiten (Pornografie, Wirtschaftskriminalität, Schmuggel, Korruption) verbunden waren. Im Zuge dieser Kampagne kam es landesweit zu Hinrichtungen.

Korruption und Inflation entwickelten sich immer mehr zu einem Problem. Nicht zuletzt hiergegen wandten sich im Frühjahr/Sommer 1989 die Demonstrationen auf dem Tian'anmen-Platz in Beijing, bei denen jedoch auch wieder Fraktionskämpfe innerhalb der chinesischen Führung eine Rolle spielten. Als im April 1989 Hu Yaobang – bis 1987 Generalsekretär, dann entmachtet und gerade erst wieder zwei Wochen auf der politischen Bühne – starb, kam es ähnlich wie zuvor beim Tod Zhou Enlais zu Trauerkundgebungen. Diese entwickelten sich in Kürze seitens der Studenten zu einer Demonstration für bessere Studienbedingungen. Den Studenten schlossen sich alsbald Arbeiter und Angestellte an, die Korruption und Inflation brandmarkten. Binnen eines Monats vervielfachte sich die Zahl der Demonstranten auf fast eine Million. Als dann vor allem Studenten auf dem Tian'anmen-Platz in einen Sitz- und Hungerstreik traten, Demokratie, Menschenrechte und Pressefreiheit forderten, griff die Regierung ein. Deng Xiaoping verhängte am 20. Mai 1989 den **Ausnahmezustand** über Beijing (bis 11. Januar 1990), Zhao Ziyang, der sich gesprächsbereit zeigte, wurde entmachtet und in der Nacht vom 3. auf den 4. Juni 1989 rollten die Panzer. Bis heute ist nicht offiziell bekannt, wie viele Opfer dieser Militäreinsatz gefor-

Zhu Rongji mit Gerhard Schröder

dert hat. Erneut flüchteten zahlreiche politisch Engagierte ins Exil.

Nach all diesen Auseinandersetzungen wurde der frühere Shanghaier Bürgermeister Jiang Zemin noch im Juni 1989 neuer Generalsekretär der Partei und damit Nachfolger Zhao Ziyangs. Deng Xiaoping blieb die graue Eminenz, gab aber 1990 die letzten offiziellen Ämter auf. 1993 wurde Jiang auch Ministerpräsident, und seit 1998 amtiert Zhu Rongji als Premierminister. Letzterer forciert zwar die wirtschaftliche Liberalisierung, nicht jedoch die Demokratisierung.

Mit der Beendigung ihres **XVI. Parteitags** hat die KPCh im Spätherbst 2002 einschneidenden Veränderungen in ihrer Führungsriege zugestimmt. Nach langem Tauziehen kandidierten sechs von sieben bisherigen Mitgliedern des Politbüros der Partei nicht mehr. Sowohl der amtierende Parteichef und Staatspräsident Jiang Zemin als auch der amtierende Ministerpräsident Zhu Rongji zogen sich aus diesem mächtigen Gremium zurück. Jiang Zemin selbst, dem es gelang, seine Linie auf dem Parteitag durchzusetzen, bleibt aber Vorsitzender der Militärkommission des ZK.

Nachfolger Jiangs als Parteichef und voraussichtlich sein designierter Nachfolger als Staatspräsident (März 2003) wurde der 59-jährige Hu Jintao. Als designierter Nachfolger Zhu Rongjis als Premierminister gilt Wen Jiaobao, zuständig für Banken und Landwirtschaft. Grundsätzlich kann festgestellt werden, dass sich in der neuen Zusammensetzung insbesondere das Bestreben der Partei widerspiegelt, sich den Unternehmern des Landes zu öffnen. Dies deckt sich mit der Festschreibung des Anspruchs von den so genannten **Drei**

Hu Jintao und Jiang Zemin

Vertretungen im Programm der Partei: Vertretung der fortschrittlichen Produktivkräfte, Vertretung der fortschrittlichen Kultur Chinas und Vertretung der grundlegenden Interessen des chinesischen Volkes. Die Betonung liegt hierbei auf Fortschritt und zielt auf die Integration auch der privaten, den wirtschaftlichen Fortschritt des Landes tragenden Unternehmer ab.

Diese Entwicklung passt zu der Beobachtung, dass sich die Partei in den letzten Jahren nicht statisch verhalten hat. Im Rahmen der Partei und auch der Parteihochschulen werden seit geraumer Zeit Fragen gestellt und diskutiert, bei denen es darum geht, für die Volksrepublik China einen Weg in eine offenere, demokratischere Gesellschaft zu finden. Bei diesen Überlegungen zeigt sich auf der einen Seite die immer offensichtlicher werdende Notwendigkeit einer politischen Liberalisierung – ohne dabei die Macht gänzlich aus der Hand zu geben – und auf der anderen Seite die Problematik, das riesige Land zusammenzuhalten (s. S. 8). Der Zerfall der UdSSR zeigt, wohin es führen kann, wenn ein gewaltiges Territorium mit nicht nur allgemein politisch differierenden Ansichten, sondern auch mit regionalen Problemen bis hin zu Unabhängigkeitsbestrebungen seine klare Führungsstruktur verliert.

Bei der Diskussion um Menschenrechte und Demokratisierung in China ist des Weiteren zu bedenken, dass das Land keine demokratische Tradition besitzt. Schon in früher Zeit war darüber hinaus der Individualismus einer gesellschaftlichen Harmonie geopfert worden (s. S. 72), sodass auch unter diesem Gesichtspunkt der offizielle chinesische Standpunkt zumindest zur Kenntnis zu nehmen ist. China hat das Recht, seinen Weg zu finden, hat Anrecht darauf, dass bei der Diskussion von außen die traditionellen wie die politischen Werte angesprochen und einbezogen werden – ohne Verletzungen der Menschenrechte, wie sie von westlicher Seite und von manchen chinesischen Intellektuellen zu Recht angeprangert werden, gutzuheißen.

Gesellschaftsstrukturen
In vielen Phasen ihrer Politik konnten die Strukturen der KPCh gerade deshalb greifen, weil sie den traditionellen chinesischen gar nicht so fern standen. Die straffe hierarchische Gliederung in der Partei, zugespitzt auf eine Führungspersönlichkeit, ebenso wie die Einteilung der Bevölkerung in Lebens- und Arbeitseinheiten (*danwei*) erinnert an die Beamtenhierarchie und die Führungsrolle des Kaisers im alten China einerseits und an die unumschränkte Dominanz der Familie als alles bestimmende Einheit andererseits.

China ist ein Vielvölkerstaat. Neben den Han-Chinesen, die etwa 92 % der Bevölkerung ausmachen, leben 55 Völker, so genannte nationale Minderheiten (*shaoshu minzu*), in China. Diese Minderheiten besitzen

Akka-Frau in Menghun, Südwestchina

gewisse Rechte bezüglich Kultur- und Sprachschutz sowie autonomer Verwaltung. So gibt es autonome Kreise, Bezirke oder Regionen (letztere haben Provinzstatus), in denen die Verwaltung parallel mit Angehörigen der Han und der jeweiligen Minderheit besetzt wird. Fünf Völkern wurde eine Autonome Region zugestanden: Tibet (Tibeter), Innere Mongolei (Mongolen), Guangxi (Zhuang), Ningxia (Hui) und Xinjiang (Uighuren). Die chinesische Nationalitätenpolitik war und ist starken Schwankungen unterworfen. Wurde auch hier teils massiv gegen die autochtonen Kulturformen vorgegangen – Unterdrückung der Religion, der Sprache und verstärkte Ansiedlung von Han-Chinesen in den Minderheitenprovinzen im chinesischen Grenzland – so hat sich dies in gewissem Maß normalisiert. Die Sprache der jeweiligen Minderheit ist offiziell als zweite Amtssprache zugelassen, jedoch bleibt den Menschen ohne Chinesischkenntnisse der Zugang zu höheren beruflichen Laufbahnen weitgehend verschlossen.

Darüber hinaus finden sich gravierende Unterschiede in der Beijinger Politik gegenüber ›politisch eher unverdächtigen‹ und sich assimilierenden Minderheiten – wie den Zhuang oder den Mandschuren – und der Situation in Gebieten wie Tibet oder Xinjiang. Tibet ist seit der Besetzung 1951 ein ständiger Streitfall. Immer wieder kam und kommt es dort zu Aufständen einerseits und Repressalien (Klosterzerstörung, Ermordung von Mönchen und Nonnen etc.) andererseits. Nicht davon zu sprechen, dass China auch die religiöse – nicht nur die weltliche – Autorität des Dalai Lama versucht zu untergraben: So ist sein Bildnis verboten und die von ihm gemäß der Tradition und unter Berücksichtigung der vorgeschriebenen Vorgehensweisen gefundene Reinkarnation des Panchen Lama wurde von China nicht anerkannt.

Mindestens ebenso schwierig ist die Situation unter den Uighuren Xinjiangs. Auch in Xinjiang flammten wiederholt Aufstände auf: Zunächst in den 1970er- und 1980er-Jahren und dann erneut in den 1990er-Jahren. Hierbei spielt die Sorge Chinas vor einem zunehmenden islamischen Fundamentalismus im Nordwesten Chinas und die neue Situation aufgrund der Auflösung der UdSSR eine große Rolle. Kasachstan, Kirgisistan und Tadschikistan sind ebenfalls von Muslimen bewohnt und die Kontakte der beiderseits der Grenzen wohnenden Bevölkerung intensivieren sich.

Tibetische Gläubige drehen Gebetsmühlen.

Die Angst vor dem Zerfall der Volksrepublik

Für die chinesische Zentralregierung birgt die Eigenständigkeit der Minderheiten eine Gefahr. Die Sorge vor Aufständen dieser Gruppen, die große Unruhe in den Grenzbereichen mit sich bringen und die Macht Beijings in Frage stellen könnten, hat zweierlei Hintergründe: Einerseits fürchtet man den territorialen Zerfall des Landes, andererseits sieht man in der möglichen Kombination aus Autonomiebestrebungen und demokratischen Bewegungen im Kernland eine große Gefahr für das Fortbestehen der jetzigen Regierung und der Volksrepublik insgesamt.

Ob diese Gedanken alles Vorgehen der Regierung zu rechtfertigen vermögen, sei dahingestellt. Doch sollte man in der öffentlichen Diskussion im Ausland diese Aspekte zumindest berücksichtigen – ohne die Handlungsweisen akzeptieren zu müssen.

Freitagsgebet in der Dongmen-Moschee in Xining, Provinz Qinghai

Mythologie, frühe Weltbilder und religiöse Vorstellungen

Wie in allen Weltkulturen finden sich auch in China Mythen von der Entstehung der Welt. Allerdings gibt es hier keine einheitliche Version, sondern drei Ursprungsgeschichten:

1. die schrittweise Entstehung aus dem Weltenei, d. h. aus einer kosmischen, undifferenzierten Masse, in der die Welt als Kern bereits angelegt ist;

2. die Entstehung aus dem Weltenriesen Pangu, dessen Körperteile und Organe sich allmählich in die einzelnen Elemente des Kosmos umwandeln (wobei auch dieser aus der undifferenzierten Masse entstanden ist);

3. die Entstehung dank der Ordnung schaffenden Nügua, die den Menschen aus einem Klumpen gelber Erde formte (also auch hier wieder das Bild eines undifferenzierten Chaos, aus dem heraus die Welt geschaffen wird/sich schafft).

Interessant ist, dass anders als in den Mythen der meisten anderen Kulturen, in denen die Welt aus dem Nichts erschaffen ist, hier stets vom Vorhandensein eines undifferenziertes Etwas, eines Einerleis (*hundun*), ausgegangen wird. So heißt es in verschiedenen alten Texten z. B., dass Himmel und Erde ein strudelndes Einerlei waren oder eine wogende Unermesslichkeit. Das Klare (*yang*) wurde zum Himmel und das Trübe (*yin*) zur Erde. Der Weltenriese Pangu entstand aus diesen beiden heraus und durchlief, als er dem Tode nahe war, mehrere Wandlungen: Sein Lebensatem wurde zu Wind und Wolken, das linke Auge zur Sonne, das rechte zum Mond, seine vier Gliedmaßen wurden zu den Kompasspunkten, seine fünf Körperteile zu den fünf Bergen der fünf Himmelsrichtungen (das Thema der fünf heiligen Berge zieht sich durch Daoismus wie Buddhismus), Blut und Körperflüssigkeiten zu Flüssen und Gewässern, das Fleisch zur Erde, das Kopfhaar zu Sternen, das Ungeziefer am Körper zu Menschen etc.

Shennong, der Göttliche Landmann, gehört neben Fuxi und Nügua zu den Drei Erhabenen.

Auf gewisse Weise sind alle drei hier erwähnten Mythen miteinander verwandt. So tauchen auch in Texten, die Pangu erwähnen, die Drei Erhabenen (*san huang*) auf, zu denen wiederum Nügua gezählt. Nügua, Erschafferin der Menschen, gilt auch als Erfinderin der Ehe. Meist wird sie zusammen mit Fuxi dargestellt, der den Menschen Jagd und Fischfang vermittelte. Dritter der Drei Erhabenen ist der Göttliche Landmann, der den Ackerbau lehrte. (Wie so oft ist auch hier die Dreiheit nicht immer einheitlich überliefert, manchmal finden sich Suiren und Zhurong, denen die Menschen das Herdfeuer und damit auch gegarte Speisen verdanken.)

Fuxi und Nügua. Seidenmalerei aus der Tang-Dynastie. Der Unterleib von Fuxi und Nügua ist der einer Schlange. Häufig werden sie umeinander gewunden dargestellt.

Auf die Drei Erhabenen folgen in der chinesischen Überlieferung die Fünf Urherrscher (*wu di*): Huang Di – der Gelbe Kaiser –, Zhuanxu, Ku, Yao und Shun, deren Herrschaftszeit den Chinesen späterer Jahrhunderte als Epoche des Glücks gilt. Während beispielsweise dem Gelben Kaiser Hausbau, Wagen- und Waffenherstellung zu verdanken sind, erfand Yao den Kalender, und Shun war Astronom. Am Ende der Herrschaft Shuns soll eine große Flut über das Land hereingebrochen sein. Diese wiederum soll Yu durch Wasser regulierende Maßnahmen bezwungen haben. Yu gilt darüber hinaus als Begründer der halblegendären Xia-Dynastie.

In der Frühzeit der chinesischen Reichsgeschichte waren die Naturgewalten von besonderer Bedeutung für das alltägliche Leben der Menschen, die ja auf die Erträge der Natur angewiesen waren. Die Natur war belebt, man betete Naturkräfte an, bat um Regen oder Sonne, um die Fruchtbarkeit des Bodens. Allmählich personifizierte man diese Kräfte: Gottheiten lebten in Bergen, auf Flüssen etc. Fasziniert war man auch vom Sternenhimmel, vom Lauf der Sonne und des Mondes. Auch diesen ordnete man magische Kräfte zu. Als oberster Herrscher der Menschen und zugleich Urahn (die Ahnenverehrung spielte ebenfalls eine wichtige Rolle) des Herrscherhauses selbst galt Shangdi (*shang*= oben, oberer; *di* = Kaiser, Herrscher). Vor

Im alten China waren die Tage in einen 60er-Zyklus eingeteilt, der auf der Vorstellung von zehn Himmelsstämmen und zwölf Erdästen beruht, wobei von theoretischen 120 Tagen, die aus dieser Kombination entstehen, lediglich 60 tatsächlich benutzt wurden. Die Himmelsstämme (*tiangan*) stehen mit der Vorstellung von zehn Sonnen in Zusammenhang, die nacheinander den Taghimmel von Ost nach West durchlaufen, während die zwölf Erdäste (*dizhi*) den zwölf Monden eines Jahres entsprechen und fünfmal wiederholt ebenfalls den 60er-Zyklus ergeben. Die Dizhi werden auch für die Stundenzählung verwendet.

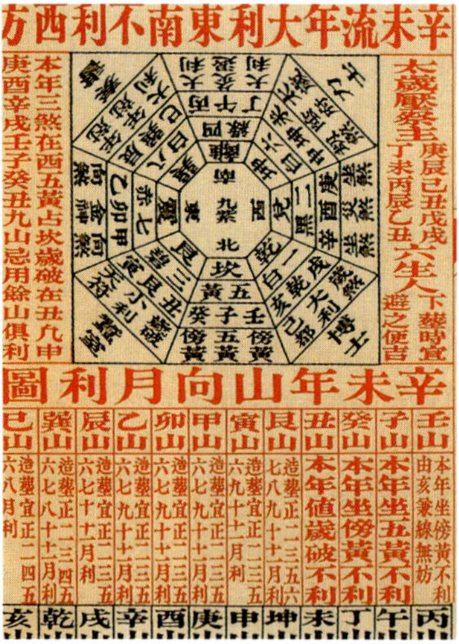

Noch heute finden in China so genannte »Tagesbücher«, *rishu*, Verwendung. Der traditionellen Jahreseinteilung folgend werden hier die Omen der einzelnen Tage festgehalten und ermittelt, welcher Tag für welche Handlung besonders gut oder schlecht geeignet ist.

Der 60-Tage-Zyklus gliedert sich in sechs Wochen à zehn Tagen (es gab später auch Sieben- und Acht-Tages-Zyklen, die sich auf die Mondphasen bezogen).

Ein Mondmonat (*yue* = Mond = Monat) hat 30 bzw. 29 Tage, wodurch das Jahr lediglich 354 Tage hat. Um das Mond- dem Sonnenjahr anzupassen, fügt man alle drei Jahre einen Schaltmonat ein. Aus dem Unterschied zwischen Mond- und Sonnenjahr resultiert auch, dass nach unserem Kalender das chinesische Neujahr an unterschiedlichen Daten zwischen Ende Januar und Ende Februar begangen wird – und ebenso natürlich die Variation der Daten der übrigen traditionellen Feste.

Die zwölf Erdäste sind nach zwölf Tieren benannt und entsprechen den chinesischen Sonnen-Tierkreiszeichen, den Sternbildern, mit deren Hilfe allmonatlich die Sonnenposition definiert wird: Ratte, Ochse, Tiger, Hase, Drache, Schlange, Pferd, Schaf, Affe, Huhn, Hund, Schwein.

Diese Tierkreiszeichen sind – wie alles in den traditionellen Vorstellungswelten – jeweils Yin oder Yang zugeordnet (Yin: Ratte, Ochse, Hase, Affe, Hund, Schwein; Yang: Tiger, Drache, Pferd, Schaf, Hahn oder Huhn, Schlange).

Im alten China fand darüber hinaus auch ein Mond-Tierkreis Verwendung – die so genannte Gelbe Straße (*huang dao*), die sich aus

28 Sternbildern oder Palästen des Mondes zusammensetzt. Gerade diesen Sternbildern werden besondere Glück bzw. Unglück bringende Einflüsse zugerechnet.

Auf der Nachzeichnung eines Tang-zeitlichen Bronzespiegels erkennt man die acht Trigramme und die Tiere des Tierkreises im inneren Ring. Die Tiere im äußeren Ring symbolisieren die 28 Mondhäuser oder Konstellationen.

Hinsichtlich des chinesischen Kalenders leuchtet ein, dass Datumsangaben, die sich auf Himmelsstämme und Erdäste beziehen, für die praktische Verständigung z. B. bezüglich Geburtsdaten gewisse Probleme bergen. Daher ging man in China schließlich dazu über, sich für die Jahreszählung auf die Regierungsjahre eines Herrschers zu beziehen – und seit der Republikgründung auf den Gründungstag, den 1. Januar 1912. Das Mondjahr jedoch beginnt bereits seit 104 v. Chr. mit dem ersten Neumondtag, nachdem die Sonne das Zeichen des Wassermanns erreicht hat – eben nicht vor dem 21. Januar und nicht nach dem 19. Februar.

Doch damit nicht genug. Neben der Einteilung in Monde teilt sich das chinesische Jahr noch in 24 Phasen à zwei Wochen (15 Tage), die stets weiter gezählt werden, ohne die Schaltzeiten des Mondkalenders zu berücksichtigen. Der Beginn eines solchen 15-Tage-Zeitraums (*jie*) kennzeichnet stets den Moment, in dem die Sonne in den ersten bzw. 15. Grad eines Tierkreiszeichens eintritt. Diesen Daten wiederum werden bestimmte klimatische und andere Veränderungen in der Natur zugeordnet, die in enger Beziehung zum agrarischen Jahr stehen.

Die traditionelle Stundenzählung

Die Chinesen teilten den Tag traditionell in zwölf Wachen, zwölf Doppelstunden, ein, denen wiederum die Namen der zwölf Erdäste bzw. Sonnen-Tierkreiszeichen zugeordnet waren: Stunde der Ratte (23–1 Uhr), Stunde des Ochsen (1–3), Stunde des Tigers (3–5), Stunde des Hasen (5–7), Stunde des Drachen (7–9), Stunde der Schlange (9–11), Stunde des Pferdes (11–13), Stunde des Schafs (13–15), Stunde des Affen (15–17), Stunde des Huhns (17–19), Stunde des Hundes (19–21), Stunde des Schweins (21–23).

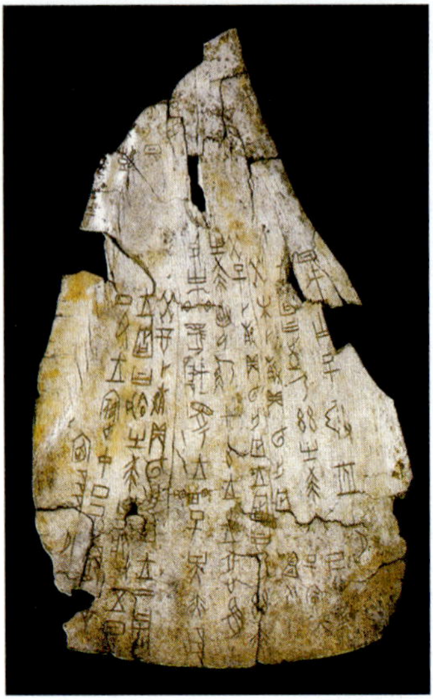

Der Schulterknochen eines Rindes diente mit eingeritzten Schriftzeichen Orakelzwecken.

allem ihn musste man gnädig stimmen, durch Opfer aller Art besänftigen.

Verstorbene Familienangehörige führten ein Leben im Jenseits. Ihnen gab man Grabbeigaben mit auf die Reise, nicht nur, damit sie es dort angenehm hatten, sondern insbesondere, damit sie den Lebenden wohlgesonnen waren und bei den Göttern ein gutes Wort für diese einlegten.

Wollte man die Absichten, den Willen, der Götter in Erfahrung bringen, so befragte man das Orakel. Dies erfolgte mit Hilfe der Bauchpanzer von Schildkröten oder den Schulterblättern von Rindern. In diese ritzte man Schriftzeichen und erhitzte die Knochen (s. S. 15). Durch die Hitze entstehende Risse führten dann zur Antwortfindung.

Auffällige Relikte der frühen chinesischen Vorstellungswelt sind die rituellen Bronzegefäße der Zhou-Zeit, die zum Teil mit symbolhaften Darstellungen von Göttern und Geistern versehen sind (s. S. 154).

Zwischen irdischem Herrscher und den himmlischen Mächten bestanden besondere Beziehungen und nicht zuletzt die gute, der Bevölkerung Nutzen bringende Verbindung des Herrschers zu den Göttern diente als Legitimation seiner Macht. Auf diese Zusammenhänge führt sich auch die Rolle des chinesischen Kaisers als ›Sohn des Himmels‹ zurück (s. S. 16). Bereits in der Westlichen Zhou-Zeit (11.–8. Jh.) zeigte sich die Verbindung von menschlicher und göttlicher Macht. So waren Beamte für die Opferzeremonien zuständig, die drei verschiedenen Arten von Gottheiten galten:

1. Himmelsgottheiten (wie Sonne, Mond, Wind, Donner, Regen etc.)

2. Erdgottheiten (wie Erde, Getreide, Berge, Flüsse)

3. Gottheiten menschlicher Herkunft (Ahnen, aber auch in den Rang einer Gottheit erhobene Weise).

Shang-zeitliches Bronzehaupt aus Sanxingdui, Provinz Sichuan, das vermutlich einen mythischen Ahnen oder eine Gottheit darstellt.

Der Konfuzianismus

Der Konfuzianismus (*kong jiao*), der auf eine alte Gelehrtentradition (*ru jia*) zurückgeht, hat wie keine andere Philosophie oder Morallehre die gesellschaftliche und staatliche Entwicklung Chinas geprägt – wobei auch er im Lauf der Jahrhunderte einem Wandel unterworfen war, bei dem Elemente anderer philosophischer Ansätze in das Konzept Eingang fanden.

Der Konfuzianismus in seinem Grundwesen präsentiert sich als eine praxisbezogene Morallehre, die vom grundsätzlich Guten im Menschen ausgeht. Diese gute Basis kann und muss durch Erziehung gestärkt und ausgebaut werden.

Konfuzius, der Begründer des Konfuzianismus, soll der Tradition nach am 28. Oktober 551 v. Chr. im Staate Lu als Sohn einer eher bedeutungslosen, vermutlich verarmten Adelsfamilie in der heutigen Provinz Shandong das Licht der Welt erblickt haben. (Sein Geburtstag wird heute noch in Taiwan als Tag der Lehrer begangen.) Ob Kong Qiu (später auch Kongzi oder Kong Fuzi) je selbst hohe offizielle Ämter innehatte, wie manchmal berichtet wird, muss unklar bleiben. Bekannt ist, dass er auf der Suche nach einem Herrscher, der seine Ideale und Vorstellungen würdig in die Realität umzusetzen bereit war, von Fürstenhof zu Fürstenhof zog. Im Laufe der Zeit hatte er wahrscheinlich an die 3000 Schüler, von denen manch einer später zu hohen Ehren gelangte. Trotz intensiver Bemühungen war es Kong Qiu allerdings nicht vergönnt, zu Lebzeiten einen Herrscher davon zu überzeugen, seine Vorstellungen zur Grundlage des Staatswesens zu machen.

Kennzeichnend für die Lehre des Konfuzius ist, dass er nicht allein den Adeligen die innere Qualifikation für führende Funktionen zuerkannte, sondern grundsätzlich vom Guten im Menschen ausging, das durch Erziehung stabilisiert und ausgebaut werden kann. Das heißt, dass im Grunde jeder Mensch fähig ist, dem Ideal des Edlen (*junzi*) zu entsprechen. Angemerkt sei aber, dass Konfuzius dies nicht auf das ein-

551–479 v. Chr.
Kong Qiu (Kong Fuzi/Konfuzius)
um 372–um 289 v. Chr.
Mengzi (Menzius)
um 298–um 235 v. Chr.
Xunzi geht anders als Konfuzius und Menzius nicht vom Guten im Menschen aus.
213 v. Chr.
Qin Shihuangdi, der chinesische Reichseiniger, lässt alle konfuzianischen Schriften verbrennen, die Konfuzianer verfolgen.
um 179–um 104 v. Chr.
Dong Zhongshu integriert daoistische Elemente in den Konfuzianismus.
140–87 v. Chr.
Han Wudi erhebt den Konfuzianismus zur Staatslehre. Die Konfuzianischen Klassiker werden zum Lehrstoff an der Kaiserlichen Akademie, bilden die Grundlage der Beamtenprüfungen.
Tang-Zeit (618–906)
Erneutes Erstarken des Konfuzianismus, Han Yu (768–824) prägt die Alt-Stil-Bewegung.
Song-Zeit (960–1279)
Der Neo-Konfuzianismus findet seine Ausprägung; maßgeblich beteiligt daran sind Ouyang Xiu (1007–72) und Zhu Xi (1130–1200).

Konfuzius-Darstellung als Steinabreibung aus seinem Heimatort Qufu, Provinz Shandong

fache Volk bezog, sondern eher auf eine Art Mittelschicht seiner Zeit. Dieser war es durch Bildung möglich, Aufgaben in der Verwaltung eines Landes zu übernehmen. Meister Kong ging es um die Bewahrung der Kultur bzw. ihre Wiederherstellung. Er lebte in einer Zeit der Zerrissenheit, miteinander rivalisierender Feudalstaaten und Fürsten. Als Idealzustand blickte Konfuzius zurück auf die Kultur, wie sie – der Überlieferung nach – die mythischen Herrscher Yao, Shun und Yu sowie die Herrscher der Zhou-Zeit geschaffen hatten. Diese verkörperten für ihn moralische Werte und folgten der natürlichen Ordnung, dem Willen des Himmels. Für Konfuzius bildete die natürliche Weltordnung die Grundlage der moralischen Ordnung: Der Mensch muss dem Dao (s. S. 76) des Himmels folgen. Und dieses wiederum erkennt er am besten durch ein Studium der Geschichte, denn in ihr überliefert sich die gesammelte Erfahrung der Menschheit, die Traditionen, die Sitten des Altertums.

Im Zentrum seines gedanklichen Konzepts steht der Begriff **ren**, der sich wie die meisten chinesischen philosophischen Termini nur unzureichend und jeweils in Teilaspekten übersetzten lässt. Ren ist eine geistige Haltung, die von Nachsicht und Zuneigung, von Menschlichkeit und menschlicher Tugend gekennzeichnet ist. Korrektes Handeln ohne Eigennutz, die Einhaltung der Regeln für ein gesellschaftliches Leben wiederum erfüllen das zweite Prinzip, das der Rechtlichkeit (**yi**). Was nun korrektes Handeln ist, lässt sich aus den **li**, den Sitten und Riten ableiten. Wichtig bei diesen Prinzipien ist des Weiteren **shu**, der Respekt vor den anderen und vor sich selbst. Dieses Prinzip lässt Umkehrschlüsse zwischen den eigenen Wünschen, Überzeugungen etc. und denen anderer zu. Damit wird wiederum das **yi**, die Rechtlichkeit, unterstützt. Zu guter Letzt sei noch **zhi** genannt: Hierbei handelt es sich um das Wissen, das man erwirbt, um Li – die Sitten und Gebräuche – zu erfahren und damit die Prinzipien Yi, Shu und Ren zu verwirklichen. Zhi ist notwendig, um zu erkennen, wie das Li des Altertums im Jetzt anzuwenden ist. Es ging Konfuzius selbst nicht um eine blinde Befolgung alter Riten und Regeln. Tugend, die moralische Wirkkraft des Handelns, **de**, ist das Ergebnis eigenen Bemühens und nicht angeboren.

Missstände in einem Land resultierten für Konfuzius aus der Missachtung oder zumindest der Vernachlässigung der Riten. Neben den o. g. zentralen Elementen seiner Lehre ist noch ein weiterer Aspekt zu berücksichtigen: Der Konfuzianismus geht davon aus, dass jeder Mensch einen bestimmten Rang und damit bestimmte Rechte und Pflichten besitzt. Diese Klärung der Position wird als ›Richtigstellung der Namen‹, **zhengming**, bezeichnet. Mit Zhengming verbunden ist auch **xiao**, die so genannte kindliche Pietät – verstanden als die Achtung, die der Sohn dem Vater, der Niedrigergestellte dem Höhergestellten etc. entgegenbringt.

Tianming – das Mandat des Himmels

Aus der Richtigstellung der Bezeichnungen, *zhengming*, ergeben sich die Rechte und Pflichten des Einzelnen. So ist etwa der Vorgesetzte durchaus für das Wohlergehen seines Untergebenen verantwortlich. Damit ist es legitim, einen Höhergestellten, der seine Aufgaben nicht oder fehlerhaft verrichtet, zu kritisieren. Daraus resultiert in letzter Konsequenz, dass auch der Herrscher, der Kaiser, seine Verpflichtungen ordnungsgemäß zu erfüllen hat und für das Wohlergehen seines Volkes verantwortlich ist. Tut er dieses nicht, so verliert er die Berechtigung, Herrscher zu sein. Er verliert das Himmlische Mandat, *tianming*. Diese Argumentation, die auf die Zhou-Zeit zurückgeht (s. S. 16), ist im Laufe der chinesischen Geschichte immer wieder zur Legitimation von Volksaufständen und daraus folgenden Dynastiewechseln herangezogen worden. Auch Hungersnöte, Missernten, Überschwemmungen, Naturkatastrophen großen Ausmaßes galten in der Vergangenheit oft als Zeichen dafür, dass der Herrscher nicht mehr in der Lage war, die Ordnung auf Erden zu bewahren. Der Gedanke des Himmlischen Mandats hat sich so tief im chinesischen Denken verankert, dass selbst in der Volksrepublik China noch 1976 in der Bevölkerung plötzlich von Tianming bzw. dessen Verlust gesprochen wurde. Warum? Im Juli 1976 brachte das gewaltige Erdbeben von Tangshan unglaubliches Elend: So wurden etwa 80 % der Millionenmetropole Tianjin zerstört, und im Gebiet von Tangshan und Tianjin starben etwa 60 000 Menschen, insgesamt über 240 000. Grund genug, hierin ein Zeichen für den Niedergang der linksradikalen Clique um die Viererbande (s. S. 48) oder gar den Tod Mao Zedongs zu sehen. Mao starb im Herbst jenes Jahres, und 1977 begannen zaghafte wirtschaftliche Veränderungen. 1978 wurde die Viererbande verhaftet, und die wirtschaftliche Öffnung Chinas begann.

Nach dem Tod des Konfuzius beschränkte sich der Einfluss seiner Schule zunächst auf den Staat Lu und einige seiner Nachbarreiche. In China tobte ein Kampf um die Vormachtstellung zwischen einzelnen Reichen: Militärische Strategien und zentrale Gewalt schienen den meisten Fürsten wichtiger als eine Regierungsform, die sich auf moralische Werte gründete. Mit

Die »Fünf Konfuzianischen Klassiker« (»Wu Jing«) und die »Vier Klassischen Bücher« (»Si Shu«)

Zwar gilt nach manchen Überlieferungen Konfuzius selbst als Verfasser der »Wu Jing« (ausgenommen das »Buch der Wandlungen«), doch darf dies aus unterschiedlichen Gründen angezweifelt werden. So birgt zumindest das »Buch der Riten« auch Material aus der Han-Zeit, einer Zeit, in der Konfuzius längst nicht mehr lebte. Trotzdem bilden diese Bücher die Grundlage aller späteren Diskussionen, Kommentare und Auslegungen des Konfuzianismus und bilden gemeinsam mit den jüngeren »Si Shu« den Grundkanon der konfuzianischen Erziehung:

1. das »Buch der Wandlungen«, »Yi Jing«, angeblich von König Wen von Zhou im 12. Jh. v. Chr. verfasst,
2. das »Buch der Lieder«, »Shi Jing«, eine Sammlung höfischer Festlieder und Volksweisen aus der Zeit um 800 v. Chr.,
3. das »Buch der Urkunden«, »Shu Jing«, eine Anthologie von Erlassen, Reden und Gesetzen musterhafter Herrscher, die bis in die Zeit des mythischen Kaisers Yao zurückreichen,
4. die »Frühlings- und Herbstannalen«, »Chun Qiu«, eine Chronik des Staates Lu (Herkunftsstaat von Konfuzius) für die Jahre 771–481 v. Chr.
5. das »Buch der Riten«, »Li Ji«, eine Sammlung von Regeln und Bräuchen, etwa zur Ahnenverehrung oder höfischen Etikette.

Das »Buch der Riten« handelt u. a. von der kindlichen Pietät, *xiao*, und schreibt auch Verhaltensweisen während der Trauerzeit vor. Die chinesische Farbe der Trauer ist Weiß, nicht Schwarz. Das Gemälde aus dem 19. Jh. zeigt eine Familie in Trauer.

Nach dem Tod des Konfuzius, wohl im Jahr 479 v. Chr., zeichneten seine Schüler ihre Gespräche mit dem Meister auf. Daraus entstand das erste der »Vier Klassischen Bücher«, das »Lunyu« (»Gespräche«). Des Weiteren zählen »Daxue« (»Die Große Lehre«), »Zhongyong« (»Die Lehre der Mitte«) und die »Aufzeichnungen des Menzius« (»Mengzi«) dazu – allesamt Werke von Schülern des Konfuzius. Diesen »Vier Büchern« kam letztendlich in der Entwicklung des Konfuzianismus die größere Bedeutung zu.

Stempel mit einem Zitat aus dem »Lunyu«, den »Gesprächen«. Es besagt: »Wenn du etwas weißt, sage es; wenn nicht, gib dies zu. Das ist wahres Wissen.«

diesem Umstand war auch **Mengzi** (Menzius, um 372–289 v. Chr.), der große Schüler des Konfuzius, konfrontiert. Auch er sollte – wie sein Lehrer – zu Lebzeiten keinen Herrscher finden, der bereit war, die von ihm propagierte ideale Form des Regierens zu fördern. Dennoch leistete er letztendlich einen großen Beitrag zur Etablierung des Konfuzianismus.

Menzius betonte stärker als sein Lehrmeister und mit konkreten Vorschlägen die Notwendigkeit eines gewissen Wohlstands, des Wohlergehens der gesamten Bevölkerung, betrachtete dies als primäre und eigentliche Aufgabe eines Herrschers, zu deren Erfüllung letzterer das Himmlische Mandat erhalten habe. Hierbei sah er sehr wohl einen Unterschied zwischen jenen, die zu körperlicher und jenen, die zur geistigen Arbeit berufen waren, zwischen Untertan und Herrscher. Doch billigte er dem einfachen Volk das Recht zu, sich gegen den Herrscher zu wenden, falls dieser seinen Pflichten nicht nachkäme. Der Herrscher musste darauf achten, seine moralische Wirkkraft (*de*) stetig zu vervollkommnen, um als Vorbild überzeugen zu können.

Wie Konfuzius ging Menzius vom Menschen als grundsätzlich gut aus. Um das materielle Wohl der Bevölkerung sicherzustellen, schlug Menzius eine Art Bodenreform vor, das so genannte Neun-Felder- bzw. Brunnensystem: Jeweils acht Felder sollten der Nutzung durch die Bevölkerung zugewiesen werden und ein neuntes sollte von den Bewirtschaftern der anderen acht Felder als Abgabe für den Grundbesitzer bestellt werden.

Ein knappes Jahrhundert nach Menzius lebte und wirkte **Xunzi**, ein Zeitgenosse des Han Fei (s. Hanfeizi, S. 73), der als einer der bedeutendsten Denker des 3. Jh. v. Chr. gelten darf. Anders als Konfuzius und Menzius ging er nicht vom guten Kern des Menschen aus. Er sah die menschliche Natur als zunächst anarchisch, irrational und schlecht an. Das Gute im Menschen kann seiner Ansicht nach nur durch Disziplin entstehen, durch eine gesellschaftliche Erziehung.

Moral ist sozialen Ursprungs und muss erlernt werden, und gegen die angeborenen Begierden und den Egoismus des Einzelnen gilt es anzukämpfen. Mittels der Pflichten (*yi*) und der Riten und Verhaltensregeln (*li*) können Selbstbeherrschung und der Sinn für richtiges und falsches Handeln anerzogen werden. Für Xunzi waren die Riten letztlich gleichzusetzen mit den Ordnungsprinzipien der gesamten Natur. Yi und Li sind keine moralischen Qualitäten, sondern vielmehr objektive Realitäten. Der Mensch muss die Ordnungsprinzipien der Natur lediglich in seinem Bereich umsetzen.

Diese Abbildung aus einer Geschichtensammlung über tugendhafte Frauen zeigt Menzius (Mitte) mit seiner Mutter und weiteren Frauen.

Hieran knüpfte Xunzi die Betonung der Richtigstellung der Bezeichnungen, *zhengming* (s. S. 65), an, wobei entscheidend ist, dass er allein dem Herrscher die Fähigkeit zuerkannte, die hierarchische Ordnung zu schaffen und den Rang eines Menschen einzustufen. Er muss die Menschen lehren, die ihnen entsprechenden Verpflichtungen anzuerkennen und zu erfüllen. Auf diese Weise entsteht ein mechanistisches System von Recht und Unrecht, beruhend auf allgemeinem Konsens, aber ohne einer dem Menschen von Anbeginn an inhärenten Moral.

Xunzis Ansatz erfuhr mit dem Niedergang der unmenschlichen und brutalen – aber auch reichseinigenden und wegweisenden – Qin-Dynastie 221 v. Chr. eine Widerlegung. Gesetze ohne Menschlichkeit reichen eben nicht aus, um ein funktionierendes Staatswesen zu schaffen bzw. auf Dauer zu erhalten. Doch Xunzi sprach mit seinen Gedanken ein Grundproblem an: Wie ist der Spagat zu bewältigen zwischen dem autokratischen Machtanspruch des Herrschers samt seines bürokratischen Verwaltungsapparats und seiner moralischen Verpflichtung, sich für das Wohl seines Volkes verantwortlich zu zeigen?

Wie sich auch in anderen Bereichen zeigen wird, findet sich in China immer wieder das Phänomen, dass sich gegensätzliche philosophische Lehren annähern und miteinander verknüpft werden. Einen solchen Versuch unternahm in der Frühen Han-Zeit der Gelehrte **Dong Zhongshu** (um 179–um 104 v. Chr.). Er griff auf die Lehre von den Fünf Elementen (s. S. 80), den vier Kardinalhimmelsrichtungen sowie das Prinzip von Yin und Yang (s. S. 77) zurück. Yang ist die Sonne und das männliche Prinzip – damit der Herrscher, der Mann – während Yin die Erde ist, das weibliche Prinzip – der Untertan, die Frau. Die Frau ist dem Manne untertan, so wie der Himmel sich über die Erde wölbt und der Fürst über sein Volk herrscht.

Nach der Konfuzianerverfolgung und der Bücherverbrennung unter Qin Shihuangdi war dieser Ansatz des Konfuzianismus wieder hoffähig. Der Han-Kaiser Wudi (140–87 v. Chr.) erhob ihn zur Staatslehre. Die Konfuzianischen Klassiker wurden zum Lehrstoff für die Studenten der Kaiserlichen Akademie, und über diesen Stoff legte man Prüfungen ab, wollte man die Beamtenlaufbahn einschlagen.

Die von Dong Zhongshu vertretene Richtung des Konfuzianismus hatte indessen Widersacher, nicht zuletzt Nachfahren des Konfuzius selbst. So verwarf Kong Anguo die erwähnten zusätzlichen Elemente als Formen des Aberglaubens und als unvereinbar mit der Lehre des Konfuzius.

Mit dem Zusammenbruch der Han-Dynastie brach eine Zeit an, in welcher der Konfuzianismus verstärkt in Konkurrenz trat zu neuen Strömungen im Daoismus, aber auch und insbesondere zum Buddhismus, der verstärkt Zugang in das chinesische Territorium fand (s. S. 93). Doch obwohl er weitgehend seine Rolle als Staatslehre verloren hatte, ging der Konfuzianismus nicht unter und sollte nach der erneuten Reichseinigung durch die Sui, dann unter der Tang-Dynastie (618–906) einen neuen Aufschwung nehmen. Der Beamtenapparat wurde wieder auf der Grundlage des konfuzianisch geprägten Lehr- und Prüfungssystems ausgewählt. Die wieder erstarkte Garde der Konfuzianer war indes von Intoleranz und Skepsis allem Fremden gegenüber geprägt. Zusammen mit den begehrlichen Blicken auf die Reichtümer buddhistischer Klöster seitens des Herrscherhauses wurde es so z. B. einem **Han Yu** (768–824; s. auch S. 167) möglich, den Buddhismus bzw. seinen Einfluss am Kaiserhof zu kritisieren. In diesem Kontext ist dann auch die Buddhistenverfolgung des Jahres 845 zu sehen. Han Yu prägte die so genannte **Alt-Stil-Bewegung** (*guwen*; s. S. 170), die zurück zu den vor-buddhistischen chinesischen Traditionen blickte. Die konfuzianischen Klassiker beinhalteten für ihn und seine Schüler eine Philosophie zur Erhaltung der politischen Ordnung, der Harmonie in der Gesellschaft.

Doch ihre eigentliche Macht und Bedeutung gewannen die Konfuzianer erst in der Song-Zeit (960–1279) zurück. Gelehrte wie **Ouyang Xiu** (1007–72) kritisierten aufs schärfste die Trennung zwischen politischer Funktion und kulturellen Normen. Wie schon Han Yu verfochten sie eine Wiederbelebung des Altertums, als Staat und Gesellschaft noch eins waren. Ein anderer Aspekt trat dabei zunehmend in den Vordergrund: Wie fügt sich der Mensch in den Kosmos ein? Wie lassen sich menschliche Natur und die Weltordnung miteinander in Übereinstimmung bringen? Diese Fragen zeigen einen deutlichen Bezug zu den Lehren Dong Zhongshus.

Die führenden Denker der Song-Zeit verknüpften den Konfuzianismus schließlich mit buddhistischen und daoistischen Elementen. Eine Reihe Gelehrter griff hierbei auf das »Buch der Wandlungen« zurück

Parade kaiserlicher Beamter anlässlich des Geburtstages des Kangxi-Kaisers der Qing. Sie alle besitzen nach Ablegung der Beamtenprüfung den Rang eines Jinshi.

und verband dessen Studium mit dem »Lunyu«, mit zwei Werken aus dem »Li Ji« (»Daxue« und »Zhongyong«, s. S. 66), zwei Werken aus dem »Buch der Riten« sowie dem »Mengzi«.

Unter diesen Gelehrten befand sich auch **Zhu Xi** (1130–1200), der die verschiedenen Ansätze zu einem System zusammenfügte. Die letztgenannten vier Werke, die »Si Shu«, sollten für den Neo-Konfuzianismus größere Bedeutung als die ursprünglichen »Wu Jing« erhalten.

Die Schule Zhu Xis ist als Schule von der menschlichen Natur und der universellen Ordnung (*xinglixue*) oder Schule der universellen Ordnung und der Materie (*lixue, liqixue*) und im Westen als **Neo-Konfuzianismus** bekannt. Hierin finden sich folgende Grundgedanken: Alle Dinge sind stofflich bedingt, doch folgen sie einem geistigen Ordnungsprinzip. Bei Zhu Xi findet sich ein Dualismus zwischen der natürlichen Ordnung – der Vernunft (*li*) – auf der einen Seite und der nicht-organisierten Materie (*qi*) auf der anderen Seite. Da der Mensch bzw. der menschliche Geist mit dem Geist des Universums eins ist, ist er in der Lage, die im Universum wirkenden Ordnungsprinzipien zu verstehen. Allerdings muss er sich dafür intensiv bemühen und die Dinge erforschen. Hierzu dienen das Studium der Klassiker und das eigene moralische Handeln. Pflegt der einzelne Mensch Ren (s. S. 64), so vermag sein Geist eins zu werden mit dem Universum, und er erkennt das Wesen aller Dinge. Dies wiederum

In der Zeit der Streitenden Reiche (475–221 v. Chr.) stritten nicht nur Staaten um Einflussbereiche und Fürsten um Macht. Es war zugleich eine Phase der Suche nach Erklärungs- und Funktionsmodellen für das menschliche Sein, die Gesellschaft und seitens der Regierenden nach einem funktionierenden, legitimierenden und Macht erhaltenden Herrschaftssystem. Neben konfuzianischen und daoistischen Schulen entstand eine Vielzahl philosophischer Richtungen: die Mohisten um Mo Di, die Logiker oder die Legalisten (*fajia*). Dem Legalismus sei hier Raum gewidmet, da diese Schulrichtung großen Einfluss auf die Historie der chinesischen Institutionen ausübte. Dies wurde primär dadurch angestoßen, dass sich der Reichseiniger Qin Shihuangdi gegen die konfuzianischen Ansätze von moralischer Wirkkraft und Menschlichkeit stellte und stattdessen den Legalismus etablierte.

Was versteht man unter Legalismus? Fajia bedeutet Schule des Gesetzes, daher der westliche Terminus Legalismus. Der Name ist Programm: Das Gesetz steht an oberster Stelle, ein Gesetz, das dem Herrschenden seine Macht und seinen Reichtum auf Dauer sichern sollte. Hierbei muss man bedenken, dass im alten China das Recht stark mit religiösen Vorstellungen verbunden war, sich auf die Traditionen, die überlieferten Sitten und Gebräuche (*li*) bezog.

Vier Namen sind mit der Entwicklung des Legalismus besonders verbunden: Die erste Kodifizierung von Recht erfolgte vermutlich im Jahr 535 v. Chr., als der Minister **Zi Chan** im Reich Zheng einen Strafkodex niederschreiben und verkünden ließ. Als eigentlicher Begründer ihrer Richtung gilt den Legalisten jedoch **Guan Zhong** aus dem Staat Qi. Er strebte eine Pragmatisierung von Staat und Wirtschaft an, mit dem Ziel, dem Herrscher Reichtum und Wohlstand zu sichern. Im Falle von Qi geschah dies z. B. mit einem Monopol auf Salz und Eisen.

Große Bedeutung kommt **Shang Yang** aus Wei zu, der vermutlich 361 v. Chr. in die Dienste des Reichs Qin trat und dort weit reichende Reformen einleitete, die im Rahmen der späteren Reichseinigung (221 v. Chr., Qin Shihuangdi) auf das ganze Reich übertragen wurden. Shang Yangs System beruhte auf einem Justizwesen, das massiv mit Lohn und Strafe agierte. So führte er die Kollektivhaftung ein (Familien wurden paramilitärisch gruppiert und hafteten untereinander), erfolgreiche Kriegstaten wurden mit Adelsrängen belohnt, Adelige, die nichts dergleichen aufweisen konnten, konnten degradiert werden etc. Dazu kam die Bildung von Verwaltungskreisen, *xian*, und Steuersystemen. Shang Yang schuf sich hiermit naturgemäß Feinde innerhalb der bisherigen Inhaber von Privilegien, dem alten Adel. Als sein Förderer starb, wurde er getötet. Die Umsetzung seiner Ideen war dennoch nicht aufzuhalten.

Seine eigentliche Formulierung erfuhr der Legalismus dann durch **Han Fei** (um 280–234 v. Chr.) im gleichnamigen Werk »Hanfeizi«. Han Fei sah den Ursprung der Staatsmacht in politischen und sozialen Institutionen. Der Fürst allein gewährt Ehrungen oder verhängt Strafen. Es gibt zwar Beamte, doch verfügen sie über beschränkte, klar definierte Befugnisse. Objektive und bindende Vorschriften stützen den Staat und lassen ihn funktionieren. Anders als bei den Konfuzianern spielen moralische Qualitäten keine Rolle. Das Ziel der Legalisten ist es, die Vorherrschaft des Staates militärisch und wirtschaftlich zu sichern, wobei die Macht des Fürsten in der Schaffung von Institutionen und der Festlegung von Maßstäben liegt. Über das System von Lohn und Strafe entstehen die sozialen Hierarchien.

Der Legalismus betrachtete nicht nur die Verwaltungsstruktur des Staates oder das Strafwesen, sondern beschäftigte sich auch mit Kriegsführung, der Wirtschaft etc. Als nutzbringend galten Berufe wie Bauer oder Soldat, während Philosophen – nicht anders als Vagabunden oder Produzenten von unnötigen luxuriösen Produkten – bestraft oder verfolgt wurden.

Grundsätzlich bleibt festzuhalten: Durch die Betonung der Objektivität,

Darstellung von Han Fei. Auf ihn geht das Werk »Hanfeizi« zurück, in welchem die wesentlichen Grundsätze des Legalismus formuliert sind.

die bei allen Entscheidungen notwendig ist, und durch das Gesetz verloren persönliche Beziehungen sowie etwaige herkunftsbezogene Privilegien und Ähnliches an Bedeutung. Theoretisch war ein jeder vor dem Gesetz gleich. Dass dies eine ständige Auseinandersetzung mit den Konfuzianern bedeutete, liegt auf der Hand. Doch wie so oft, schließt auch in diesem Fall die eine Sicht- und Herangehensweise die andere nicht aus – und die legalistische Tradition hat seit der Reichseinigung unter Qin Shihuangdi über die Jahrhunderte hinweg die politische, administrative und soziale Organisation stark geprägt.

stellt einen ethischen Wert dar, der sich auf Gesellschaft und Staat überträgt, die dann ebenfalls einen ethischen Wert annehmen. Zhu Xis Lehre war bereits zu seinen Lebzeiten keineswegs unumstritten: Im 14./15. Jh. erstarrte sie zu einem orthodoxen System – vielleicht hatte sie das ›sture‹ Studium der Klassiker zu sehr ins Zentrum gerückt.

Interessant aber, auch für das heutige China, ist der Gedanke, dass das Wechselspiel zwischen Idealismus und Materialismus, wie man es im Konfuzianismus und nicht zuletzt im Neo-Konfuzianismus eines Zhu Xi entdecken kann, auch etwas mit der chinesischen Spielart des Kommunismus – oder korrekter – der Politik der chinesischen Regierung zu tun hat ...

Der Daoismus – Daojia und Daojiao

Der Daoismus begann sich als philosophische Richtung in der Zeit zwischen dem 6./5. Jh. v. Chr. und dem 3. Jh. v. Chr. auszuformen, also in der Zeit der Streitenden Reiche bzw. der Zeit der Hundert Schulen (s. S. 17). Die alten Werte der Shang- und Zhou-Zeit verloren an Kraft. Auf der einen Seite versuchten Gelehrte wie Konfuzius moralische Grundlagen zu formulieren, die dem Erhalt einer gesellschaftlichen und politischen Ordnung dienen sollten (s. S. 63), auf der anderen Seite beschäftigten sich die Daoisten mit dem geistigen Leben des einzelnen Menschen.

Unter Daoismus versteht man jenes Weltbild bzw. gedankliche System, das neben dem Konfuzianismus als die chinesische Philosophie oder sogar Religion schlechthin gilt. Hier vereinen sich philosophische Gedanken mit Elementen aus mythologischen Überlieferungen und mystischem Gedankengut. Damit bildet der Daoismus ein außerordentlich komplexes Phänomen innerhalb der chinesischen Geistesgeschichte. Um die unterschiedlichen Aspekte deutlicher herauszuarbeiten, unterscheidet man häufig die daoistische Philosophie (*daojia*) auf der einen und die daoistische (Volks-)Religion (*daojiao*) auf der anderen Seite. Obwohl dies aufgrund der vielfältigen Verquickungen

604 v. Chr.
Traditionelles Geburtsjahr des Laozi
6./5. Jh.–3. Jh. v. Chr.
Ausformung des philosophischen Daoismus
um 370–um 300 v. Chr.
Meister Zhuang (Zhuang Zhou), Verfasser des »Zhuangzi«
4.–2. Jh. v. Chr.
Die Huanglao-Schule gelangt zu ihrer Blüte, das »Huainanzi« entsteht.
3. Jh. v. Chr.
Die heute tradierte Fassung des »Daodejing« entsteht.
ab 2. Jh. n. Chr.
Herausbildung des religiösen Daoismus
2. Jh.
Aufstände der Gelben Turbane und der Fünf-Scheffel-Reis-Sekte erschüttern das Reich. Letztere besteht auf Taiwan als Tianshi- oder Zhengyi-Daoismus fort.
um das 4. Jh.
Das Thema Unsterblichkeit gewinnt an Bedeu-

nicht wirklich korrekt ist, wird im Folgenden diese Unterscheidung ebenfalls verwendet, um die einzelnen Elemente klarer herauszuarbeiten.

In der offiziellen Tradition wird **Laozi**, der 604 v. Chr. in der Provinz Henan zur Welt gekommen sein soll (später werden seine Lebensdaten ins 6. Jh. v. Chr. verlegt, da er Gespräche mit Konfuzius geführt bzw. sogar zeitweise sein Lehrer gewesen sein soll), als Begründer der daoistischen Lehre genannt. Ihm wird das »**Daodejing**«, der »Klassiker vom Weg und der Tugend/Wirkkraft« zugeschrieben. Laozi soll sich im hohen Alter gen Westen aufgemacht und China verlassen haben. An der Grenze soll ihn ein Zöllner aufgehalten und zur Niederschrift seiner Weisheiten veranlasst haben – diese ergaben besagtes »Daodejing«. Leider muss an der realen Existenz des Laozi gezweifelt werden, ebenso daran, dass jene Niedeschrift einer einzigen Hand entstammt. Das Werk scheint aus Texten zu bestehen, die zu verschiedenen Zeiten verfasst wurden. Seine heute tradierte Form stammt wahrscheinlich aus dem 3. Jh. v. Chr. Zu dieser Zeit erhielt es vermutlich seine uns heute überlieferte Form. Zu bemerken ist des Weiteren, dass das »Daodejing« aufgrund seiner Formulierungen und aufgrund verschiedener Urheberquellen vielfältigen Interpretationen Raum lässt.

Laozi reitet auf einem Ochsen Richtung Grenze, wo ihn der Legende nach ein Zollbeamter anhält und ihn veranlasst, seine Weisheit niederzuschreiben. So soll das »Daodejing« entstanden sein.

Neben dem »Daodejing« besteht ein zweites Werk, das als grundlegend für den philosophischen Daoismus gelten darf: das »**Zhuangzi**«, benannt nach seinem Verfasser, **Meister Zhuang**. Auch in diesem Fall lässt sich die historische Gestalt ebenso wenig mit

tung; namhafte Daoisten sind Ge Hong (283–343), Kou Qianzhi (365–448), Lu Xiujing (420–479), Tao Hongjing (456–536).

Tang-Zeit (618–906)
Blüte des Daoismus, das Kaiserhaus trägt den Familiennamen Li des Laozi.

Song-Zeit (960–1127)
Unter Kaiser Zhenzong wird ein neuer daoistischer Kanon erstellt; Wang Zhe (1113–1169) bzw. Qiu Chuji (1148–1227) gründen die Quanzhen-Schule, die bis heute besteht.

Meister Zhuang

Gewissheit belegen wie Laozi. Das »Zhuangzi« stammt in seinen ältesten Teilen wohl aus dem 4. Jh. v. Chr.

Als drittes Werk sei noch das »**Liezi**« (»Liä Dsi. Das wahre Buch vom quellenden Urgrund«) genannt. Traditionell auf die Zeit der Streitenden Reiche datiert, stammt es wohl tatsächlich aus späterer Zeit (Jin). Im »Liezi« werden die Gedanken zum Leben und zur Welt meist anhand der Neudeutung von Mythen, Volkssagen etc. erläutert. In diesem Werk finden sich auch erste Hinweise auf die Inseln der Unsterblichen (Penglai, Fangzhang und Yingzhou) und die dort lebenden *xianren* (Unsterbliche) – Themen, die im religiösen Daoismus an Bedeutung gewinnen sollten.

Darüber hinaus existieren unzählige weitere bedeutende Schriften, die ihrerseits wiederum spezifische Richtungen des Daoismus ausdrücken oder diesen zugrunde liegen. Hierzu gehört z. B. das »**Huainanzi**« der so genannten **Huanglao-Schule**, die in der Früheren Han-Zeit etwa im 4. Jh. v. Chr. begründet wurde und um das 2. Jh. v. Chr. ihre Blüte erlebte.

Das »Huainanzi« entstand in einer Zeit, in der einerseits einige Herrscher bestrebt waren, der Lehre des Dao zu folgen, und andererseits zwischen verschiedenen philosphischen Schulen ein reger Austausch bestand. So finden sich im genannten Werk entscheidende Begriffe des Daoismus in modifizierter Weise interpretiert – das »Huainanzi« scheint die politische und soziale Seite des Daoismus zu spiegeln, während »Zhuangzi« den geistigen und individualistischen Aspekt repräsentiert.

Der Begriff Daoismus geht auf das Wort/Zeichen **dao** (*tao*) zurück. Dao bedeutet ursprünglich ›Weg‹, ›Pfad‹, aber auch (im Chinesischen ein leicht modifiziertes Schriftzeichen) ›führen‹, ›einen Weg bahnen‹ und kann sogar den Sinngehalt von ›Lehre‹, ›lehren‹ annehmen. Das Zeichen Dao steht also für den Weg, den ein Mensch beschreiten soll, zugleich aber für das Prinzip, aufgrund dessen auf der Erde ein Miteinander möglich ist und welches im Kosmos ordnend wirkt. Im »Daodejing« nun erhält Dao weitere Aspekte. Es wird zum Urgrund allen Seins, aus dem das Universum entsteht. Es ist die allem innewohnende Urkraft, das Weltgesetz. Dabei ist das Dao nicht als statisch zu verstehen, sondern in einem ständigen zyklischen Wandel begriffen – vom Ursprung kommend und zu diesem zurückkehrend. Von seinem Wesen her ist es Bewegung. Nur dank dieser Bewegung existieren Wesen und Leben:

»Es gibt ein unterschiedsloses und vollkommenes Wesen, das vor dem Himmel und der Erde war, tonlos und leer. Es steht allein und ändert sich nicht, es wandelt im Kreis und erschöpft sich nicht. Man darf es die Mutter der Welt nennen, doch kenne ich seinen Namen nicht. So nenne ich es Dao. Und wenn ich ihm mühsam einen Namen geben soll, sage ich das [unendlich] Große« (»Daodejing«, Kap. 25).

Aus dem Dao kommt alles und alles muss in es zurückkehren:

»Habe ich die vollkommene Leerheit erreicht und vermag die Stille stetig zu halten, vermag ich das Kommen und Gehen der Zehntausend Wesen wahrzunehmen. Von den Wesen in ihrer großen Zahl kehrt ein jedes an seine Wurzel zurück. Zurückkehren zur Wurzel bedeutet Stille. Hat es diese erreicht, ist es in seinen Urzustand zurückgekehrt. Die Rückkehr zum Urzustand ist das Ewige [das allgemeine Gesetz]. Das Ewige erkennen heißt: erleuchtet sein. Es nicht erkennen, heißt sinnlos wirken und Unheil erzeugen …« (»Daodejing«, Kap. 16) und in Kapitel 40:

»Wiederkehr ist die Bewegung des Dao. Schwachheit ist die Wirkkraft des Dao. Die Zehntausend Wesen [das Sein], entstehen [entsteht] im Nichtsein.«

Die Bewegung des Dao ist von ihrem Wesen her demnach ein Zyklus der Verwandlung, wobei der Tief- und der Hochpunkt des Zyklus einander bedingen, obwohl sie einander entgegengesetzte Qualitäten besitzen. So bringt das Dao *yin* und *yang* hervor. **Yin** ist der Mond, die Frau, die Dunkelheit, das Wasser, das Weiche, das Negative: Reines Yin gehört der Erde zu. **Yang** ist die Sonne, der Mann, das Licht, der Stein, das Harte, das

Das Yin-Yang-Symbol. Dieses Symbol ist das Symbol des Daoismus schlechthin. Zwei Fische, ein schwarzer und ein weißer, winden sich ineinander. Besonders auffällig: Ein jeder trägt schon den Keim seines Gegenparts in sich. Dies liegt darin begründet, das letztlich, obwohl reines Yang dem Himmel und reines Yin der Erde zugeordnet wird, in der Wirklichkeit keines tatsächlich rein existiert, sondern sie sich auf vielfältigste Weise durchdringen.

Der Austausch von reinem Yin und reinem Yang
Wenn das reine Yang dem Himmel zugeordnet ist, muss eine Möglichkeit gegeben sein, dass sich dieses mit dem reinen Yin der Erde vermischt. In der daoistischen Vorstellung stellen so genannte ›Drachen-Adern‹ diese Verbindung her. In ihnen fließt kosmische Lebenskraft (*yang qi*) hinab, um sich mit der irdischen (*yin qi*) zu vermischen. Diese Adern spielen in der Geomantik eine entscheidende Rolle (Fengshui, s. S. 120) – und finden sich auch in der chinesischen Landschaftsmalerei wieder. Weit geschwungene Linien der Wolken setzen sich fort in den Konturen der Berge, in den sich dahin schlängelnden Flüssen, transportieren die kosmische Energie hinab zur Erde (s. auch Landschaftsmalerei, S. 138).

Positive: Reines Yang gehört dem Himmel zu. Und darin findet sich der Anknüpfungspunkt zum klassischen Orakelbuch, dem »Yi Jing«, dem »Buch der Wandlungen«. In einem seiner Hexagramme, *fu* (›Wiederkehr‹), drückt sich z. B. folgendes aus: Während zur Zeit der Sommersonnenwende Yin verschwunden scheint und Yang den Zenit seiner Ausdehnung erreicht, wird genau zu dieser Zeit Yin wiedergeboren. Zur Zeit der Wintersonnenwende ist es genau umgekehrt. Yin und Yang kommen und gehen, wechseln sich ab. Und nicht anders verhält es sich mit Leben und Tod der Wesen. Während Yang ihre Lebenskraft stärkt, führt Yin zum Ruhezustand hin – hier zeigt sich das Dao der Natur bzw. die ihm innewohnende Handlung De (*de* = in diesem Sinne: Wirkkraft). De oder *daode* ist auch die ›Tugend‹, die man den Herrschern zuschrieb, die diesen ermöglichte, ordnend zu wirken (hier schimmert noch die religiös-magische Qualität der Begriffe durch, die aus vor-daoistischen Zeiten stammt.)

Das »Zhuangzi« betrachtet Dao als idealen Geisteszustand, völlig frei von allen Reflexionen dieser Welt:

»Die Männer des Altertums führten ihre Erkenntnis weiter bis zu einem letzten Ausgangspunkt. Was war dieser Ausgangspunkt? – Sie nahmen einen Zustand an, da die Existenz der Dinge noch nicht begonnen hatte. [...] Die nächste Annahme war, dass es zwar Dinge gab, aber ihre Getrenntheit noch nicht begonnen hatte. Die nächste Annahme war, dass es in gewissem Sinn Getrenntheiten gab, aber Bejahung und Verneinung noch nicht begonnen hatten. Durch die Entfaltung von Bejahung und Verneinung verblasste das Dao. Durch das Verblassen des Dao entstand einseitige Zuneigung« (»Zhuangzi«, II/5).

Von fundamentaler Bedeutung für das Verständnis der chinesischen Mentalität – völlig unabhängig davon, ob Konfuzianismus, Buddhismus oder moderne Ideologien mitwirken – ist das Wissen darum, dass die Anpassung an den natürlichen Rhythmus des Universums die Grundlage chinesischer/daoistischer Weisheit darstellt. Hieraus leitet sich auch der folgende zentrale Begriff ab: **Wuwei** bedeutet wörtlich ›das Nichtvorhandensein von Tun/Handeln‹. Dies meint aber kein Nichtstun im landläufigen Sinne, sondern ein ›Nicht-Handeln‹ im Sinne von ›Nicht-absichtsvoll Handeln‹. Dahinter steht der Gedanke, dass in der Natur alles spontan geschieht, ohne Eingriff von außen. Dies bedeutet in letzter Konsequenz auch ohne Eingriff seitens einer Gottheit:

»*Wuwei er wu buwei*«: »Handle nicht, und es bleibt nichts ungetan«. Laozi

»Das Dao ist beständig ohne Aktion (*wu wei*), und doch gibt es nichts, das ungetan bliebe« (»Daodejing«, Kap. 37). Und daraus resultieren bei Laozi auch entsprechende Verhaltensregeln für die Fürsten und Herrschenden dieser Welt:

»Wer danach strebt, über dem Volk zu stehen, ordnet sich ihm in Worten unter. Wer danach strebt, sein Volk zu führen, muss seine Person ihm hintanstellen.« (Daodejing, Kap. 66) oder auch:

»Wer die Macht begehrt und aktiv versucht dies zu erreichen, dem wird dies misslingen« (»Daodejing«, Kap. 29).

Wuwei hat aber wie gesagt nichts mit Trägheit und gänzlicher Untätigkeit zu tun: »Auf der Welt gibt es nichts, das weicher und nachgiebiger ist als das Wasser. Und doch kommt nichts ihm gleich darin, das Harte und Feste zu besiegen« (»Daodejing«, Kap. 78).

Im »Zhuangzi« erhält das Prinzip des Wuwei weitere Untermaue-

Drache und Phönix
Häufig trifft man in China – gerade auch im Kaiserpalast – auf Darstellungen von Drache und Phönix. Der Drache stellt Yang, das männliche Prinzip, den Kaiser dar und der Phönix entsprechend Yin, das weibliche Prinzip und damit auch die Kaiserin. Das gemeinsame Spiel von Drache und Phönix wiederum symbolisiert den Geschlechtsverkehr, die Vereinigung des Yang und Yin und den schöpferischen Akt des neuen Werdens. Daher sind Drache und Phönix ganz allgemein zum Symbol für Hochzeiten geworden.

Auf diesem bestickten Tuch erkennt man unten einen Drachen im Wasser, oben einen Phönix in der Luft.

Für den Daoisten ist der menschliche Körper primär ein Mikrokosmos, ein Abbild der äußeren Welt. Der runde Kopf entspricht dem Himmelsrund, die Füße der Erde, die fünf inneren Organe den Planeten. Diese Auffassung erklärt sich aus den chinesischen Mythen der Weltentstehung (s. S. 58). Die uns sichtbare Welt ist eine Ausformung des Dao, in dem Yin und Yang in oder durch das Ur-Qi, dem Lebensodem, vermischt sind. Aus allem Klaren (Yang) entstand der Himmel, aus allem Trüben (Yin) die Erde – und aus deren Verbindung wiederum entstanden die Drei Schätze: die Feinessenz *jing*, die Lebensenergie *qi* und die Geistenergie *shen* und schließlich die Zehntausend Wesen, darunter die Menschen.

Der Mensch besteht folglich aus himmlischem und irdischem Qi, aus Yang und Yin, er besitzt zwei Seelen, eine höhere – *hun* – und eine niedere, irdische – *po*. Das Universum gliedert sich in fünf Bereiche – räumlich betrachtet in die vier Himmelsrichtungen und den Mittelpunkt, zeitlich betrachtet in die vier Jahreszeiten. Jedem dieser Bereiche ist eine Farbe zugeordnet und jedem Bereich entspricht auf der Erde eine der **Fünf Wandlungsphasen** (= eines der Fünf Elemente) und im Menschen einer der Fünf Funktionskreise (*zang*), der mit einem der fünf inneren Organe identifiziert und benannt wird. Wichtig ist auch hier wieder die Wechselwirkung der Fünf Elemente: Ein Element bringt ein anderes hervor und kann seinerseits von einem anderen vernichtet werden: Holz bringt Feuer hervor, Feuer erzeugt Erde (Asche), Erde wiederum Metall, Metall bringt Wasser (geschmolzene Flüssigkeit) hervor und das Wasser wiederum Holz.

Auf den genannten Parallelsetzungen und den Wechselwirkungen beruht die traditionelle **chinesische Medizin.** Wenn man so will, gibt es Regeln, mit Hilfe derer Mikro- und Makrokosmos in Einklang gebracht werden können. Der Kreislauf der Lebenskräfte im Menschen darf nicht ins Stocken geraten. Die

Wichtige Entsprechungen nach der Lehre von den Fünf Elementen

Element	Holz	Feuer	Erde	Metall	Wasser
Farbe	grün	rot	gelb	weiß	schwarz
Himmelsrichtung	Osten	Süden	Mitte	Westen	Norden
Jahreszeit	Frühling	Sommer		Herbst	Winter
Geschmack	sauer	bitter	süß	scharf	salzig
Funktionskreis	Leber	Herz	Blase	Lunge	Niere
Kraftbezug/Tier	grüner Drache	roter Vogel	aufsteig. Schlange	weißer Tiger	schwarze Taube/ Schildkröte
Symbolbezug	Blüte	Reichtum	Macht	kleiner werden	Tod

daoistischen Heiler unterscheiden darüber hinaus drei Bereiche, drei ›Zinnoberfelder‹ im Körper eines Menschen (Zinnober gilt auch als wesentlicher Bestandteil des Elixiers der Unsterblichkeit). Ein jedes dieser Felder dient sowohl einer Schutzgottheit als auch einem schädlichen Dämon als Wohnstatt. Der Mensch muss sich – will er Unsterblichkeit erlangen – dieses Dämons entledigen, wozu unterschiedlichste Methoden dienen können.

Zur Gesunderhaltung von Körper und Geist dienen Übungen wie Taiji (›Schattenboxen‹) oder Qigong (eine komplizierte, mit Bewegungen verbundene Atemübung). Beim **Taiji** wird der Körper trainiert, zugleich handelt es sich um Konzentrations- und Meditationsübungen für den Geist. Die Bewegungen im Taiji sind geschmeidig, nahezu gleitend und entsprechen dem Wechselspiel zwischen Yin und Yang. Man entzieht sich seinem imaginären Gegner nicht, indem man hart gegen ihn ankämpft, sondern indem man ihm ausweicht, seine Kraft ins Leere laufen lässt. Dadurch richtet sich die Kraft gegen ihn selbst. Taiji ist keine Kampfsportart, obgleich ihre Bewegungsabläufe an die von Kampftechniken wie *gongju* (Kungfu) erinnern.

Qigong wiederum zielt darauf ab, das Qi zu trainieren, es zu harmonisieren, d. h. den Fluss des Qi (Lebensenergie) im eigenen Körper zu

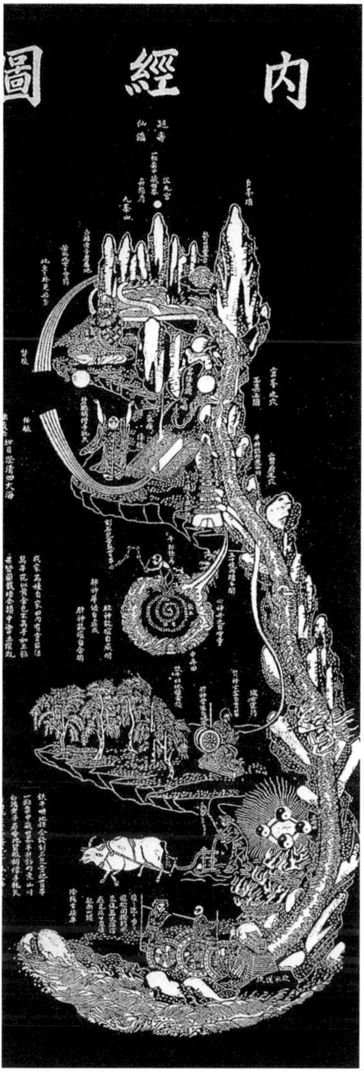

Die Steinabreibung aus dem daoistischen Tempel der Weißen Wolke (Baiyun Guan) in Beijing zeigt die innere Struktur eines Menschen. Der menschliche Körper ist als Mikrokosmos dargestellt. Das untere Zinnoberfeld wird von rotierenden Yin-Yang-Symbolen dargestellt, die Wirbelsäule als Bergrücken etc.

beeinflussen, es beispielsweise an einem Akupunkturpunkt zu sammeln.

Auch die **Nahrungsmittel** spielen eine große Rolle in der chinesischen Medizin. Wie alle Dinge besitzen sie die Eigenschaften von Yin und Yang und können daher gezielt zur Therapie eingesetzt werden. Auch wirkt jedes Lebensmittel in besonderer Weise auf den einen oder anderen Funktionskreis im Körper.

Zu den zentralen Behandlungsmethoden im Falle von Erkrankungen gehören Akupunktur, Moxibustion und chinesische Massage (*tuina*). Im Falle von **Akupunktur** werden Nadeln so gesetzt, dass sie je nach gewünschtem Effekt bestimmte Punkte auf den Meridianen berühren, durch die das Qi fließt. Auf diese Weise sollen Blockaden im Qi-Fluss gelöst, der Fluss gekräftigt oder krankhaftes Qi aus dem Körper herausgeleitet werden.

Im Falle der **Moxibustion** werden Brennkegel aus Moxa (Beifuß) auf bestimmte Körperstellen (zumeist die Akupunkturpunkte) gesetzt. Hier wirkt die Wärme als Stimulator der Punkte. Die Moxibustion wird z. B. bei Gicht oder Rheumatismus angewendet. Die **chinesische Massage**, zu der als Teilbereich die Akupressur gehört, ist eine jahrtausendealte Technik, die wie die Akupunktur darauf zielt, Störungen des Qi-Flusses zu beheben.

Zur chinesischen Heilkunst gehört insbesondere eine vielfältige und aufs Äußerste ausgereifte Anwendung von **Arzneimitteln**. Pflanzliche, tierische und mineralische Stoffe finden hierbei ihre Verwendung. Das berühmteste Werk zur pflanzlichen und tierischen Pharmazeutik Chinas erschien im 16. Jh. Zwischen 1552 und 1578 verfasste der Arzt Li Shizhen (1518–98) das »Bencao Gangmu«, das Eintragungen zu fast 1000 Tieren und 1000 Pflanzen enthält, die in der Medizin der damaligen Zeit verwendet wurden. Darüber hinaus finden sich über 10 000 Rezeptu-

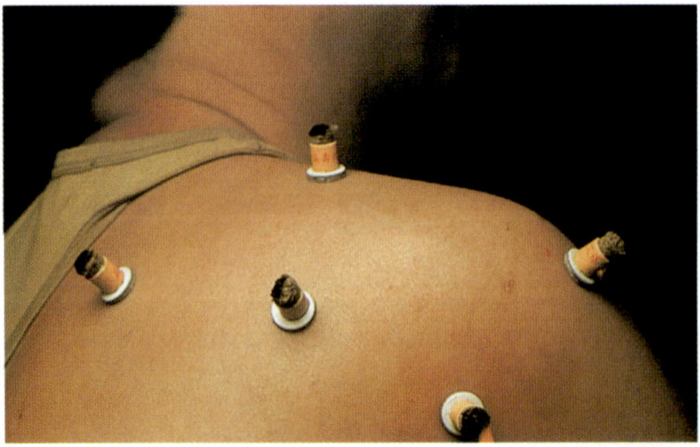

Abbildung einer Moxibustion-Anwendung: Hierbei werden Kegel auf ausgewählte Punkte des Körpers gesetzt und angezündet. Das Verfahren, das ein fester Bestandteil der traditionellen chinesischen Medizin ist, dient der Ausleitung.

ren zur Arzneiherstellung. Die Wirkungsweise der jeweiligen Substanzen wird detailliert beschrieben. So wirkt z. B. frischer Ingwer insbesondere auf den Funktionsbereich Lunge. Seine Geschmacksrichtung ist scharf, er wirkt schleimableitend schweißtreibend, etc.

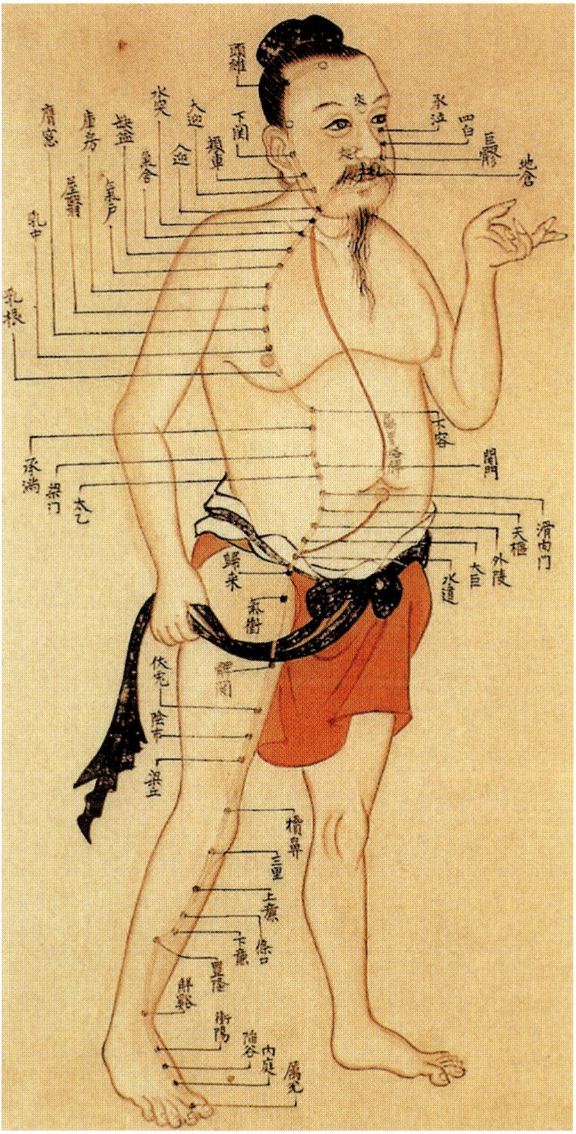

Anhand der genannten Elemente der chinesischen Medizin wird deutlich, dass diese einen ganzheitlichen Ansatz verfolgt und dass hierbei der Prophylaxe, dem vorbeugenden Handeln, eine zentrale Rolle zukommt. Ursprünglich wurden die Ärzte des Kaisers beispielsweise entlohnt, solange der Herrscher sich guter Gesundheit erfreute.

Dieses Bild aus dem 19. Jh. zeigt an einer männlichen Figur die Akupunkturpunkte, an die Akupunkturnadeln angesetzt werden, um den Fluss der Lebensenergie Qi zu fördern.

»Hanfeizi«
Auf den ersten Blick verblüfft es, dass sich auch bei den Daoisten ein Bezug zum »Hanfeizi« bzw. sich im »Hanfeizi« ein Kommentar zum »Daodejing« findet. Die Verbindung liegt im Wuwei (s. S. 79): Wie der Daoist, dem dies das Ideal des Verhaltens in der Welt schlechthin ist, vermag sich auch der legalistische Herrscher, so seine Institutionen, sein Gesetzesmechanismus funktionieren, auf das Wuwei, das ›Nicht-Handeln‹, zurückzuziehen. Im Idealfall eines funktionierenden legalistischen Systems gelingt es den Gesetzen, den sozialen Frieden aufrecht zu erhalten bzw. herzustellen.

rung. Davon ausgehend, dass alle Dinge und Wesen im Grunde gleich sind, zur selben Einheit gehören, schließen sich Klassifizierungen und Hierarchien im Grunde aus. Dennoch ist nicht zu leugnen, dass sich ein jeder Mensch in Temperament und Charakter vom anderen unterscheidet, Behauptung und Gegenbehauptung sich notwendigerweise bedingen, ein jeder ein Ich besitzt, das er dem Ich des anderen entgegenstellt etc. Zwar gibt es das Dao, die allem übergeordnete bzw. allem innewohnende Einheit, doch ihr Erkennen ist vielen Menschen nicht möglich.

Was also tut der Daoist, der dem Ideal des Wuwei verpflichtet ist? Da er die Relativität aller Begriffe, des Guten wie des Bösen, erkannt hat, wird er nicht versuchen, seine Ansicht durchzusetzen, sondern sich im Mittelpunkt eines Kreises sehen, beobachtend, was um ihn herum geschieht – ohne einzugreifen. Er verhält sich neutral und kann die Widersprüche, die ihn umgeben, sich entfalten lassen, ohne auf sie eingehen zu müssen.

Das Wuwei steht im Daoismus im Zusammenhang mit der Vorstellung von der Leere, **Wu**, dem Nutzen der Leere: »Man formt aus Ton ein Gefäß, sein Nutzen liegt in seiner Leere« (»Daodejing«, Kap. 11). Oder auch: »Der Zwischenraum von Himmel und Erde gleicht einem Blasebalg: Seine Leere ermöglicht seine Fülle. Leer – fällt er nicht zusammen. Bewegt – bringt er immer mehr hervor« (»Daodejing«, Kap. 5).

Ein weiteres bekanntes Beispiel für die Funktion der Leere ist ein Rad mit Speichen: Die Speichen laufen in einem Loch, der Radnabe, zusammen und erst dadurch gewinnt das Rad seine Funktion. Auch wird häufig dieses Speichenrad als Symbol für die Einheit (die Nabe) gesehen, um die sich die Vielfalt (die Speichen) gruppiert. Darüber hinaus steht die Leere natürlich auch für das Idealziel eines Daoisten – frei von Begierden zu sein, also leer, wodurch dann das Dao diese Leere auszufüllen vermag. Das Prinzip der Leere findet sich als häufig wiederkehrendes Element insbesondere in der chinesischen Malerei (s. S. 140).

Daoistische Nonne. Das asketische mönchische Leben spielt im Daoismus eine große Rolle.

Etwa ab dem 2. Jh. n. Chr. bildete sich der **religiöse Daoismus** (*daojiao*) deutlich aus. Dies war nicht zuletzt dadurch begründet, dass der Daoismus in Konkurrenz zum Buddhismus und dessen monastischer Struktur stand. Magisch-religiöse Elemente, die im Volksglauben als chinesische Vorstellungen tradiert waren, hatten sich bereits zuvor mit dem philosophischen Daoismus in Verbindung befunden. Der religiöse Daoismus beruft sich in weiten Teilen auf Laozi, wobei im Laufe der Zeit magische und religiöse Überlieferungen hinzutraten – begünstigt sicherlich auch durch die mystischen Elemente des Daojia, die in gewisser Weise im Daojiao modifiziert fortlebten. Die magischen und religiösen Elemente stammen einerseits aus der chinesischen Tradition, lassen sich aber teils auch auf buddhistische Ursprünge zurückführen.

Besondere Bedeutung kommt dem Streben nach körperlicher Unsterblichkeit zu, ein Streben, dass sich bereits um das 4. Jh. v. Chr. herausbildete. So genannte *fang shi*, Meister der Rezepte, betrieben okkulte Künste und verkündeten Theorien über die Unsterblichkeit. Der chinesische Reichseiniger Qin Shihuangdi z. B. bezeugte großes Interesse daran und soll sogar eine Expedition ausgesandt haben, um die Unsterblichen zu finden. Auch Weissagungen spielten eine große Rolle.

Nicht zu unterschätzen aber ist der vergöttlichte Laozi, dem in der Späteren Han-Zeit (25–220 n. Chr.) eine immer bedeutendere Rolle zukam. Man begann zunehmend, ihm – wie auch dem Gelben Kaiser und Buddha – Opfer darzubringen. In diesem Zusammenhang sei der Han-Kaiser Huan (reg. 147–167) erwähnt, der anlässlich eines Tempelopfers inschriftlich festhalten ließ, dass Laozi gewissen Anhängern der daoistischen Lehre als Verkörperung, als Sinnbild des Urchaos erscheine.

Der daoistische Kanon »Daozang« und die ›Dreiheit‹
In Anlehnung an die Tradition der Sammlung konfuzianischer Klassiker und an das buddhistische »Tripitaka« (»Dreikorb«, chin.: »Sanzang«) wurde ein daoistischer Kanon erstellt, der immerhin 1464 Werktitel umfasst, der »Daozang«. Der Kanon besteht aus drei Hauptabteilungen, wobei jede einer der drei Gottheiten zugeordnet ist, die im daoistischen Pantheon den Vorsitz führen (Yuanshi Tianzun, der Himmlische Ehrwürdige des Uranfangs, Taishang Daojun, Höchster Herr des Dao, und Taishang Laojun, Höchster Herr Lao = der vergöttlichte Laozi). Hierbei ist zu beachten, dass es unterschiedliche Identifizierungen der drei ›Vorsteher‹ gibt und auch nicht immer diese Dreiheit als solche oder in dieser Reihenfolge als Spitze des daoistischen Pantheons betrachtet wird.

Des Weiteren wird Laozi mit dem Weltenriesen Pangu gleichgesetzt – und es sind seine Körperteile, die sich in Teile des Erdballs verwandelten, und wie Buddha soll Laozi in verschiedenen Inkarnationen als Mensch auf der Erde gewirkt haben. Manche Schriften gehen so weit, Buddha Shakyamuni ebenso wie den Religionsstifter Mani als Inkarnationen des Laozi zu identifizieren. Auf jeden Fall aber soll Laozi Kennerschaft in den Praktiken zum Erhalt des Langen Lebens besessen haben, eine Fähigkeit, die ja im Zusammenhang mit der Suche nach Unsterblichkeit immer wieder von Bedeutung war. Nochmals betont sei hier, dass nicht jede daoistische Richtung Laozi als Gottheit betrachtete oder zumindest nicht als höchste Gottheit des Pantheons.

Trotz aller unterschiedlichen Betrachtungsweisen bleibt festzuhalten, dass man in gewisser Hinsicht Laozi – als historische Person oder einfach als fiktiver Autor – als Begründer des philosophischen Daoismus betrachten darf, während andere Personen als Begründer oder prägende Gestalten für den religiösen Daoismus gelten müssen.

Im 2. Jh. n. Chr. gewannen sowohl im Osten wie im Westen Chinas religiös-daoistische Bewegungen dank ihrer jeweiligen charismatischen Führer an Zulauf und Einfluss. Im Osten war es **Zhang Jiao**, der unter Bezug auf das »Taiping Jing« – den »Klassiker vom Höchsten Frieden« – eine gewaltige Anhängerschaft um sich scharte. China litt in dieser Zeit unter gravierenden Überschwemmungen durch den Gelben Fluss, wodurch auch Epidemien ausgelöst wurden. Zhang Jiao vermochte mit seiner Lehre von der Harmonie von Himmel, Erde und Menschen, magischen Ritualen und als Heilkundiger die Menschen hinter sich zu bringen. In seiner Heilslehre, dem so genannten **Weg des Höchsten Friedens** (*taipingdao*), verbinden sich daoistische Traditionen mit Elementen aus dem Huanglao-Kult, Yin-Yang-Theorien und der Fünf-Elemente-Lehre. Als höchste Gottheit wird Huanglao, eine Verschmelzung des Gelben Kaisers und des Laozi, verehrt.

Krankheiten wurden als Folge menschlicher Sünde betrachtet, und gemeinsame Sündenbekenntnisse bildeten ebenso wie Reinigungsfasten und Amulette zentrale Bestandteile des Kults. Die militärisch organisierte Sekte, deren Mitglieder als Kennzeichen gelbe Turbane trugen, entwickelte sich zu einer Aufstandsbewegung mit dem Ziel, die Han-Dynastie zu stürzen, um eine utopische Ordnung, wie sie im »Taiping Jing« beschrieben ist, zu errichten.

Im Westen des Landes entwickelte sich nahezu parallel und mit ähnlichen Inhalten unter Führung Zhang Lings oder Zhang Daolings eine weitere messianische Bewegung. **Zhang Daoling** (Mitte 2. Jh. n. Chr.) übte sich in Praktiken zum Erhalt des Langen Lebens und soll der Legende nach das Elixier der Unsterblichkeit hergestellt haben. Er gründete von der Provinz Sichuan aus jene religiöse Aufstandsbewegung, die als **Fünf-Scheffel-Reis-Sekte** bzw. als der Weg der Fünf Scheffel Reis (*wudoumidao*) bekannt werden sollte. Ihr Name bezieht sich darauf, dass jeder ihm folgende Haushalt

Daoistische Gottheiten im Beijinger Tempel der Weißen Wolke, der zur Quanzhen-Schule gehört

Zhang Daoling, der Begründer der so genannten Fünf-Scheffel-Reis-Sekte

fünf Scheffel Reis als Abgabe zu entrichten hatte. Zhang Daoling selbst und dann auch die Führer dieser Richtung trugen den Titel *tianshi*, ›himmlischer Meister‹, ein Titel, der auf den Klassiker »Taiping Jing« (»Klassiker des Höchsten Friedens«) zurückgeht. Der offizielle Name dieser Richtung war denn auch Tianshi Dao (und später Zhengyi Dao, Weg der Rechten Einheit). Ähnlich den gelben Turbanen galten der Fünf-Scheffel-Reis-Sekte Sünden als Ursache der Krankheiten, und demgemäß übte sie das öffentliche Sündenbekenntnis aus. Ihr bzw. ihren Führern gelang es, in Teilen Chinas für einige Zeit ein eigenes Reich zu errichten.

Während der Aufstand der Gelben Turbane durch die Han-Armeen niedergeschlagen wurde und die Sekte gänzlich unterging, sollte die Fünf-Scheffel-Reis-Sekte überleben und sich landesweit verbreiten. Sie bildete eine Art Erbpatriarchat aus und hat sich bis heute zumindest in Taiwan erhalten. Sie existiert als **Tianshi- oder Zhengyi-Daoismus** fort.

Diese beiden messianischen Bewegungen standen am Beginn der Verwandlung des Daoismus hin zu einer Morallehre, in die buddhistische Elemente ebenso wie Elemente und Göttervorstellungen aus dem Volksglauben eingingen. Durch diesen Vorgang entstanden immer wieder verschiedene Sekten, die dann zu den unzähligen Facetten des religiösen Daoismus und der Volksreligion beitrugen.

In den folgenden Jahrhunderten wirkten zahlreiche einflussreiche Daoisten, unter ihnen **Ge Hong** (283–343), für den es nichts Wertvolleres gab, als Unsterblichkeit zu erlangen. Er ging von der Vielfalt des Kosmos aus: Jedes Phänomen hat sein Gegenstück, unterschiedliche Wesen können nicht mit einerlei Maß gemessen werden. **Kou Qianzhi** (365–448) und **Lu Xiujing** (420–479) engagierten sich unabhängig voneinander stark in der Etablierung einer daoistischen Religion in Form einer religiösen Gemeinschaft. **Tao Hongjing** (456–536), zunächst ein hoher Beamter und ein bewanderter Gelehrter, zog sich im

Alter in die Berge zurück und beschäftigte sich intensiv mit der Frage der Unsterblichkeit, die erlangt werden kann, wenn Geist und Körper als Einheit bewahrt bleiben.

Die Tang-Zeit, eine Phase der Weltoffenheit und Toleranz, in der ja auch der Buddhismus eine Blüte erlebte, war zugleich eine Hochphase des Daoismus. Das Herrscherhaus trug denselben Familiennamen, Li, wie er für Laozi überliefert ist. In der Tang-Zeit wurde dieser zum Vorfahren des Kaiserhauses ernannt und mit zahlreichen Ehrentiteln versehen. In sämtlichen Präfekturen wurden daoistische Tempel errichtet.

Eine erneute Blütezeit erlebte der Daoismus dann in der Zeit der Nördlichen Song-Dynastie (960–1127) dank der Förderung insbesondere durch Kaiser Zhenzong, der einen neuen Kanon daoistischer Texte zusammenstellen ließ (ihm war der Gelbe Kaiser im Traum erschienen und hatte sich als Vorfahr zu erkennen gegeben), und durch Kaiser Huizong (reg. 1100–25). Auch nach dem Ende dieser Dynastie ging der Daoismus nicht gänzlich unter. Es entstanden weitere neue Schulen, darunter die zweite (neben der Tianshi-Schule), die sich bis heute erhalten hat: **Wang Zhe** (1113–1169) und sein Schüler **Qiu Chuji** (1148–1227) begründeten die **Quanzhen-Schule**, die Schule der Vollkommenen Wahrheit, in der das asketische Leben als Mönch eine zentrale Rolle einnimmt.

Für die Quanzhen-Schule stellt die Liebe zwischen Eheleuten eine goldene Fessel dar. Da der Mann Yang ist und über die Eigenschaften des Feuers verfügt, und die Frau Yin ist und über die Eigenschaften des Wassers verfügt, kann letztere das Feuer löschen und so das Männliche zerstören. Daher muss als erstes die sexuelle Begierde überwunden werden – darin liegt der primäre Grund für die mönchische Lebensweise. Des Weiteren steht die Selbstkultivierung im Zentrum, die Realisierung der wahren Natur im Geist. Anders als z. B. Tao Hongjing geht die Quanzhen-Schule von

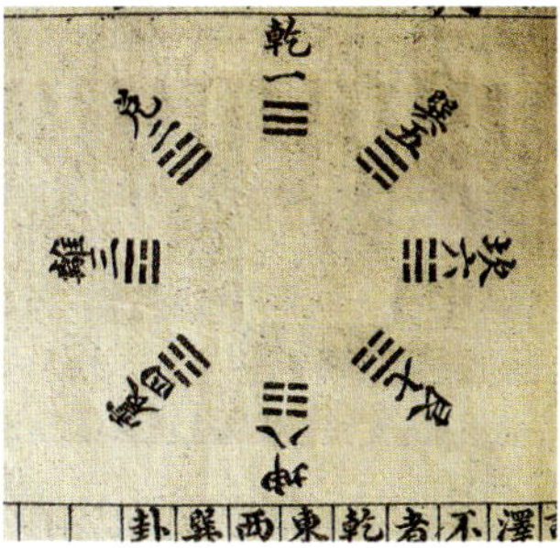

»Yi Jing« und die acht Trigramme. Das »Yi Jing«, das »Buch der Wandlungen«, ist das chinesische Weisheits- und Orakelbuch. Seine Entstehung reicht über 4000 Jahre zurück, es darf als ältestes Buch Chinas gelten. Zentrale Funktion besitzen die Trigramme, acht unterschiedlich zusammengesetzte Dreiergruppen aus gebrochenen und ungebrochenen Linien, die wiederum zu insgesamt 64 Hexagrammen kombiniert wurden. Die Linien sind wandelbar gedacht, wodurch sich u.a. der stete Fluss, das Ineinandergreifen von Yin und Yang, ausdrückt.

Kaum ein Chinese wird sich ausschließlich als Buddhist, als Daoist etc. bezeichnen. Dies liegt in der Tradition synkretistischer Glaubensbilder begründet, die sich seit Chinas Frühzeit ausgeprägt haben. Ahnenkult und Göttervorstellungen des Altertums verschmolzen mit konfuzianischem, daoistischem und buddhistischem Gedankengut.

Der Mensch ist zunächst Teil der Familie (bestehend aus den männlichen Nachkommen sowie den angeheirateten Frauen und Kindern), wobei sich diese von einem Urahn ableitet. Entscheidend ist die Vorstellung mindestens zweier Seelen, der an den Körper gebundenen, vergänglichen *po*-Seele und der *hun*-Seele, der ›unsterblichen‹ Yang-Seele, die in der Ahnentafel der Familie weiterlebt. Wird der Ahn gebührend geehrt, schützt er die Familie der Lebenden. In traditionellen chinesischen Haushalten finden sich daher Altäre, in denen die Ahnentafeln aufbewahrt und denen täglich Opfergaben dargebracht werden. Die Ahnen zählen zur Familie, ihnen sind besondere Riten gewidmet. So muss eine Braut den Ahnen ihres Mannes Ehre erweisen.

Hausaltar für die Ahnenverehrung

Da das Leben des Menschen wie das Jahr als Zyklus betrachtet wird, markieren Riten die Übergangsphasen im Leben des Einzelnen. Geburtsriten sollen Mutter und Kind schützen, nehmen das neue Wesen in die Familiengemeinschaft auf. Magische Handlungen dienen bei Verlobung, Heirat und Begräbnis dem Wohlergehen der Familie. Stirbt ein Mensch eines unnatürlichen Todes, so bedroht seine dann umherirrende Seele die Lebenden. Wird der Seele eines Verstorbenen nicht ordnungsgemäß gedacht, kann sie sich in einen Geist (*gui*) verwandeln und Unheil stiften. Umgekehrt kann die Hun-Seele einen Platz in der Götterwelt erhalten, *shen* werden.

Riten und Feste markieren auch den Jahresablauf an sich. Sie stehen zumeist in Bezug zum Bauernkalender, der sich am Mondjahr orientierte. Hierzu zählen das Neujahrs- oder Frühlingsfest und das Mittherbstfest.

Das Götterpantheon der Volksreligion ist groß – und gleich einer Bürokratie hierarchisch gegliedert. Höchste Gottheit im Pantheon ist

Frühlingsfest (Chun Jie)

Das Frühlingsfest bezeichnet den Beginn des neuen chinesischen Jahres. Es wird am ersten Tag des ersten Mondmonats (zwischen dem 21. Januar und dem 19. Februar unseres Kalenders) begangen, die Feierlichkeiten dauern drei Tage. Chun Jie ist ein Fest in der Familie. Am Vorabend trifft man sich zu einem festlichen Mahl, bei dem *jiaozi* (gefüllte und in Wasser gegarte Teigtaschen) nicht fehlen dürfen. Feuerwerk und Chinaböller sollen die bösen Geister des alten Jahres vertreiben. Der folgende Tag wird zu Familienbesuchen genutzt, wobei traditionell die jungen Mitglieder die alten aufsuchen. Stets werden kleine Geschenke mitgebracht. Mancherorts finden Löwen- oder Drachentänze statt. Die Neujahrszeit währt 14 Tage: Am 15. Tag des ersten Mondes markiert das Laternenfest, an dem Lampions Häuser, Straßen und Parks schmücken, den öffentlichen Abschluss der Feiertage.

Das Bild zeigt eine Familie an Neujahr. Vorne rechts werden *jiaozi* hergestellt. Die ›Podeste‹ im Hintergrund sind *kang*, gemauerte, beheizbare Ofenbetten.

der Jadekaiser (Yuhuang), dem Ministerien nachgeordnet sind, die für Donner, Medizin, Krankheiten etc. zuständig sind. Diese sind stets mit den zugehörigen Göttern besetzt.

Chinesische Städte schützt jeweils ein Stadtgott (Chenghuang), auf dem Land übernimmt der Erdgott Tudi den Schutz des Dorfes. Jedes Haus hat seine Hausgötter, denen als höchster der Herdgott (Zaojun) vorsteht. Damit er den Göttern in himmlischen Gefilden nur Gutes berichtet, schmiert man seinen Mund am Jahresende (dann sucht er den Himmel auf) mit Honig ein. Ferner gibt es Reichtums- und Glücksgötter, Gottheiten des Langen Lebens, die Mondgöttin, Berg- und Gewässergottheiten, Schutzgottheiten etc. Auch einzelne Berufsgruppen haben ihre Schutzgötter: So wird in Südchina Mazu oder Tianhou als Beschützerin der Seefahrer verehrt.

Häufig dargestellt finden sich auch drei sehr volkstümliche Gestalten: Gottheiten für Reichtum (*fu*), sozialen Rang (*lu*) und langes Leben (*shou*).

Als Gegenpol zur himmlischen Götterwelt besteht eine Götter-Unterwelt mit Dämonenfürsten und Yanluo, dem Höllenfürsten, an der Spitze. In das allgemeinen Pantheon haben auch Gottheiten aus der daoistischen oder buddhistischen Tradition Eingang gefunden, z. B. die Barmherzigkeitsgöttin Guanyin.

einer Trennung von Körper und Geist aus. Statt körperlicher Unsterblichkeit geht es ihr um geistig-spirituelle Unsterblichkeit:

»Der Leib gleicht einer Lotoswurzel, der Geist gleicht einer Lotosblüte. Die Wurzel reicht bis in den Schlamm, die Blüte jedoch öffnet sich zum Himmel hin. Menschen, die den Weg verwirklicht haben, befinden sich körperlich in der gewöhnlichen Welt, aber geistig bewegen sie sich im Reiche der Weisen. Heutzutage wollen die Menschen für immer den Tod vermeiden und die gewöhnliche Welt verlassen, aber sie sind Narren, die die Prinzipien des Weges nicht verstehen« (Wang Zhe).

Das Thema Langes Leben oder Unsterblichkeit zieht sich durch alle Formen des religiösen Daoismus. Legenden sind dabei entstanden, und Darstellungen bestimmter Protagonisten finden sich auf alten Fresken oder in Tempeln. Häufig finden sich Darstellungen der Acht Unsterblichen (*ba xian*), acht Gottheiten, darunter eine Frau, die teils auf historische Personen zurückgehen.

Die Acht Unsterblichen werden oft gemeinsam in einem Boot auf dem Ostmeer dargestellt.

Die Unsterblichen und ihre Wohnorte

Diejenigen, die Unsterblichkeit erlangt haben, suchen in der daoistischen Überlieferung unterschiedliche Orte auf, Paradiese, die ihnen als Heimstätten dienen. Zu ihnen zählen z. B. das Kunlun-Gebirge im Westen Chinas, wo auch die Königinmutter des Westens (Xiwangmu) residiert und den Garten mit den Pfirsichen des Langen Lebens hütet, oder die Inseln der Seligen bzw. Unsterblichen (*xianren*) im Meer im Osten Chinas.

Der Buddhismus in China

Der Buddhismus entstand etwa ab dem 6. Jh. v. Chr. in Indien. Im Zentrum der Lehre steht die Frage, wie und weshalb die Wesen in den Kreislauf des Daseins verstrickt sind und wie sie diesen Kreislauf verlassen können. Als Begründer dieser Lehre gilt Siddharta Gautama, der historische Buddha Shakyamuni. Er wurde 563 v. Chr. (oder nach einer neueren Chronologie um 450 v. Chr.) im Gebiet des heutigen Nepal geboren. Der Buddhismus bildete relativ schnell zwei Hauptrichtungen aus – Hinayana und Mahayana –, von denen sich wiederum zahlreiche weitere Richtungen ableiten. Der Theravada- oder Hinayana-Buddhismus geht davon aus, dass der Einzelne Erlösung/Erleuchtung nur aus eigener Kraft erlangen kann. Nur sein Handeln und Erkennen vermag sein Karma, sein Schicksal, zu ändern und ihn aus dem Kreislauf der Wiedergeburten zu befreien. Im Hinayana ist der Mönch das Idealbild eines Buddhisten auf dem Weg zur Erleuchtung. Die Mahayana-Richtung hingegen setzt anstelle des Mönchsideals das Ideal des Bodhisattva.

Der **Mahayana-Buddhismus** (der Hinayana-Buddhismus blieb in China von erheblich geringerer Bedeutung) nahm seinen Weg über die alten Handelsrouten, die so genannte Seidenstraße, ins chinesische Reich. Ab der Han-Zeit verbindet er dann zwei mächtige Einflusssphären miteinander. Im Westen hatten die Kushanas (vermutlich identisch mit dem Volk der Yuezhi, die ursprünglich im Bereich der heutigen Provinz Gansu beheimatet waren) ihren Einfluss auf Gebiete am Rand West-Zentralasiens ausgedehnt: von der Sogdiana (Tal von Ferghana) bis nach Nordindien und Afghanistan. Im Osten herrschten die Han über China und übten zeitweise ein Militärprotektorat über die Königreiche im zentralasiatischen Bereich der Seidenstraße wie Khotan, Turfan und Kucha aus.

So trafen in diesen Oasen Zentralasiens zwei Kulturen aufeinander, es entstand eine Art sino-indischer Mischkultur. Durch die Gemengelage an den Grenzen der Reiche einerseits und durch die hindurchziehen-

563 v. Chr.
bzw. um 450 v. Chr. Geburt Siddharta Gautamas (Buddha Shakyamuni) in Nepal

268–233 v. Chr.
König Ashoka herrscht über Indien (Maurya-Dynastie) und erhebt den Buddhismus zur Staatsreligion.

221–210 v. Chr.
Qin Shihuangdi eint und herrscht über China.

um 174–165 v. Chr.
Das Volk der Yuezhi zieht aus Gansu nach Westen (Baktrien).

139–126 v. Chr.
Zhang Qian führt eine Militärexpedition nach Zentralasien.

um 20–60 n. Chr.
Die Parther herrschen über Gandhara und werden von den Kushana (vermutlich = Yuezhi) abgelöst.

65
Gründung des Tempels des Weißen Pferdes in Luoyang, Beginn der ersten Phase der Übersetzung buddhistischer Texte ins Chinesische

220–581
Zeit verschiedener Reichsteilungen in China

386–534
Die Nördlichen Wei (Toba/Tuoba-Wei) erheben den Buddhismus zur Staatsreligion. Entstehung zahlreicher Kultstätten, u. a. der Yungang-Grotten bei Datong und der Longmen-Grotten bei Luoyang

618–906
Tang-Zeit, Chinas ›Goldenes Zeitalter‹, Blüte des Buddhismus, aber in der Endphase der Dynastie

auch Buddhistenverfolgung, Zerstörung von Kultstätten und Säkularisierung. Hiervon sollte sich der Buddhismus in China nie mehr gänzlich erholen.

629–645
Der Mönch Xuanzang reist nach Indien (»Die Reise nach Westen«), danach zweite große Phase der Übersetzung buddhistischer Schriften

1271/79–1369
Die Mongolen herrschen als Yuan-Dynastie über China und fördern den Buddhismus in seiner tibetischen Ausprägung.

20. Jh.
In der Kulturrevolution werden viele buddhistische Tempel und Klöster beschädigt oder zerstört, Gläubige werden verfolgt.

Beginn des 21. Jh.
Tolerierung der Religionen unter Vorbehalten

den Händler und in ihrem Gefolge die buddhistischen Mönche andererseits wurde der Buddhismus allmählich ins Han-Reich hineingetragen. Vermutlich wurde Kashgar, am westlichen Rand des Tarim-Beckens gelegen, schon im 2. Jh. buddhistisch, während der Buddhismus erst im 3. Jh. in den Oasen Kucha, Khotan, aber auch Yarkand und Miran dominierte. Die erste Grotte der berühmten Höhlentempel bei Dunhuang (Mogao-Grotten) wurde erst 366 n. Chr. geschaffen.

Sich in den Oasenstädten und kleinen Königreichen am Rande der chinesischen Sphäre durchzusetzen, war die eine Sache, doch an der Grenze zum eigentlichen chinesischen Reich sah sich der Buddhismus mit Problemen konfrontiert. China war ein Land mit einer klaren gesellschaftlichen Struktur, hergeleitet aus politischen und gesellschaftlichen Vorstellungen, die ein Konzept allumfassender Ordnung zugrunde legten. Der Herrscher der Früheren Han, Han Wudi (reg. 141–87 v. Chr.), auf den zugleich die Expansion des chinesischen Reichs bis nach Zentralasien zurückgeht, hatte den Konfuzianismus zur Staatsideologie erhoben (s. S. 22). Mit der Verbreitung des Buddhismus prallten zwei Vorstellungswelten aufeinan-

Siddharta Gautama – der historische Buddha Shakyamuni
Siddharta Gautama wurde 563 v. Chr. (oder nach einer neueren Chronologie 115 Jahre später) in das Fürstenhaus der Shakya im Bereich des heutigen Nepals geboren. Seinem Rang entsprechend lebte er lange in Wohlstand am Hof seines Vaters. In seinem 29. Lebensjahr aber wurde er bei Ausflügen aus dem Palast mit den Leiden der Menschen konfrontiert: mit Alter, Krankheit und Tod. Dies veranlasste ihn, sein Heim zu verlassen und durch die Lande zu ziehen, um einen Ausweg aus diesem Leiden zu finden. So lebte er als asketischer Wandermönch, doch erst als er sich der Meditation widmete, erfuhr er schließlich in Bodh-Gaya die Erleuchtung. Von da an zog er bis zu seinem Eingang ins Nirvana predigend durch Nordindien, wobei er seine erste Lehrrede im Gazellenhain von Sarnath bei Benares (Varanasi) hielt.

Im Unterschied zum Bodhisattva wird der Buddha zumeist schlicht gekleidet dargestellt. Seine langen Ohrläppchen weisen darauf hin, dass er als Fürstensohn aufwuchs und seine prächtigen Ohrgehänge ablegte, als er sich aufmachte, den Weg heraus aus dem Kreislauf des Leidens zu finden.

der: die der Abhängigkeiten und Beziehungen zwischen Menschen mit absoluter Loyalität dem Oberen gegenüber und eine Philosophie oder Religion, die auf die persönliche Erlösung des Einzelnen zielte. Erschwerend kam hinzu, dass China von einer ausgesprochen sinozentrischen Weltsicht geprägt war (und ist): Hiernach gab es keine Kultur außer derjenigen Chinas – jenseits der Reichsgrenzen hausten die ›Barbaren‹. Wie also sollte eine Philosophie von dort kommen? Doch da gab es eine praktische Erklärung aus der chinesischen Überlieferung: War nicht Laozi, der Begründer des Daoismus, mit seinem Esel (bzw. Ochsen) gen Westen aus China herausgezogen? Gewiss hatte er dort seine Lehren verkündet – und nun kam der Buddhismus zurück als eine ausländische Spielart des Daoismus. Diese Auffassung wurde letztlich dadurch gefördert, dass die ersten Übersetzer buddhistischer Texte ins Chinesische mangels adäquater neutraler Begriffe daoistische Ausdrücke verwendeten, um buddhistische Inhalte zu vermitteln und so zusätzlich eine scheinbare Nähe erzeugten. Aufgrund dieser Umstände blieb der Buddhismus in den ersten Jahrhunderten seiner Existenz auf chinesischem Boden lediglich eine Randerscheinung.

Doch fest steht, dass von der Mitte des 2. Jh. bis ins 3. Jh. hinein eine erste intensive Phase der Übersetzung buddhistischer Schriften ins Chinesische stattgefunden hat. Großen Anteil daran hatte der parthische Missionar An Shih-kao (An Shigao), der mit anderen ausländischen Gelehrten in Luoyang tätig war. Aber auch im südlichen China waren Übersetzer tätig. So übersetzte beispielsweise im 3. Jh. Zhi Qian den Text

Haupt eines Bodhisattva. Typisch für die Darstellung von Bodhisattvas sind ihr aufwändiger Schmuck und die Krone. Ein Bodhisattva ist ein Wesen, das Erleuchtung erlangt hat und ins Nirvana eingehen könnte, darauf aber verzichtet, um anderen Wesen auf dem Weg zur Erleuchtung zu helfen.

Die Vier Edlen Wahrheiten

- Das menschliche Dasein ist Leiden.
- Die Ursache allen Leidens liegt in der Begierde, dem ›Lebensdurst‹.
- Das Leiden vermag nur durch Aufhebung der Begierde beendet zu werden.
- Nur wer den Heiligen Achtfachen Pfad beschreitet, kann Erlösung aus dem Samsara, dem ewigen Kreislauf der Wiedergeburten, erlangen und ins Nirvana, die absolute Leere, eingehen.

Der Heilige Achtfache Pfad

- Rechter Entschluss
- Rechte Rede
- Rechtes Handeln
- Rechtes Leben
- Rechtes Streben
- Rechtes Gedenken
- Rechtes Denken
- Rechtes Sich-Versenken

In der Tang-zeitlichen Höhle Nr. 320 der Mogao-Grotten findet sich eine Darstellung des Buddha Amitabha (Amitayus) in seinem Westlichen Paradies des Reinen Landes.

über das Westliche Paradies des Buddha Amitabha (Sukhavati) ins Chinesische. Dieser Text sollte eine bedeutende Rolle einnehmen: Auf ihn bezog sich später die **Schule des Reinen Landes** (*jingtu jiao*), in deren Zentrum die Verehrung des Amitabha steht. Sie ist verbunden mit der Überzeugung, dass ein jeder, der aufrichtig an Amitabha denke und seinen Namen wiederhole, in das Reine Land eingehen könne.

Nach dem Zerfall des Han-Reichs im Jahr 220 n. Chr. erlebte der Buddhismus in China während einiger Jahrhunderte einen Aufschwung. Das Ideal von Reichseinheit und universeller Macht des Kaisers griff nicht mehr überall: Einzelne Reiche, teils von ›barbarischen‹ Dynastien regiert, bewirkten einen Polyzentrismus – es gab keine einheitliche offizielle Ideologie mehr.

Die Nördlichen Wei (386–534), eine jener ›Barbaren-Dynastien‹, gegründet vom türkisch-mongolischen Stamm der Toba, erhoben den Buddhismus in ihrem Reich in Nordchina zur Staatsreligion und förderten den Bau buddhistischer Kultstätten. Ihnen verdanken wir u. a. die ersten Höhlentempel bei Luoyang (Longmen-Grotten) und Datong (Yungang-Grotten) – bud-dhistische Stätten, die weit im Osten Chinas liegen. Bereits zuvor waren die ersten Höhlen im äußersten Westen des Reichs, etwa in Dunhuang, angelegt worden. Zu Zeiten und im Herrschaftsgebiet der Nördlichen Wei erlebte der Buddhismus in seiner offiziellen und elitären Ausprägung große Förderung: Tempelbauten und Klöster entstanden, wovon eine buddhistische Elite profitierte. In dieser Zeit begann sich bereits die zweigliedrige Entwicklung in einen

Buddhismus bedeutender Tempel mit Verbindungen zur Elite des Reichs einerseits und eine volkstümlichere Variante andererseits abzuzeichnen. In letzterer erfolgte eine Verquickung ursprünglicher buddhistischer Lehren mit Elementen aus dem chinesischen Volksglauben (s. S. 90). Damals brach auch der Mönch Faxian (337–422) zu seiner Reise auf: 399 verließ er China, reiste via Dunhuang zu den buddhistischen Stätten in Indien und kehrte 15 Jahre später auf dem Seeweg zurück.

Als 589 die Zeit der einzelnen Dynastien vorüber war und China erstmals seit den Sui wieder ein Kaiserhaus besaß, sollte der Buddhismus seinem eigentlichen Höhepunkt zustreben. In diese Zeit fällt beispielsweise die berühmte Reise des Mönchs Xuanzang (»Xiyou Ji«, »Die Reise nach Westen«). Ihm verdanken wir zahlreiche Übersetzungen buddhistischer Schriften, die er in der Hauptstadt der Tang-Dynastie, in Chang'an (heute Xi'an), verfasste. Darüber hinaus entstand die Schule des Reinen Landes, und der (jap. Zen-) **Chan-Buddhismus** entwickelte sich als ein Konglomerat aus Mahayana- und daoistischen Elementen.

Die Tang-Zeit, Chinas Goldenes Zeitalter, war sicherlich auch das Goldene Zeitalter des Buddhismus – doch zugleich eines seiner schwärzesten. 845 erging der Befehl, sämtliche buddhistische Einrichtungen zu zerstören bzw. die Klöster zu säkularisieren. Mönche

Wie der Buddhismus nach China kam

Alles soll mit einem Traum begonnen haben: Dem Han-Kaiser Mingdi (reg. 58–75) soll im Jahr 65 im Traum die Gestalt eines ›goldenen Mannes‹ erschienen sein. Als man ihm erklärte, dass dies vermutlich Buddha gewesen sei, beschloss er eine Gesandtschaft nach Indien zu entsenden, die mehr über diesen Mann und seine Lehre in Erfahrung bringen sollte. Nach einigen Jahren kehrte sie zurück, begleitet von ein oder zwei indischen Lehrern und einem Schimmel, der auf seinem Rücken den ersten buddhistischen Text nach China trug. Han Mingdi ließ daraufhin in der Nähe seiner damaligen Hauptstadt Luoyang ein Kloster errichten – das Kloster des Weißen Pferdes (Baima Si).

So schön diese Geschichte ist, so hat sie doch nur legendäre Qualität. Wie im Haupttext erläutert, gelangte der Buddhismus allmählich vom Kushan-Reich, von Parthien und via Zentralasien nach China. Allerdings gibt es historische Texte, die den Schluss erlauben, dass bereits im 1. Jh. der Buddhismus in China Anhänger gefunden hatte. Auch der Baima Si findet sich bereits in Quellen des frühen 2. Jh. belegt.

Ausschnitt aus dem »Diamant-Sutra«, dem ältesten gedruckten und erhaltenen chinesischen Buch. Die Schriftrolle wurde 1907 in der so genannten ›geheimen Bibliothek‹ von Dunhuang entdeckt.

und Nonnen wurden in den Laienstand zurückversetzt. Hintergrund waren schlicht ökonomische Gründe: Die herrschende Elite wollte die Besitztümer der buddhistischen Tempel und Klöster an sich reißen. Allerdings war diese Phase, die lediglich gegen die buddhistische Elite, nicht aber gegen die einfachen Adepten im Volk gerichtet war, nicht von langer Dauer. Nichtsdestotrotz liegt hierin eine der Ursachen dafür, dass sich der Buddhismus ab dem 10. Jh. verstärkt ins Volkstümliche entwickelte.

Die Erfindung der Buchdruckerkunst in jener Zeit ermöglichte die Verbreitung von Schriften (interessanterweise handelt es sich bei dem ältesten erhaltenen chinesischen Buch um eine Ausgabe des »Diamant-Sutra« aus dem Jahr 868). 972 (Song-Zeit) ordnete der chinesische Kaiser sogar an, den vollständigen buddhistischen Kanon zu drucken. Dies vermag indes nicht darüber hinwegzutäuschen, dass der Buddhismus nie wieder zu seiner alten Blüte zurückfinden sollte. Er blieb Bestandteil des religiösen, philosophischen Spektrums in China und ist insbesondere in volkstümlichen Ausprägungen bis in die heutige Zeit erhalten – trotz massiver Attacken beispielsweise im Zuge der Kulturrevolution im 20. Jh. Seit Ende der 1970er-Jahre steigt die Zahl von Mönchen, Nonnen und Gläubigen allmählich wieder an.

Der Buddhismus stand und steht in gewisser Weise im **Widerstreit mit dem chinesischen Weltbild**. Dass er in China nicht oder keinesfalls auf Dauer zur dominierenden Religion/Philosophie wurde, hat verschiedene Gründe. Primär muss sicherlich bedacht werden, dass auch nach dem Zerfall des Han-Reichs in weiten Teilen der politischen Elite die alten Ideale und Normen weiterhin Bestand hatten. Dies war möglich, da diese Normen auf sehr viel ältere Vorstellungen von der Konzeption der Welt zurückgingen: Hiernach bilden Himmel, Erde und Menschen zusammen ein einziges Ganzes. Aufgabe des Herrschers, des Inhabers des Himmlischen Mandats (s. S. 65), ist es, zwischen den einzelnen Bereichen ein kosmisches Gleichgewicht zu bewahren, womit ein klar definiertes hierarchisches System verbunden ist.

Des Weiteren darf man nicht übersehen, dass der Glaube in China traditionell mit dem Erreichen diesseitiger Ideale im Hier und Jetzt verbunden ist. Ahnen werden nicht nur verehrt, damit es diesen im Jenseits gut ergehen möge, sondern vor allem, damit sie positiv für die noch lebenden Familienmitglieder wirken. Lokale Gottheiten werden angerufen, um eine gute Ernte zu garantieren oder die Stadt zu schützen etc. Die hehren, auf Erleuchtung und Buddhaschaft gerichteten ›unpraktischen‹ Ideale des Buddhismus vermochten diesbezüglich nicht zu helfen. Der Nihilismus mit der Leugnung alles Seienden bzw. die Lehre von der Unwirklichkeit aller Erscheinungsformen waren für die Chinesen negativ besetzt. Vorstellungen von Wiedergeburt und Karma, wie sie in Indien bereits in vorbuddhistischen Philosophien/Religionen existierten, besaßen in China kein Pendant. Man suchte vielleicht das Elixier der Unsterblichkeit, um im Diesseits auf

Der ›lachende Dickbauch-Buddha‹

Integration buddhistischer Elemente
Insbesondere in der breiten chinesischen Bevölkerung verschmolzen buddhistische Elemente mit solchen aus dem Volksglauben sowohl konfuzianischer wie daoistischer Tradition. Ein Götterpantheon entstand, Buddhas und Bodhisattvas wurden nahezu wie die Gottheiten vor-buddhistischer Zeit verehrt. Buddhistische Gestalten wurden uminterpretiert, erhielten ›chinesische‹ Aspekte. So verwandelte sich z. B. der Bodhisattva Avalokiteshvara in die Barmherzigkeitsgöttin Guanyin (in Japan dann Kannon). Und der Zukunfts-Buddha Maitreya findet sich häufig in Gestalt des ›lachenden Dickbauch-Buddhas‹ Mile Fo dargestellt – in Anlehnung an die Gestalt des Mönchs Budai, der einst in der Nähe von Hangzhou lebte, ausgesprochen lebensfroh war und als Reinkarnation des Maitreya galt.

ewig zu verweilen, aber niemals das Aufgehen im Nichts, das Verlöschen, Eingehen ins Nirvana.

Doch es fanden sich auch Anknüpfungspunkte zwischen chinesischen und buddhistischen Elementen. So gab es in China die Tradition der Einsiedler – zumeist Menschen, die sich nach Ende ihrer beruflichen Laufbahn, die ganz in der konfuzianischen Tradition stand, vom Weltgeschehen zurückzogen und in der zweiten Hälfte ihres Lebens dem daoistischen Ideal folgten, die Einheit mit der Natur suchten. Das Einsiedlertum ließ sich mit dem Mönchsideal des Buddhismus in Verbindung bringen. Ähnliches gilt für die buddhistische Meditation und den Versuch, mit der Natur eins zu sein. Dennoch war der Buddhismus wiederholt Anfeindungen ausgesetzt – der Rückzug ins Kloster bedeutete die Aufgabe der traditionellen familiären Pflichten, und Klöster, die sich als eigenständige Gemeinschaften betrachteten, galten als politisch gefährlich. Die Lehren des Buddhismus fügten sich nicht in das hierarchisch strukturierte traditionelle Weltbild Chinas ein.

Erwähnt werden muss auch, dass gerade der Gestalt des Buddha Maitreya in sektiererischen Gruppen besondere Bedeutung zukam. Im Laufe der chinesischen Geschichte gab es immer wieder geheimbündlerische, messianisch geprägte Gruppen, die politisch-soziale Aufstände auslösten – und ihre Führer galten nicht selten als Reinkarnation eben des Zukunftsbuddhas.

Darstellung des in Tibet als Ur-Buddha verehrten Vajradhara mit seiner Weisheitspartnerin in Yab-Yum-Haltung

Der Tibetische Buddhismus: Lamaismus

Insbesondere in Nord- und Nordwestindien hatte sich in der Mitte des 1. Jt. eine esoterische Richtung des Mahayana-Buddhismus herausgebildet: das Vajrayana oder ›Diamantene Fahrzeug‹. Diese Variante gelangte ab dem 7. Jh. nach Tibet und verband sich dort mit Elementen der autochthon tibetischen, animistischen Bön-Religion. Auffällig ist der Einfluss magischer Praktiken sowie ritueller Sexualität, die in der Vorstellung von der Einheit männlicher und weiblicher Polarität begründet liegt. Häufig finden sich buddhistische Darstellungen des Yab-Yum, der körperlich wirkenden, aber eigentlich geistigen Verschmelzung männlicher und weiblicher Buddhas.

Buddhistische Statuen im Kloster von Tsetang

Von besonderer Bedeutung ist auch die Tradition der Tulku, der Wiedergeborenen. Wichtige religiöse Ämter werden stets durch Wiedergeburten von Amtsvorgängern besetzt.

In verschiedenen Phasen der Verbreitung des Buddhismus in Tibet entstand eine Vielzahl an Schulen, wobei vier Hauptrichtungen zu unterscheiden sind: die Nyingmapa (Schule der Alten), die Kagyüpa, die Sakyapa und schließlich die Gelugpa (Schule der Tugendhaften/Gelbmützenschule). Der Dalai Lama, primär das Oberhaupt der Gelugpa, hatte seit der Herrschaft Tsonghkapas (1612–82), des Großen Fünften Dalai Lama, auch die weltliche Herrschaft über Tibet inne. Er gilt als Reinkarnation des Bodhisattva Avalokiteshvara. Eine bedeutende Rolle kommt auch dem Panchen Lama zu, seinerseits eine Reinkarnation des Buddha Amitabha und stets der Lehrmeister des Dalai Lama. Der Panchen Lama übernahm anders als der Dalai Lama indes erst im 20. Jh. politische Funktionen, was in der politischen Situation Tibets begründet liegt: Der Dalai Lama, das weltliche und religiöse Oberhaupt Tibets, floh aus dem von der Volksrepublik China besetzten Tibet 1959 nach Indien, wo er in Dharamsala residiert. Der Panchen Lama hingegen ist in Tibet geblieben.

5./4. Jt. v. Chr.
Neolithisches Dorf Banpo mit partiell in die Erde eingetieften Pfahlbauten
Shang-Zeit (um 1660–1050 v. Chr.)
Die Hauptstädte der Shang-Herrscher besaßen bereits einen geometrischen Grundriss.
Qin-Zeit (221–206 v. Chr.)
Zunehmende Bedeutung des Palast- und Regierungsviertels in der Hauptstadt; Bau der ersten Großen Mauer quer durch China; Schaffung der gewaltigen Grabanlage des Qin Shihuangdi (Terrakotta-Armee)
Tang-Zeit (618–906)
Chang'an wird streng geometrisch angelegt, die Hauptstadt wird zum Vorbild sogar für den japanischen Städtebau (Kyôto).
Song-Zeit (960–1279)
»Yingzao fashi« (1103), die Regeln der traditionellen chinesischen Baukunst werden gedruckt. Die Holzkonstruktionen werden im Lauf der Zeit immer komplexer, die Grundprinzipien verändern sich indes nicht mehr.

Die traditionelle chinesische Architektur besitzt eine besondere Eigenart: Gleichgültig, ob einfaches Wohnhaus, ob Tempel- oder Palastanlage oder gar Stadt – stets folgt sie einem gemeinsamen Grundschema. Dahinter steht die Vorstellung, dass eine architektonische Struktur die Struktur des Universums, die Weltordnung, widerspiegeln soll.

Alten chinesischen Chroniken zufolge begann alles mit Höhlenwohnungen, die zum Teil tief in die Erde hineingegraben wurden, und mit Pfahlbauten. Ausgrabungen des neolithischen Dorfes Banpo (Datierung nicht gesichert; ca. 5./4. Jt. v. Chr.) scheinen die Angaben in den Chroniken zu bestätigen (s. S. 14).

Die Entwicklungen im Bereich des Haus- und Städtebaus fanden unter dem Einfluss gesellschaftlicher Veränderungen statt. So spiegeln sich in der berühmten Hauptstadt der Tang-Zeit, Chang'an, des heutigen Xi'an, nicht nur kosmologische bzw. Fengshui-Aspekte (s. S. 120), sondern auch hierarchische Vorgaben wider. Der Grundriss Chang'ans hat Vorläufer in frühen Stadtanlagen. So besaßen bereits die Shang-zeitlichen Städte wie Anyang einen geometrischen Grundriss.

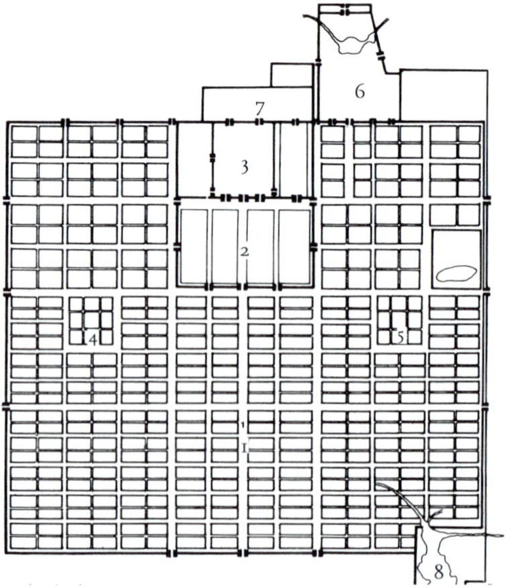

Plan des Tang-zeitlichen Chang'an:
1 Große Straße des Roten Vogels
2 Kaiserstadt
3 Palast
4 Westmarkt
5 Ostmarkt
6 Daming-Palast
7 Kaiserlicher Park
8 Dajiang-See

Die Qin-zeitliche Hauptstadt Xianyang, ebenfalls in der Nähe des heutigen Xi'an gelegen, war mit einer ca. 24 km langen Mauer befestigt. Nachts geschlossene Stadttore in dieser Außenmauer sowie Tore zwischen den einzelnen Stadtvierteln sicherten die Bewohner. Doch es zeichneten sich bereits erste Unterschiede zu den älteren Städten ab: Den Palästen und dem Regierungsviertel kam wachsende Bedeutung zu. Sie breiteten sich über weite Flächen des nördlichen Stadtgebietes aus. Diese Gliederung sollte in späterer Zeit noch stärker herausgearbeitet werden.

Die Anlage Chang'ans folgte in manchem, jedoch nicht in allem dem zitierten »Kaogongji«. Chang'an war eine große Stadt, die Stadtmauer verlief 8,2 km von Nord nach Süd und 9,7 km von Ost nach West. Sie war in einem Rechteck entlang einer vom Haupttor im Süden zur Kaiserstadt im Norden verlaufenden 150 m breiten Hauptachse angelegt. Die Mauer durchbrachen auf jeder Seite je drei Tore, neun Straßen durchzogen sie von Nord nach Süd und zwölf von Ost nach West.

Auffällig für die Stadtkonzeption waren die wie ein Schachbrettmuster im Innern der Mauern verteilten 110, jeweils wiederum ummauerten Stadtviertel, die beiden Märkte und im Norden das Gebiet der Kaiserlichen Stadt mit den Verwaltungsbauten und daran anschließend der eigentliche Palastbezirk.

Stadtanlage
»Die Handwerker legen die Stadt als ein Geviert mit neun *li* Seitenlänge an. Auf jeder Seite gibt es drei Tore. Innerhalb (der Mauern) liegen neun Straßen in Nord-Süd-Richtung und neun Straßen in Ost-West-Richtung. Jede ist neun Wagenspuren breit. Links liegt der Ahnentempel, rechts der Erdaltar. Vorn ist der Hof des Königs, hinten der Marktplatz« (aus dem »Kaogongji«).

Die Symbolik

Worin liegt nun die Symbolik? Es geht um den Ausdruck der Verbundenheit zwischen den Menschen und dem Kosmos, dem Universum, aber auch darum, die Beziehung zwischen Zeit und Raum zu formulieren. Die zwölf Tore der Stadtmauer stehen für die zwölf Monde des chinesischen Tierkreises. Jeder Himmelsrichtung ist eine Jahreszeit zugeordnet: dem Osten der Frühling, dem Süden der Sommer, dem Herbst der Westen und dem Winter der Norden. Außerdem ordnet man jedem der Kardinalpunkte und damit jeder Himmelsrichtung ein Tier und weitere Attribute wie

Farben, aber auch Planeten oder Sterne zu. So liegt im Norden Xuanwu, die Schwarze Schildkröte (Schwarzer Vogel), im Süden der Rote Vogel, Zhuniao (oder Zhuque), im Westen der Weiße Tiger, Baihu, und im Osten der Grüne Drache, Canglong (Qinglong). Diese Tiere wiederum bilden Himmelskonstellationen, die aus jeweils sieben der 28 Konstellationen des chinesischen Zodiaks (= Kreis des Lebens bzw. Tierkreis) bestehen. Im Zentrum dieser Konstellationen wiederum liegt Beidou, der Große Scheffel, Sitz des Höchsten Wesens.

Tai Ji
Tai Ji ist im chinesischen Weltbild der zentrale Pfeiler, der Himmel und Erde verbindet, der Mittler zwischen Yin und Yang.

Des Weiteren assoziierte man diese Aspekte mit der kosmischen Ordnung von Tai Ji, Yin und Yang sowie der Lehre von den Fünf Elementen (Metall, Holz, Wasser, Feuer und Erde; s. S. 80).

Die hier zuletzt angedeuteten kosmischen Bezüge, aber auch die sich in der Konzeption widerspiegelnden Hierarchien lassen sich besonders gut am Beispiel der heutigen Hauptstadt Beijing erkennen. Der Kaiserpalast liegt im Stadtkern am Nordende einer Nord-Süd-Achse, womit er auf den Polarstern hin ausgerichtet ist. Diese Lage symbolisiert die Erhabenheit des Herrschers. Auch hier findet sich wieder das ganz von Symmetrie und Axialität dominierte Prinzip, das wir bereits aus Chang'an kennen. Wieder erinnert die einstige Struktur der Stadt an ein Schachbrett. Straßen verlaufen senkrecht bzw. waagerecht, und auch Paläste, Tempel oder Wohnhäuser besitzen eine Achsensymmetrie.

Selbst in der Größe der Häuser, sprich der Anzahl ihrer Höfe, den Proportionen, der Dicke der Dachbalken, anhand der Gebäudefarben oder der Farbe der Dachziegel lassen sich Hierarchien erkennen.

Dem einfachen Menschen aus dem Volk war es lediglich gestattet, schlichte Hofhäuser ohne farbigen Zierrat zu errichten, deren Eingang nicht auf der Hauptachse liegen durfte. Als Dachziegel waren nur solche von grauer Farbe erlaubt. Demgegenüber steht der Kaiserpalast, mit unzähligen weiten Höfen, reich verzierten Balken und Wänden und gelb gedeckten Dächern, denn Gelb war die Farbe des Kaisers, nur ihm selbst vorbehalten.

Die traditionelle Bauweise

Auch ein Hofhaus ist von einer Außenmauer umgeben. Sein Eingang liegt an der Südostecke dieser Mauer. Vor dem Eingang steht zumeist eine Querwand, *zhaobi*, um die Blicke der Passanten fernzuhalten. Hat man das Tor durchschritten, steht man vor einer weiteren Wand, *yingbi*, der Geistermauer. Sie soll die bösen Geister, von denen es heißt, sie können nicht um Ecken gehen, fernhalten. Linker Hand, also westlich, liegt meist ein Gebäude (Südflügel) vor der inneren Ummauerung, das als Lagerraum, Dienstbotenquartier oder Gästezimmer dient. Nach Norden hin umschließt eine Mauer den inneren Bereich, mittig durchbrochen vom Inneren Tor, *nei men*. Hier begann der Wohnbereich der Familie. Den inneren Hof umstehen westlich und östlich Flügel, in denen die jüngeren Generationen lebten. Nach Norden schließt ein quer gelagerter Bau, der im Allgemeinen den Eltern vorbehalten war, den Komplex ab.

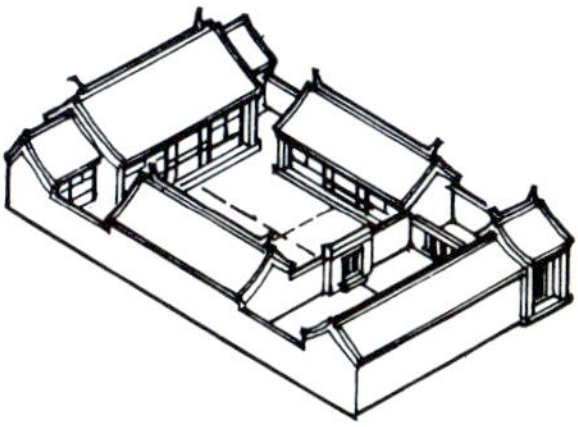

Das typische Ein-Hof-Haus

Ein einzelner solcher Hof wird als *jin* bezeichnet, die Wohnstätten wohlhabender Bürger, Adliger etc. setzten sich aus mehreren solcher hintereinander axial angeordneter Jin zusammen.

Bei großen Anlagen können auch westlich und östlich Hof-Gebäude-Achsen von Süd nach Nord verlaufen, was sich am Kaiserpalast von Beijing (s. S. 108) wunderbar erkennen lässt. Interessant ist auch, dass im Falle mehrerer aufeinander folgender Höfe der hintere jeweils ein wenig höher liegt als der vordere und dass ein mittleres Gebäude zumeist ebenfalls erhöht auf einer kleinen Plattform steht, womit die Umgebung niedriger erscheint. Über die Höhe wird die hierarchische Wertigkeit des Gebäudes und seiner Nutzer ausgedrückt.

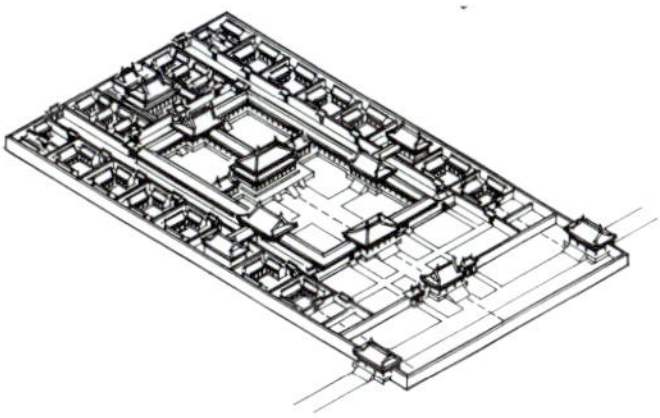

Dieser Komplex weist eine Haupt- und zwei Nebenachsen auf.

Typisch für die chinesische Architektur ist der **Ständer- bzw. Holzskelettbau.** Hierbei stehen an den Längs- wie Breitseiten der Hallen Pfeiler, die oben mittels Querbalken verbunden sind. Auf diesem Gerüst

Jian
Das *jian*, der Abstand zwischen zwei bzw. vier benachbarten Säulen oder Pfeilern und den entsprechenden Pfetten, bildet das Grundmaß in der traditionellen chinesischen Architektur.

ruht das Dach. Die Mauern, denen keinerlei tragende Funktion zukommt, können aus unterschiedlichen Materialien bestehen: Bretter, Flechtwerk mit Lehm oder auch Ziegelsteinen. Für die Ständer und Balken fand zumeist einfaches Kiefernholz Verwendung. Nur bei hochrangigen Tempel- oder Palastbauten investierte man in das wertvolle Nanmu-Holz (Machilus nanmu), eine ausgesprochen harte Kampferbaumart, die im Süden Chinas gedeiht.

Präzise betrachtet unterscheidet man drei verschiedene Varianten des Holzskelettbaus:

1. *tailiang* oder *liangzhu* (Säule und Balken). Hierbei werden Hauptbalken auf vordere und hintere Säulen gelegt, auf diese dann nach und nach – gestaffelt und von Streben gestützt, die sich langsam erhöhen und so ein geschwungenes Dach entstehen lassen – immer kürzere Balken. Über die aufeinander folgenden, gestaffelten Balkenschichten werden Pfetten (Längsträger) gelegt, die die Sparren tragen. Der Bereich zwischen zwei benachbarten Pfetten und zwei benachbarten Säulen heißt *jian* und bildet zugleich das Basisraummaß chinesischer Holzskelettbauten.

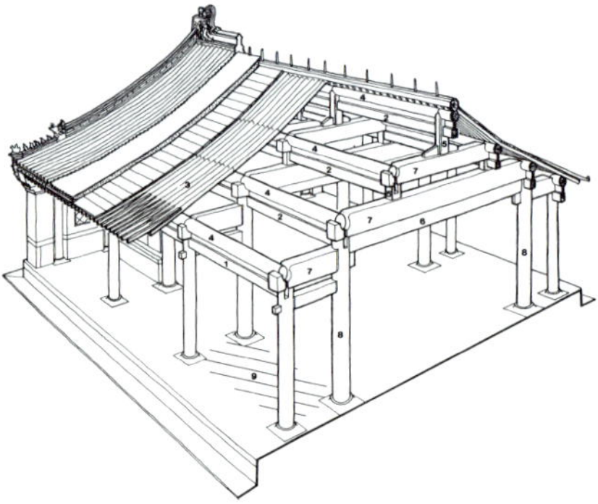

Das Tailiang-Prinzip:
1 Architrav
2 Binderbalken
3 Sparren
4 Pfette
5 Stütze
6 Kehlbalken
7 zusätzliche Quer- und Kehlbalken
8 Säule
9 Jian

2. *chuandou*: Bei dieser Bauform stützen nicht Balken die Pfetten, sondern die Säulen nehmen an Höhe zu und treten direkt mit den Pfetten in Kontakt. Waagerechte und quer verlaufende Stützbalken greifen in die Säulen ein und verbinden sie zu einem Gerüst.

3. *miliang pingding*: Hierbei tragen Säulenreihen die Pfetten, über denen waagerechte Sparren quer liegen, die ein flaches Dach bilden. So dienen die Pfetten hier faktisch als Hauptbalken.

Die Tailiang-Bauweise ist in Nord- und Mittelchina (bis hinein in den Nordwesten und Nordosten) am weitesten verbreitet, während im Süden, Osten und Südwesten des Landes das Chuandou-System häufig zu finden ist (bei hochrangigen Bauten aber auch Tailiang). Die Flachdachvariante ist wiederum in Xinjiang, Tibet und der Inneren Mongolei vertreten. Das Tailiang-System ermöglicht verschiedene Dachtypen, wie Giebeldach (Satteldach), Zeltdach (Pyramidendach), Walmdach oder eine Kombination aus Sattel- und Walmdach.

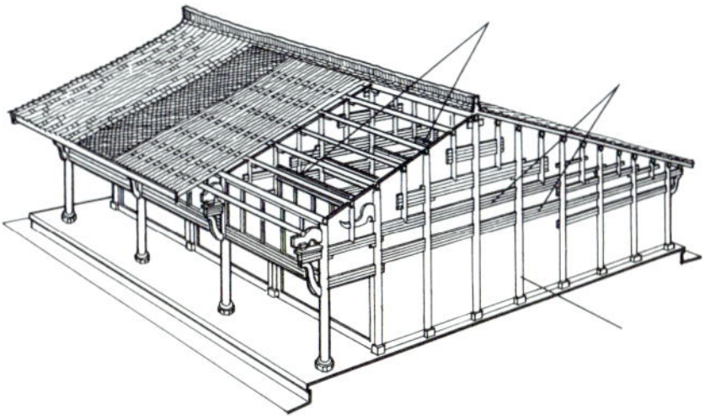

Das Chuandou-Prinzip
1 Binderbalken
2 Querbalken
3 Säule

Das in der Han-Zeit (202 v. Chr.–220 n. Chr.) letztlich entwickelte Konsolgebälk (*dougong*) geht auf Vorläuferkonstruktionen in der Westlichen Zhou-Zeit (um 1100 v. Chr.) zurück. Ausgehend von einer Verbindung aus einem rechteckigen Pfeilerkopf und einem darauf ruhenden zweiarmigen Balken entwickelte man im Laufe der Zeit ein komplexes System sich aufeinander türmender und immer weiter verzweigender Trägerarme. Dies ermöglichte den Bau hoher, sogar mehrstöckiger Hallen. Seinen Höhepunkt erfuhr das Dougong-System in der Tang- und Song-Zeit. Zum einen trug es die Decke innen mit, zum anderen konnte man durch dieses System Dachvorsprünge konstruieren.

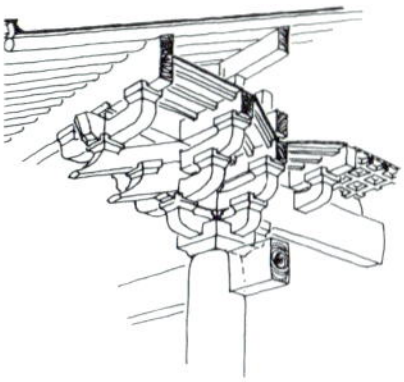

Dougong-Konstruktion

»Yingzao fashi«
In der Song-Zeit (960–1279) erschienen mit dem »Yingzao fashi« im Jahr 1103 die gedruckten Regeln der traditionellen chinesischen Baukunst.

Ob und wie ein Gebäude farbig gestaltet wurde, hing im Alten China vom Rang des Baus bzw. seines Bewohners ab. Schon Texte aus der Zeit der Frühlings- und Herbstannalen (770–476 v. Chr.) beschreiben, wie Farben und Motive an Gebäuden hierarchische Ränge ausdrückten. Grundsätzlich ist jedoch festzustellen, dass die **Farbgebung** im Norden und Süden des Landes differiert. Im Süden ist das Gebälk meist schwarz oder dunkelbraun gestrichen und kontrastiert so zu den weiß getünchten Wänden. Im Norden hingegen liebt man farbenprächtige Dekore. Die Säulen sind meist rot lackiert, wobei die Farbe auf eine dünne Putzschicht und nicht direkt auf das Holz aufgetragen wird. Das Gebälk zieren oft geometrische oder blumige Muster, wobei die Farbpalette von Blau und Grün bis Schwarz und Weiß reicht. Befinden sich Bauwerke in

Der Gugong heißt eigentlich Purpurne Verbotene Stadt, Zijincheng, ein Name, der nicht so sehr auf die rot getünchten Mauern des Palastes anspielt, als vielmehr auf den *ziweiyuan*, den verborgenen purpurnen Bereich im Himmel. So bezeichneten Chinas Astronomen den Sitz des Polarsterns. Der Polarstern steht für sie im Zentrum des Himmels – und der Palast steht im Zentrum dessen, was unter dem Himmel (*tianxia*) ist, nach traditioneller chinesischer Weltsicht im Mittelpunkt des Reichs und der gesamten Welt.

Der Palast in seiner heutigen Ausdehnung geht auf die Ming-Zeit zurück, auf das erste Viertel des 15. Jh. Noch bis ins 20. Jh. hinein bewohnten die chinesischen Kaiser (ab 1644 die mandschurischen Herrscher der Qing-Dynastie) die Anlage. Der Palast ist als ein Rechteck angelegt von 960 m Länge (Süd–Nord) und 750 m Breite (West–Ost), geschützt von einer ringsum verlaufenden Mauer und einem Wassergraben. Den Zugang zum Palast bilden vier Tore in den vier Haupthimmelsrichtungen, wobei dem Südtor, dem Mittagstor (Wu Men), die Funktion des Haupt-

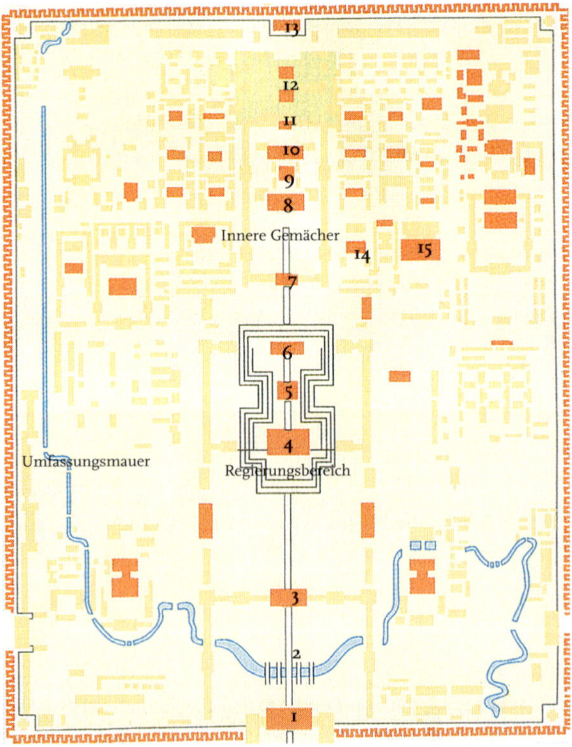

1 Süd- bzw. Mittagstor
2 Goldwasserfluss
3 Tor der Höchsten Harmonie
4 Halle der Höchsten Harmonie
5 Halle der Mittleren Harmonie
6 Halle zur Wahrung der Harmonie
7 Tor der Himmlischen Reinheit
8 Halle der Himmlischen Reinheit
9 Halle der Berührung von Himmel und Erde
10 Palast der Irdischen Ruhe
11 Kunning-Tor
12 Kaiserlicher Garten
13 Nordtor/Tor des Göttlichen Kriegers
14 Palast des Fastens
15 Halle der Ahnenverehrung

Im Kaiserpalast

eingangs zukommt. Der gigantische, hufeisenförmige Torbau, den fünf Pavillons zieren, besitzt drei Eingänge, deren mittlerer allein dem Kaiser vorbehalten war. Ausnahmen wurden lediglich für die Kaiserin am Tage ihrer Hochzeit und für die jeweils drei besten Absolventen der kaiserlichen Prüfungen am Tage ihrer Prüfung gemacht. Den westlichen Eingang nutzte die Familie des Kaisers, den östlichen nutzten die hohen Beamten.

Typisch für chinesische Städte, Tempel oder eben auch Palastanlagen sind ein Glocken- und ein Trommelturm. Im Falle des Kaiserpalastes hat man diese in Pavillons auf den Flügeln des Torbaus untergebracht. Im westlichen Pavillon stehen die Trommeln, die geschlagen wurden, wenn der Kaiser zur Ahnenverehrung den Palast verließ, und die Glocke ertönte im östlichen Pavillon, wenn er aus dem Palast zog, um das Himmelsopfer darzubringen. Bezogen auf die Tore der Stadt kündigten die Trommeln das abendliche Schließen und die Glocke das morgendliche Öffnen derselben an.

Bevor man nun zunächst entlang der gewaltigen Hauptachse des Gugong in den Bereich des **Wai Chao** – des Regierungsbereichs – gelangt, muss man den Goldwasserfluss überqueren, der sich sanft geschwungen und von fünf marmornen Brücken überspannt hinter dem Wu Men erstreckt. Die Zahl Fünf besitzt Symbolcharakter, sie steht in diesem Fall für die fünf konfuzianischen Tugenden Menschlichkeit, Aufrichtigkeit, Gemessenheit, Weisheit und Zuverlässigkeit. Entlang der Hauptachse, die im Pflaster markiert ist und über die allein der Kaiser in seiner Sänfte getragen werden durfte, folgen nun die zentralen Gebäude des Palastes. Das Tor der Höchsten Harmonie, Taihe Men, gibt den Blick frei auf einen weiten Platz (200 x 190 m), links und rechts von Pavillons flankiert. An seinem Nordende erhebt sich eine Dreierfolge von Hallen, an deren Anfang sich die Halle der Höchsten Harmonie befindet: Sie

Blick vom Kohlehügel nördlich der Palastmauern über die Dächer des Kaiserpalastes

ist das prächtigste und größte Bauwerk innerhalb der Palastmauern, Stätte des Drachenthrons und damit Thronsitz des Kaisers.

Von Süden her führt auf der Hauptachse eine kunstvoll reliefierte Marmorrampe, links und rechts von Treppen gesäumt, hinauf zur 7 m hohen Plattform mit der Taihe Dian. Diese Halle besitzt beachtliche Ausmaße: 27 m hoch, 64 m breit und 37 m tief.

Allenthalben trifft man im Palast auf Symbole: Kraniche und Schildkröten werden mit langem Leben und der Unvergänglichkeit des Kaiserreichs assoziiert, Löwen sind wie vor allem auch der Drache Sinnbild kaiserlicher Macht.

Die nachfolgende Halle bildet das geometrische Zentrum der Palastanlage, ist indes kleiner als die Taihe Dian: In der Zhonghe Dian, Halle der Mittleren Harmonie, bereitete sich der Kaiser auf die Zeremonien in der Taihe Dian vor. Die dritte und nördlichste Halle auf der Marmorplattform, die Baohe Dian, Halle zur Wahrung der Harmonie, diente Festlichkeiten. Hinter dieser Halle führt wiederum eine beeindruckende, reich reliefierte Marmorrampe hinab. Wolken- und Drachenmotive zieren sie.

In der Verlängerung der Hauptachse bildet das Tor der Himmlischen Reinheit, Qianqing Men, den Eingang in den nächsten Hof und damit zugleich in die Inneren Gemächer, den Privatbereich der kaiserlichen Familie.

Wie im Wai Chao, dem ›Regierungsviertel‹ der Verbotenen Stadt, liegen auch in den **Inneren Gemächern** drei Hallen auf einer erhöhten Terrasse. Hier wird bereits in der Namensgebung der kosmisch-symbolische Bezug deutlich. Die erste, südliche der drei Hallen ist der Palast der Himmlischen Reinheit, Qianqing Gong, die nördliche, also dritte Halle heißt Palast der Irdischen Ruhe und dazwischen liegt die Halle der Berührung von Himmel und Erde. Himmel und Sonne sind Yang und mit dem Kaiser verbunden, die erste Halle sollte ursprünglich dem Kaiser, dem Himmelssohn, als Wohnstatt dienen, die Erde und der Mond sind Yin und mit der Kaiserin verbunden, die entsprechend in der dritten Halle residierte. Und in der Mitte verbinden sich Himmel/Universum und Erde, Yang und Yin, Kaiser und Kaiserin, Drache und Phönix, sie verschmelzen zu einer Einheit und Harmonie entsteht.

Das Fabeltier Bixie als Bronzeskulptur – im Kaiserpalast

Pflichten
Dem Kaiser als Sohn des Himmels kam die Mittlerrolle zwischen Mensch und Kosmos zu. Er musste seiner Aufgabe durch die Einhaltung spezifischer Rituale nachkommen, die den Ausgleich zwischen den verschiedenen Kräften herbeiführen sollten. Sein Palast lag auf der Hauptachse einer Stadt, umgeben von den bedeutenden Altären, an denen der Kaiser im Verlauf des Jahres bestimmte Riten zu vollziehen hatte, um das Gleichgewicht zwischen Mensch und Natur und Universum zu erhalten: Im Norden der Erdaltar, im Westen der Mondaltar, im Süden der Himmelsaltar, im Osten der Sonnenaltar.

Hinter der Plattform mit diesen drei Hallen folgt ein weiteres Tor, das Kunning Men, das den Weg in den Kaiserlichen Garten eröffnet, der in seiner Anlage ebenfalls dem Hofprinzip folgt. Hinter dem Garten endet die Zentralachse vor dem Shenwu Men: dem Tor des Göttlichen Kriegers, dem Nordtor der Verbotenen Stadt. Neben dieser Hauptachse verlaufen im Westen wie im Osten Nebenachsen, entlang derer sich weitere Höfe reihen. Besonders im Bereich der Inneren Gemächer finden sich kleinere wohnliche Anlagen, in denen der Kaiser und sein Gefolge bevorzugt lebten. Des Weiteren lag im Osten die Halle der Ahnenverehrung und der Palast des Fastens. Dies waren Stätten, die der Kaiser regelmäßig aufsuchte. Vor jedem Opferritual musste er drei Tage fasten, was er – ausgenommen ein Himmelsopfer stand bevor – im Zhai Gong vollzog.

Spricht man von chinesischer Architektur, darf eines der gewaltigsten Bauwerke Chinas nicht unerwähnt bleiben – die Große Mauer. Die Geschichte dieser Mauer reicht zurück bis ins Jahr 656 v. Chr., als das Reich Chu einen Verteidigungswall gegen seinen verfeindeten Nachbarn Qi errichtete. Diesem Beispiel folgten die verschiedenen kleineren Königreiche, die sich in der Zeit der Streitenden Reiche (475–221 v. Chr.) bekämpften. Sie errichteten Wehrmauern gegen ihre Nachbarstaaten, aber auch gegen die Bedrohung durch die Steppenvölker. Nachdem es 221 v. Chr. dem König Zheng von Qin (der als Qin Shihuangdi, Reichseiniger und Erster Kaiser der Qin in die Annalen eingehen sollte) gelungen war, die anderen Reiche zu besiegen und das Steppenvolk der Xiongnu nach Norden zurückzudrängen, veranlasste er, zunächst die nördlichen Wälle der ehemaligen Reiche Zhao, Yan und Qin zu verbinden. Die Mauer der Qin war schließlich über 5000 km lang und reichte laut der »Historischen Aufzeichnungen« (»Shi Ji«) des Sima Qian von Lintao in der heutigen Provinz Gansu über die Innere Mongolei bis zur heutigen Stadt Shenyang als östlichstem Punkt und lief dann in der südlichen Mandschurei ins Chinesische Meer.

Die Han setzten den Bau fort, besserten die Qin-zeitliche zunächst aus und bauten dann eine zweite, etwas weiter nördlich verlaufende Große Mauer. Diese Mauer zogen sie im Verlauf ihrer Eroberungen weiter nach Nordwesten. Noch heute stehen in der Provinz Gansu Relikte wie das Yang Guan, Wachttürme an alten ›Pässen‹, an Zollstationen, die den Zugang ins Han-Reich kontrollierten. Wacht- und Signaltürme zogen sich über die Mauer der Han hin. Mittels Rauch- und Feuerzeichen konnten binnen eines Tages Nachrichten vom äußersten Westen des Reichs bis in die Hauptstadt Chang'an gelangen.

Die Große Mauer windet sich wie ein Drache durch die Landschaft nördlich von Beijing.

Die folgenden Dynastien arbeiteten nur mehr sporadisch an der Mauer. Sie wurde immer wieder ausgebessert, aber nicht erweitert. Erneut große Bedeutung gewann sie während der Ming-Zeit.

Nach dem Schock der mongolischen Fremdherrschaft (Yuan-Zeit, 1271/79–1368) herrschten wieder Chinesen über das Reich, doch die Bedrohung durch die Mongolen blieb bestehen. Als diese 1449 sogar wieder Beijing erreichten, war dies Anlass, die Große Mauer zu erneuern. Die Pässe dieser neuen Großen Mauer wurden zu gewaltigen Festungen ausgebaut; dies gilt insbesondere für das Fort Jiayu Guan im Westen in der Provinz Gansu und für Shanhai Guan, wo die Mauer im Osten Chinas ins Meer mündet. Die Ming-Mauer, mit Wehrtürmen und Zinnen aus Stein und Ziegeln errichtet, erstreckt sich über 6300 km. Sie ist im Durchschnitt 10 m hoch und 10 m breit und schlängelt sich teilweise wie ein Drache durch die Landschaft.

Gärten, man denke z. B. an den berühmten Langen Korridor im Sommerpalast in Beijing, greift man gern auf Landschafts- oder andere figurative Elemente zurück. Die Farbe Gelb war dem Kaiser vorbehalten, nur sein Palast durfte mit gelben Ziegeln gedeckt sein, nur er durfte gelbe Kleider tragen.

Wie bereits erwähnt weisen chinesische Bauten unterschiedliche **Dachformen** auf. Als edelste Form gilt das Walmdach, das bei vielen Palast- und Tempelbauten anzutreffen ist. Auch kleinere Hallen oder Tore sind häufig mit einem Fußwalmdach versehen. Die Wohnhäuser der einfachen Bevölkerung schützte normalerweise ein Satteldach, während Zelt- oder Pyramidendächer an vieleckigen Bauwerken oder Pagoden zu entdecken sind. Rundbauten weisen im Allgemeinen Kegeldächer auf, prächtigstes Beispiel ist der Himmelstempel in Beijing.

Ein weiteres markantes Element bilden die weit auskragenden Dachtraufen, die die Wände und Säulen vor Regen schützen sollen. Runde Keramikscheiben (*wadang*) – mit unterschiedlichen Motiven verziert – schließen die Trauf-Enden ab.

Farbenprächtiges, aufwändig konzipiertes Konsolgebälk

Der Himmelstempel in Beijing

Am Dachfirst bedeutender Bauten fallen oft Keramikfiguren ins Auge, Zwitterwesen aus Fisch und Drache (*chiwei*). Fisch wie Drache sind dem Wasser verbundene Wesen, die symbolisch an den First geschlagen wurden (im Schwanz des Fisches scheint der Knauf eines Dolchs zu stecken), um vor Feuer zu schützen.

Die Fabelwesen, die als **Dachreiter** auf den Grat-Enden von Dächern bedeutender Hallen sitzen und das Haus vor bösen Mächten schützen sollen, haben eine eigene Geschichte. Vorn am Dachrand reitet Prinz Min von Qi (479–502 n. Chr.) auf einer Henne. Hinten droht ein Drache mit weit aufgerissenem Maul und dazwischen reihen sich Phönix, chinesisches Einhorn (*qilin*), Löwe und Himmelspferd – je nach Rang des Gebäudes bis zu elf Figuren.

Prinz Min hatte zu Kriegszeiten sein Volk im Stich gelassen, das ihn daraufhin in seinem Palast – an der Dachtraufe – aufhing und ihn nun in alle Ewigkeit in auswegloser Position auf der Henne der Lächerlichkeit preisgibt. Elf Dachreiter zieren die kaiserliche Thronhalle im Beijinger Palast und die Halle der Großen Vollendung im Konfuziustempel zu Qufu. Sie weisen diese beiden Hallen als die ranghöchsten Bauwerke im Reich der Mitte aus.

Chinesische Tempelbauten

Tempelbauten folgen in China meist derselben Grundstruktur wie normale Wohn- oder Palastbauten. Auch sie bestehen aus aufeinander folgenden Höfen, wobei die jeweilige nördliche Halle eines Hofes Darstellungen verehrungswürdiger Personen birgt. Die chinesische Bautradition ist so dominant, dass es für die architektonische Struktur keine Rolle spielt, ob es sich um einen daoistischen, konfuzianischen oder buddhistischen Tempel handelt. Sogar Moscheen folgen in China im Allgemeinen dem Jin-Muster. Lediglich die Pagode, die zunächst bei buddhistischen Tempeln, dann aber auch als einzelnes Bauwerk eingesetzt wurde, geht auf indische Baumuster zurück.

Den Eingang des Tempels bildet im Süden der jeweiligen Anlage ein Ehrentor, *pailou*, manchmal auch vorgelagert noch ein Bergtor, *shanmen*. An diesem Tor findet sich mittig der Name des Tempels. Im ersten Hof, der dem eigentlichen Tempelkomplex gewissermaßen noch vorgelagert ist, stehen im Westen der Trommelturm und im Osten der Glockenturm. Sie besitzen dieselbe Funktion wie die gleichnamigen Türme innerhalb einer Stadt: Die Glocke im Osten wird allmorgendlich beim Öffnen der Tore geschlagen, die Trommel allabendlich beim Schließen. Die erste Tempelhalle birgt an ihren Seiten die Vier Himmelskönige, *tianwang* (Sanskrit: *lokapala*), die Beschützer der Lehre, die hier zumeist Maitreya, den Buddha der Zukunft, bewachen. Der Hüter des Südens (blau) verteidigt das Gute und kämpft mit seinem Schwert gegen die Ignoranz, der Hüter des Nordens (grün), trägt die Siegesfahne der buddhistischen Lehre, des Dharma, der Hüter des Westens (rot) trägt die Chintamani, das buddhistische Wunschjuwel, und der Hüter des Ostens (weiß) schlägt die Laute und reinigt mit ihrem Klang die Gedanken der buddhistischen Gemeinschaft. Maitreya selbst ist zumeist als lachender Mile Fo, ›Dickbauch-Buddha‹, dargestellt.

Wächterfigur im Eingangsbereich eines Tempels

Die Halle der Himmelskönige öffnet sich nach Norden hin auf den ersten Hof, dessen Seitenhallen unterschiedlicher Nutzung dienen können: Bibliothek, Studierzimmer, Raum für weitere Kultfiguren u. ä. Im Hof steht oft ein Räuchergefäß, an dem Räucherstäbchen oder auch Kerzen entzündet werden können, um sie dann Buddha oder einer Heiligengestalt darzubringen. Am Nordende dieses

Hofes erhebt sich die Haupthalle des Tempels (Mahavira-Halle) auf einer Terrasse. Sie ist normalerweise Shakyamuni, dem historischen Buddha, gewidmet. Er steht bzw. sitzt in der typischen Meditationshaltung auf einem Lotosthron, flankiert von seinen Jüngern, oder als Mittelpunkt einer Buddha-Trinität mit dem Buddha der Vergangenheit, Dipamkara, und dem Buddha der Zukunft, Maitreya.

Die **Pagode** entwickelte sich aus indischen Vorläuferstrukturen und gelangte mit dem Buddhismus ins Reich der Mitte. Der Pagode können in Chinas wie bereits dem indischen Stupa, von dem sie sich ableitet, unterschiedliche Funktionen zukommen. Der Stupa selbst hat sich in Indien aus der Form des mit einem Ehrenschirm bekrönten Grabhügels herausgebildet. Nach Buddha Shakyamunis Tod soll seine Asche an indische Fürsten verteilt und von diesen in acht Stupas beigesetzt worden sein. Mit diesem Akt erhielt der Grabhügel eine neue, symbolische Bedeutung. Da der Buddhismus anfangs auf figurative Darstellungen verzichtete, wurde der Stupa – zunächst nichts weiter als ein ummantelter, halbkugelförmiger Grabhügel aus Erde – zu einem der bedeutendsten Symbole des Buddhismus. Die Halbkugel (Sanskrit: *anda*) geht ihrerseits auf ältere indische Vorstellungen zurück. Dort symbolisiert sie das Weltenei, aus dem der Kosmos entstand. Interessant ist, dass auch in der indischen Struktur Quadrat und Kugel oder Halbkugel zueinander in Beziehung gesetzt werden. So ruhte der Anda (= Kuppel) gemeinhin auf einem rechteckigen Sockel, der Harmika. Durch den Anda hindurch stieß ein Mast manchmal sogar bis ins Erdreich hinein: Der Yasti ist Symbol des Weltenbaums, des Weltenberges Meru/Sumeru, der Verbindung von Unter-

Mile Fo – Maitreya
Die Darstellung des dickbäuchigen lachenden Buddhas der Zukunft ist zu einem Teil der chinesischen Volkskunst geworden. Diese besondere Darstellung des Maitreya steht in Zusammenhang mit einem Mönch namens Budai, ›Hanfsack‹, der im 10. Jh. nahe Hangzhou gelebt haben soll und als Inkarnation des Zukunftsbuddhas galt. Sein Äußeres verrät viel über seinen Charakter: freundlich, lebensfroh – von menschenferner Askese keine Spur.

Entwicklung vom indischen Stupa zur chinesischen Pagode (von links nach rechts): Großer Stupa von Sanchi (Indien; ca. 3.–1. Jh. v. Chr.), Ruvandeli-Dagoba in Anuradhapura (Sri Lanka, 137 v. Chr.), allmähliche Streckung bis zur Pagode, wie sie eine Wandmalerei in den Mogao-Grotten bei Dunhuang zeigt (6. Jh.)

welt, Erde und Kosmos/Himmel. Ehrenschirme (Sanskrit: *chattra*) zieren den Mast im oberen Bereich, der häufig entweder von einer Vase, Kalasha, oder dem buddhistischen Wunschjuwel Chintamani bekrönt wird.

Der Stupa (auf Sri Lanka Dagoba, in Tibet Chörten, in Thailand Chedi genannt) war Grabhügel, konnte Reliquienschrein oder Gedenkbau sein oder wurde als Votivgabe in Verehrung Buddhas errichtet. Aus dieser schlichten Grundform entwickelte sich im Lauf der Jahrhunderte die typische chinesische Pagode mit auskragenden Dachkränzen, die mehrgeschossig und zumeist im Inneren begehbar ist. Interessant ist, dass in China – wie so oft – eine Sinisierung stattgefunden hat. Aus dem Rundbau Indiens entstand eine vieleckige Struktur, wobei sowohl die Anzahl der Seiten des Polygons als auch die Anzahl der Stockwerke nun einen Zusammenhang mit eigenständigen chinesischen Weltvorstellungen besitzen. Während der vieleckige Grundriss stets eine gerade Seitenanzahl aufweist und damit Yin (weiblich) ist, ist die Anzahl der Geschosse immer ungerade, Yang, männlich. Chattras sowie Kalasha oder Chintamani als oberer Abschluss finden sich wie beim Stupa.

Eine der Doppelpagoden von Suzhou

Neben diesen gängigen Tempelstrukturen finden sich in China, insbesondere in den Orten entlang der alten Seidenstraße, bedeutende buddhistische **Höhlentempel**, die zum Teil auf die Frühzeit des Buddhismus in China zurückgehen. Hierzu zählen

Pagode und Fengshui

Die Sinisierung der Pagode geht noch weiter. So findet sie sich in China eben nicht nur im Kontext buddhistischer Heiligtümer, sondern auch eingesetzt als Mittel chinesischer Geomantik, des Fengshui. Eine Pagode wirkt wie eine Akupunkturnadel als ›Kräfteregulator‹, vermag Energieströme umzuleiten, so etwa schlechte Energien von einer Stadt oder einem Bauwerk abzulenken. Ein schönes Beispiel liefert die Liuhe Ta, die Pagode der Sechs Harmonien, am Stadtrand von Hangzhou. Erstmals wohl im Jahr 970 am Ufer des Qiantang-Flusses errichtet, um die Stadt vor den herbstlichen Springfluten zu schützen, wurde sie Anfang des 12. Jh. zerstört – und eine Flutwelle zog die Stadt in Mitleidenschaft. Die Bewohner sorgten daraufhin zügig für ihren Neubau, damit die regulierende Kraft der Pagode wieder wirken möge. Die hölzerne Pagode, deren Ziegelmauerkern auf die Song-Zeit (960–1279) zurückgeht, steht noch heute.

etwa die Mogao-Grotten bei Dunhuang, die Grotten von Kizil, von Kumtura, am Maiji Shan, die Longmen-Grotten bei Luoyang oder die Yungang-Grotten bei Datong. Architektonisch betrachtet handelt es sich zumeist um rechteckige, in den Fels getriebene Kulträume, die häufig in der Mitte einen Pagodenpfeiler aufweisen. Dieser Pfeiler ist rundum mit Kultnischen verziert, die überwiegend Darstellungen von Buddhas und Bodhisattvas bergen. Die Wände sind reich ausgemalt mit Szenen aus Buddha-Ländern, mit buddhistischen Moralgeschichten und Szenen aus den früheren Leben Buddhas oder mit aus dem Stein geschlagenen Reliefs und mit in Lehm über Holzrahmen modellierten Plastiken ausgestaltet. Zum Teil besetzen gewaltige Monumentalskulpturen die Grotten (aus Fels gehauen oder über Gestellen modelliert). Häufig scheinen hölzerne Galerien, wieder im Stil chinesischer Dächer und Bauten, die Höhleneingänge geschützt zu haben (heute meist zerstört).

Die Tang-zeitliche Höhle Nr. 158 der Mogao-Grotten bei Dunhuang birgt eine 18 m lange liegende Buddha-Statue: Buddha Shakyamuni geht ins Nirvana ein.

Die Geomantik reicht weit in die chinesische Geschichte zurück. Vermutlich haben bereits bei der Anlage der Shang-Hauptstadt Anyang, zumindest aber bei den Königsgräbern der Shang, geomantische Überlegungen eine Rolle gespielt.

Die Hauptaufgabe des Fengshui besteht traditionell darin, optimale Standorte für Gebäude oder Grabanlagen ausfindig zu machen oder zu ermitteln, mit welchen kleinen Veränderungen die Gesamtbeschaffenheit bzw. -atmosphäre eines Ortes verbessert werden kann. Ziel des Fengshui, der Lehre von Wind (*feng*) und Wasser (*shui*), ist es, dem Menschen ein harmonisches Leben mit seiner Umgebung zu ermöglichen. Die Lehre basiert letztlich auf dem Wissen um die Zusammenhänge von Mikro- und Makrokosmos, von Erde und Kosmos, Mensch und Kosmos. Besondere Bedeutung kommt hierbei den Energieströmen, den Strömen der Lebenskraft (*qi*) zu, die gemäß daoistischer Vorstellungen durch so genannte Drachen-Adern vom Himmel/Kosmos zur Erde und umgekehrt strömt. Die Erde wird als Organismus aufgefasst: So spricht das Buch »Guanzi« 4./3. Jh.) etwa von Bächen und Flüssen als den »Arterien und Venen« der Erde. Wichtig ist, dass die Energieströme ungehindert fließen dürfen: auf der Erde nicht anders als im menschlichen Körper, wo die Drachen-Adern gemeinhin als Meridiane bezeichnet werden(s. S. 80).

Grundsätzlich lassen sich zwei Hauptrichtungen der Fengshui-Schulen unterscheiden (die aber teils gemeinsam angewandt werden): die Kompass-Schule, für die der geomantische Kompass das entscheidende Hilfsmittel bildet, und die Landschafts- oder Formschule, die sich an den wahrnehmbaren Gegebenheiten der Umgebung, also etwa an Flussverläufen, Hügeln etc. orientiert. Die Form von Hügeln oder der Verlauf von Tälern verraten beispielsweise etwas über den Verlauf der erwähnten Drachen-Adern, die keinesfalls verletzt werden dürfen. Darüber hinaus kommt hier der Lehre von den Fünf Elementen besondere Bedeutung zu. Da jedem Element eine Richtung, eine Farbe, eine Eigenschaft zugeordnet ist (s. auch S. 80), lassen sich durch geschickte Kombinationen und Ergänzungen auch weniger gute Fengshui-Konstellationen verbessern.

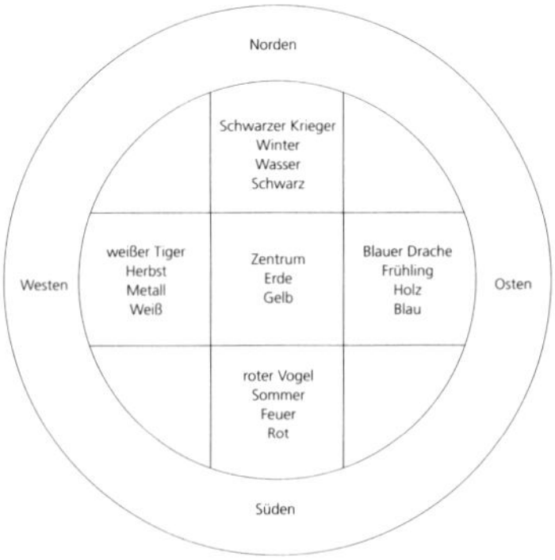

Die Fünf Elemente und ihre Beziehungen. Jedem Element wird eine Richtung, Eigenschaft und Farbe zugeordnet.

Wie sieht nun eine geomantisch gute Lage für den Bau eines Hauses aus? Ein wunderbares Beispiel liefert die Grabanlage der Ming-Herrscher in der Nähe von Beijing. Das Gräbertal ist im Norden, Westen und Osten von Hügeln umgeben, was insbesondere verhindert, dass das Böse die Ruhestätten beeinträchtigen kann, denn in der traditionellen chinesischen Vorstellung kommt das Böse stets aus dem Norden. Wenn nun im Norden keine Hügel verlaufen, so kann man beispielsweise einen solchen aufschütten und sich so vor negativen Energien schützen. Andersherum ist es natürlich auch wichtig, positiven Energien den Zutritt in ein Gebäude zu erleichtern. Modernes Zeugnis derartiger Bemühungen ist der Neubau der Hongkong & Shanghai Banking Corporation in Hongkong: Fengshui-Experten hatten festgestellt, dass unter dem Bauplatz Drachen-Adern positive Energieströme transportierten. Sie entwickelten ein komplexes Rolltreppensystem, um diese positive Energie ins Innere des Gebäudes zu lenken.

Ein weiteres Beispiel aus Hongkong bilden die Repulse Bay Apartments, die sich wie eine riesige Meereswelle vor einer Hügelkette auftürmen. Auffällig ist vor allem die quadratische Aussparung in diesem Apartmentkomplex. Der Grund hierfür: Ein Geomantiker hatte festgestellt, dass das Gebäude die Flugbahn eines Drachen behindere – um diesen ungehindert passieren und damit positive Energie strömen zu lassen, entschloss man sich zu der wirtschaftlich durchaus kostspieligen Aussparung.

Bei den Repulse Bay Apartments auf Hongkong Island hat man im Wohnblock eine quadratische Öffnung ausgespart, um die Flugbahn eines Drachen nicht zu stören.

Fengshui-Berater werden auch für die Inneneinrichtung von Wohnungen zu Rate gezogen: Je nach geomantischer Lage des Hauses muss vielleicht eine Tür anders positioniert, eine Pflanze aufgestellt oder mit bestimmten Farben gearbeitet werden, wobei hier der Lehre von den Fünf Elementen eine wichtige Rolle zukommt. Grundsätzlich ist es zunächst einmal positiv, wenn sich alle fünf Farben – Schwarz, Gelb, Grün, Rot und Weiß – in oder an einem Haus finden, denn dann sind alle Elemente vertreten – die Harmonie ist hergestellt. Ziel ist es, eine möglichst positive Situation für die Bewohner herzustellen.

Shang-Zeit (um 1660–1050 v. Chr.)
Alte Quellen berichten von Vergnügungsjagden.
Zhou-Zeit (um 1050–226 v. Chr.)
›Tiergärten‹ sind belegt, in denen Fürsten Jagdpartien veranstalten.
Qin-Zeit (221–206 v. Chr.)
Bauwerke und Terrassen werden in Parkanlagen integriert. Der Shanglin-Park des Qin Shihuangdi ist erstmals eine Nachbildung des Kaiserreichs im Kleinen. Weiterhin werden Jagden bzw. quasi-militärische Manöver veranstaltet.
Han-Zeit (206/202 v. Chr.–220)
Neben den kaiserlichen Parks entstehen erste private Gärten.
140–87 v. Chr.
Han Wudi führt das Element der Paradiesinseln in seinen Park ein, hofft so, die Unsterblichen herbeilocken zu können.
ab dem 3. Jh.
In den Privatgärten gewinnen die daoistische Naturphilosophie und die Verbindung von Kalligraphie, Dichtkunst, Malerei und Gartenkunst an Bedeutung.

Von alters her gestaltet sich das Verhältnis von Natur und Mensch in China anders als in westlichen Ländern. Der Mensch betrachtet sich als Teil der Natur und Teil des Kosmos. Die auf ein und dasselbe Prinzip zurückgehenden Gesetze des Kosmos und der Natur gelten auch für den Menschen. Dies erklärt die Andersartigkeit chinesischer Gärten, die nichts gemein haben mit den prunkenden, akkurat arrangierten, symmetrisch angelegten Gärten mit ihren sorgfältig gestutzten Hecken, Blumenrabatten und geometrisch geformten Teichen des Barock in Europa. Chinas Gärten, ob kaiserlicher Park oder Literatengarten, bestechen ob ihrer Natürlichkeit, dem Zusammenspiel von Land, von Felsen und Wasser, Bäumen und Blumen, von gewundenen Wegen und architektonischen Elementen.

Ein großer Park in China birgt meist kleinere Gärten, die verschiedene Szenerien wiedergeben (Landschaften, die sich auf Gedichte oder Bilder beziehen) bzw. bestimmten Zwecken dienen. So wird in einem Garten vielleicht vor allem musiziert, in einem anderen

Im Garten der Augenweide (Daguan Yuan) bei Shanghai

werden besondere Vögel betrachtet oder seltene Blumen gezüchtet – und alles bildet eine Gesamtanlage.

Charakteristisch ist auch die enge Verbundenheit von Landschaftsmalerei und Gartenkunst. Gärtner orientierten sich an Gemälden, aber umgekehrt ließen sich Maler von bestehenden Gärten anregen. Auch die Dichtkunst nahm Einfluss. Gerne verwendete man ein Zitat aus einem Gedicht als Inspiration zur Gestaltung eines Gartenbereichs. Das Thema Garten kommt immer wieder in der chinesischen Literatur vor. Ein schönes Beispiel hierfür bildet etwa »Der Traum der Roten Kammer« (s. S. 178): Der darin beschriebene Garten der Augenweide wurde wiederholt nachgestaltet (Daguan Yuan in Shanghai, in Beijing).

Tang-Zeit (618–906)
Der Dichter Bai Juyi (772–846) baut sich seine ›Grashütte‹. Er, wie auch Su Dongpo (1036– 1101), tragen zur Gestaltung einer der schönsten Gartenlandschaften Chinas bei: dem Gebiet um den Westsee bei Hangzhou.
Qing-Zeit (1644–1911)
Der Alte Sommerpalast (Yuanmingyuan) bei Beijing, 1709 auf Veranlassung des Yongzheng-Kaisers auf 340 ha konzipiert, birgt europäische Architekturelemente. Er wird 1860 von alliierten Truppen zerstört.
Der Sommerpalast (Yiheyuan) bei Beijing wird in seiner heutigen Struktur geschaffen.

Die Anfänge der chinesischen Gärten

Schon für die Shang-Zeit berichten alte Quellen von **Jagdveranstaltungen**, die Vergnügungscharakter besaßen. In der Zhou-Zeit gab es dann bereits ›Tiergärten‹, *you*, weitläufige Parkanlagen, in denen die Fürsten Jagdpartien veranstalteten. Allmählich ging man dazu über, Pavillons, Paläste oder Terrassen in diese Anlagen zu integrieren, was bereits für die Qin-Zeit belegt ist. Dem Reichseiniger Qin Shihuangdi diente der Shanglin-Park auch zur Demonstration der Macht: Er ließ in seiner Stadt die in den besiegten Staaten zerstörten Paläste nachbauen und Pflanzen und Tiere aus seinen Vasallenstaaten in die Nähe seiner Hauptstadt bringen. Hier tritt der Park erstmals als Nachbildung des Kaiserreichs in Erscheinung. Auch in der Han-Zeit spielten diese beiden Aspekte eine große Rolle.

Zu den ersten großen kaiserlichen Parks zählten jene, in denen die Herrscher mit ihrem Gefolge auf die Jagd gingen.

Heilige Berge
Berge gelten in China als Ort der Kontemplation, des geistigen Sich-Versenkens. Ihre oft nebelverhangenen Gipfel besitzen eine mystische Aura, die sie hierfür geradezu prädestiniert. Nicht von ungefähr gibt es in China zahlreiche heilige Berge – sowohl des Daoismus als auch des Buddhismus.

In den kaiserlichen Parks wurden sowohl quasimilitärische Übungen (manche Jagd war wie ein militärisches Manöver arrangiert und demonstrierte so die kriegerische Macht des Reichs gegenüber den ›Barbaren‹) als auch Rituale abgehalten. Im Park wie in der Natur trat der Mensch auf besondere Weise mit dem Kosmos in Berührung. Und dieser Aspekt – das rituell-symbolische Element – hat der chinesische Garten nie vollständig verloren.

Manch chinesischer Herrscher ebenso wie viele Daoisten haben nach der Unsterblichkeit gesucht. Während der Reichseiniger Qin Shihuangdi noch Expeditionen aussandte, um das Elixier der Unsterblichkeit zu finden, beschritt der Han-Kaiser Wudi einen anderen Weg. Er ließ einen paradiesischen Garten anlegen, zu dem u. a. ein See gehörte, aus dem sich drei bizarr geformte Felsen erhoben. Diese drei Felsen oder Felsinseln stehen für die Inseln der Unsterblichen (auch Inseln der Seligen oder Paradiesinseln genannt: Penglai, Yingzhou und Fangzhang), jenem Ort im fernen Ostmeer, der die Heimat der Acht Unsterblichen (*ba xian* oder *ba xianren*) sein soll. Mit seinem Park und den Nachbildungen der Inseln hoffte der Herrscher, die Unsterblichen herbeilocken zu können. Im selben Kontext sind Grotten in Gartenanlagen zu sehen, denn auch in unterirdischen Höhlen sollen die Unsterblichen leben. Felsaufhäufungen erinnern an die dritte Wohnstatt der Xianren, das Kunlun-Gebirge (s. S. 92).

Schroffe Felsen und dunstverhangene Landschaft: der Wuyi Shan in der Provinz Fujian

Elemente des chinesischen Gartens

Berge/Felsen und Wasser bilden zentrale Elemente in der chinesischen Gartenkunst – und stehen für die Landschaft an sich. Im Chinesischen heißt Landschaft *shanshui* (*shan* = Berg, *shui* = Wasser), die Berge bilden das Knochengerüst der Erde, die Flüsse ihre Adern. Wie bereits erwähnt gelten bestimmte Gebirge oder Felsinseln als Sitz der Unsterblichen, andere als Sitz lokaler Gottheiten oder buddhistischer Bodhisattvas. Darüber hinaus symbolisieren Berge und Felsen die positive, männliche Kraft Yang, während das weiche Wasser für das weibliche Prinzip Yin steht (s. S. 77). Eine Verknüpfung beider Elemente versinnbildlicht wiederum das Yin-Yang-Prinzip.

Felsen wurden von den Chinesen seit jeher verehrt oder bewundert. Felsen im Garten sind häufig bearbeitet bzw. mit weiteren Felsen, Steinen und/oder Erde zu Ensembles kombiniert: Sie sollen schroff und uneben, wild und unzugänglich wirken, doch die echte Wildnis ist nicht das, was der chinesische Gartenfreund schätzt. Wichtig ist, dass sie die ihnen innewohnende Kraft, *qi*, ausströmen und dass ihre Komposition ein Bild entstehen lässt. Besondere Felsen oder Steine sind begehrte Sammlerobjekte. Dies trifft insbesondere auf Felsen aus dem Tai Hu, einem riesigen See bei Wuxi am Unterlauf des Yangzi, zu. Diese oft stark durchlöcherten Kalksteinbrocken gelten als einzigartig und bizarr – je bizarrer, ungewöhnlicher geformt, umso wertvoller ist ein solcher Stein. Andererseits gibt es Felsen, die weniger spektakulär erscheinen, aber ausgewählt werden, weil sie Wolken, Bäumen, Pflanzen oder Tieren ähneln. So birgt der Löwenwald (Shizi Lin) in Suzhou Felsbrocken, deren Form an Löwen oder Löwenhäupter erinnert.

Im Garten der Residenz des Prinzen Gong in Beijing steht dieser 5 m hohe Taihu-Fels, der Dule Feng (Gipfel der Selbsterfreuung). Taihu-Felsen zählen zu den kostbarsten Elementen in chinesischen Gärten.

Wasser ist Yin, steht für das weibliche Prinzip. Wasser gehört zur Fruchtbarkeit der Erde. In klassischen chinesischen Gärten findet sich Wasser in Gestalt von Seen oder kleinen Bachläufen, wobei letztere wie in der freien Natur über Felsen hinabplätschern können. Springbrunnen oder Wasserspeier sind selten, wurden von den Literatengärtnern abgelehnt. Sie verwendeten höchstens skulptierte Drachenköpfe, aus denen dann wie aus einem Quell Wasser sanft gurgelnd sprudelte. In kaiserlichen Anlagen hingegen finden sich immer wieder Springbrunnen oder kunstvolle ›Wasserspielzeuge‹, deren Gestaltung beispielsweise in lebensgroßen Tierfiguren, die per Wasserspei die Stunde verkündeten, gipfelt (diese hatte Pater Benoît im Auftrag des Qianlong-Kaisers für den Yuanming Yuan in Beijing geschaffen, der Anfang des 20. Jh. von alliierten Truppen zerstört wurde). Die Seen wiederum bestehen selten aus einer großen Wasserfläche, sondern sind meist unterteilt, gewunden, kleine Teilbereiche sind miteinander verbunden, von Brücken überspannt oder mit Pavillons auf Pfählen besetzt.

Päonien, Chrysanthemen, chinesische Rosen, Jasmin und Forsythien, Pfirsiche und Apfelsinen – sie wären uns unbekannt, hätten sie nicht den Weg aus China nach Europa gefunden. Wichtig für das Arrangement von **Blumen und Pflanzen** ist, dass ein malerisches Bild entsteht – eine Gesamtkomposition, zu der selbstverständlich alle Elemente der Gartenkunst beitragen. Kontraste sind erwünscht: Hell wird mit dunkel, zart mit kräftig kombiniert. Hinzukommt der **Symbolgehalt** zahlreicher Pflanzen.

Kiefer, Pflaume und Bambus heißen auch »die drei Freunde des Winters«, die chinesische Pflaume (Winterpflaume) blüht als erste Pflanze, wenn der Winter noch gar nicht vorüber ist. Sie symbolisiert den Winter und kündigt den Frühling an, steht für Ausdauer und weibliche Anmut. Mit dem Bambus wird Biegsamkeit und Standhaftigkeit verbunden – das Ideal eines Adligen oder eines Beamten, der sich in schlechten Zeiten vielleicht beugt, aber nicht zerbricht. Die Kiefer assoziiert man mit langem Leben. Gleiches gilt für den Pfirsich (man denke an den Garten der Königinmutter des Westens, die dort die Pfirsiche des Langen Lebens züchtet; s. S. 92).

Der Lotos
»Er taucht auf aus dem Schlamm, doch ist nicht beschmutzt; er ruht bescheiden auf dem klaren Wasser; im Inneren leer, doch nach außen aufrecht, weder behindern noch verzweigen sich seine Stiele. Sein subtiler Duft durchdringt die Luft in nah und fern. Ruhend in seiner strahlenden Reinheit, sollte der Lotos aus der Ferne bewundert und nicht durch aufdringliche Annährung dem Gewöhnlichen anheim gegeben werden.« (Zhou Dunyi,»Zhou lianxi zhi«, 8, 139)

Der Lotos wiederum steht für Reinheit (und im buddhistischen Kontext für die Erleuchtung, die ein jeder erlangen kann: Mit seiner Wurzel steht er im Schlamm des Teichs, doch seine Blüte streckt sich strahlend weiß dem Himmel entgegen), die Päonie assoziiert man mit Weiblichkeit und Wohlstand. Der Duft der Orchideen macht diese zum Symbol für Aufrichtigkeit: Ihr Duft ist zart und interessant, subtil und dennoch betörend – wie die Freundschaft zu einem Ehrenmann.

Lotosblüte

Ein beliebter Baum im chinesischen Garten ist die Trauerweide, die gern an Gewässern gepflanzt wird und als Frühlingszeichen gilt. Daneben finden sich unzählige weitere Bäume, Sträucher, Kräuter und Blumen, von Maulbeerbäumen über Pauwlonia oder Catalpa, Begonien, Baumpäonien (*mudan*) bis zu Heilkräutern.

Chinesische Gärten sind von einer Mauer umgeben, **Mauern** finden sich auch in ihrem Innern, zur Abgrenzung eines Gartens im Garten, um Pflanzen zu stützen etc. Die inneren Mauern sind häufig geschwungen, ihre Mauerkante ist mit Keramikziegeln bestückt, oft als Drachenleib gestaltet. Auffällig sind die vielfältigen **Fenster- und Torformen**, die die Mauern durchbrechen. Selten erblickt der Besucher ein rechteckiges Fenster, eine rechteckige Öffnung. Statt dessen gibt es runde Mondtore, flaschenförmige Tore, Tore in Blüten- oder Vasenform, als Fächer gestaltete Fenster etc. Durchgänge wie Fenster sollte man stets auch als Rahmen für die dahinter liegende Szenerie verstehen. Manche Formen besitzen darüber hinaus besondere Symbolkraft. Das Rund des Mondtores ist Synonym für den Himmel (rund = Himmel, Quadrat = Erde), gilt ästhetisch als idealer Rahmen für die dadurch zu erblickende Szene – und die Besucher müssen ein vollständig rundes Tor einzeln durch-

Geschwungene Unterteilungsmauer mit Drachenkopf in einem Garten

Mondtor

schreiten: Die Wölbung zwingt dazu, es mittig zu queren, was den Akt des Eintritts betont. Durchschreitet man ein flaschenförmiges Tor, so betritt man ein ›Reich des Friedens‹: Flasche heißt auf Chinesisch *ping*, was sich wie das Wort für Frieden ausspricht. Die Fensterformen variieren stärker als die Torformen, sie können mit filigranem Maßwerk ausgefüllt sein, sind nicht verglast und von rein dekorativem Charakter.

Typisch für chinesische Gärten sind überdachte **Wandelgänge**, die farbig gefasst sind, wobei die Motive verspielt und floral sind oder auch Geschichten erzählen können. Sie winden sich durch einen Park, verbinden Gebäude und teilen die Landschaft ein. Ähnlich wirken Wege und Brücken. **Wege** in chinesischen Gärten können kunstvoll gepflastert sein: Aus Kieselsteinen entstehen herrliche Muster oder Bilder. **Brücken** – einfache Steinsetzungen, geschwungen oder im Zickzack sich dahin windend – überspannen kleine Bachläufe oder führen auf Inseln oder Pavillons im Teich.

Zu chinesischen Gärten gehören **Gebäude**: Pavillons, Studios zum Malen, zum Diskutieren oder Musizieren. Ein Gebäude domestiziert, ›zähmt‹ die Natur. Ein Garten soll natürlich sein, aber nicht der Wildnis entsprechen – ein Pavillon, ein Studio, ein steinernes Boot auf dem Wasser helfen, diese Wirkung zu erzielen. Und sie bieten dem Besitzer ein Refugium, um sich aus

Die 17-Bogenbrücke überspannt den Kunming-See im Sommerpalast von Beijing.

Pavillon in einem kleinen See in der Residenz des Prinzen Gong. Die schmalen Felsspitzen am Ufer des Sees können einerseits Bambus symbolisieren, andererseits erinnern sie an die Landschaft des Steinwaldes von Lun'an in der Provinz Yunnan.

dem Getriebe der Stadt, des Alltags zurückzuziehen und sich entspanntem Genuss hinzugeben. Dementsprechend verzichtet man im Garten normalerweise auf die streng axiale Anordnung, wie sie für die chinesische Bauweise typisch ist.

Eine weitere Besonderheit chinesischer Gärten ist, dass sich ihre Wirkung nicht allein aus dem Garten selbst ergibt, sondern dass die umliegende Landschaft einbezogen wird. Man spricht hierbei von **›geliehener Landschaft‹**. Sie bildet den passenden Hintergrund oder einen Raum, in den sich der Garten fortzusetzen scheint. Gerne bildet man auch Landschaften aus anderen chinesischen Gegenden en miniature nach – eine andere Form ›geliehener Landschaften‹. So findet sich etwa im Beijinger Sommerpalast ein künstlicher Flusslauf, der an die von Kanälen durchzogene Gartenstadt Suzhou erinnert.

Kaiserliche Gärten und Parks

Die kaiserlichen Parks blicken in China auf eine lange Tradition zurück. Die oben erwähnten Jagdparks gehören mit zu den ersten kaiserlichen Gärten. Das Streben der Herrscher nach Unsterblichkeit ließ Darstellungen der Inseln der Unsterblichen zu einem beliebten Element werden, und nicht zuletzt ergötzten sich die Herrscher mit Vorliebe an der Schönheit

Kaiserliche Parks
Das Anlegen der kaiserlichen Parks war stets mit großem Aufwand verbunden. Kaiser Huizong der Nördlichen Song-Dynastie etwa, der vor allem für seine Malkunst berühmt werden sollte (s. S. 30), ließ mit großem Aufwand bizarr geformte Felsbrocken und Steine in Südchina sammeln und in seine Residenzstadt im Norden bringen. Hierfür war es erforderlich, Brücken abzureißen und Dämme einzuebnen.

und den Schätzen ihres Reichs, sodass die Welt und ihre Schätze im Kleinen ebenfalls ein häufiges Motiv bildeten.

Schon relativ früh lassen sich Unterschiede zwischen den Gärten des Nordens und des Südens feststellen. Während sich der Norden primär an den Vorbildern der Qin- und Han-Zeit orientierte, ließ man sich in den südlichen Reichen Chinas stark von den daoistischen und buddhistischen Gedanken der Weltflucht, des Rückzugs in die Natur beeinflussen. Dennoch lassen sich für die kaiserlichen Gärten Grundmuster erkennen, die sie von den Gelehrtengärten unterscheiden. So weisen bzw. wiesen sie häufig einen Bereich auf, in dem der Herrscher seiner Regierungsarbeit nachgehen konnte. Ein anderer Sektor war dem alltäglichen Leben und Wohnen vorbehalten.

Die Gebäudekomplexe in den kaiserlichen Parks waren oft gemäß der klassischen Achsensymmetrie angeordnet. Allerdings sind die Gebäudeformen vielfältiger, weniger streng: Statt der hochrangigen Walmdächer finden sich einfachere Dachformen, und die Ziegel sind oft schlicht grau gehalten. Man kann drei Typen kaiserlicher Gärten unterschieden: die Gärten innerhalb des Palastes (z. B. der Kaiserliche Garten im Kaiserpalast von Beijing), die Gärten in Hauptstadtnähe (etwa der Yiheyuan/Sommerpalast bei Beijing) und so genannte Sommerresidenzen wie in Chengde.

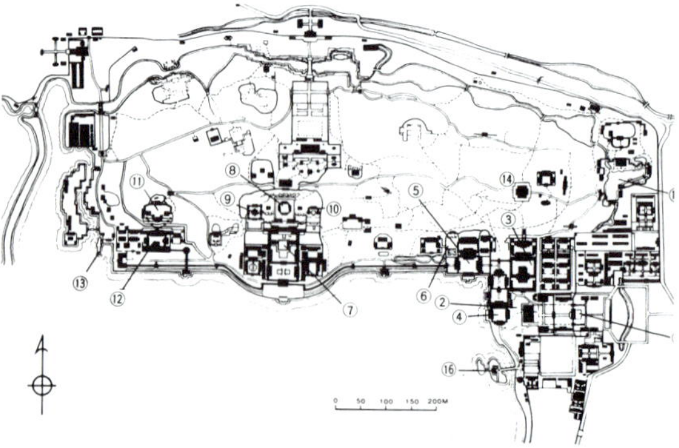

Sommerpalast
1 Osttor
2 Halle der Menschlichkeit und des Langen Lebens
3 Große Theaterbühne
4 Halle der Jadewellen
5 Halle der Freude und des Langen Lebens
6 Entfachung des Windes der Menschlichkeit
7 Halle des Zerteilens der Wolken
8 Turm des Buddha-Duftes
9 Bronzepavillon
10 Drehbarer Speicher
11 Vergnügen im Gemalten Bilde
12 Haus zum Hören des Pirols
13 Steinernes Schiff
14 Turm des Mächtigen Glücks
15 Garten der Harmonie und des Vergnügens
16 Pavillon des Frühlingsahnens

In einer Insel mitten im Nördlichen See im Beijinger Beihai-Park, der westlich an den Kaiserpalast anschließt, erhebt sich eine weiße Pagode als Teil eines buddhistischen Tempels.

Die Literatengärten – private Gärten

Bereits in der Han-Zeit gab es neben den kaiserlichen Parks private Gärten. In den Gärten der Privatleute sollten nach dem Ende der Han-Zeit, also etwa ab dem 3. Jh. n. Chr., zwei Aspekte verstärkt zum Tragen kommen: die daoistische Naturphilosophie und eine einzigartige Verbindung aus Dichtkunst und Kalligraphie, Malerei und Gartenkunst. Dies resultierte einerseits daraus, dass sich viele Beamte und Gelehrte, als ihr Herrscherhaus die Macht verlor, in den Süden Chinas zurückzogen. Sie lebten in Gegenden, die ihnen fremd und wild, aber auch dank des üppigen Pflanzenwuchses und sanfter Hügel bestechend schön erschienen. Andererseits entwickelte sich die Stadt Suzhou zu einer Stadt der reichen Kaufleute, die – ebenso wie Beamte – ihr Geld in Haus- und Grundbesitz anlegten und darin wetteiferten, die schönsten Gärten zu schaffen. Hier wollten sie entspannen, dichten, malen, musizieren und sich im Alter zur Ruhe setzen. Dichter und Maler kamen in die Stadt, die ihnen wunderbarste Voraussetzungen für ihr Schaffen bot. Noch heute finden sich in Suzhou die wohl berühmtesten und künstlerisch wertvollsten Gärten Chinas. Charakte-

Musizieren unter Bananenstauden im Garten, Ausschnitt aus einer Querrolle von Qiu Ying, 16. Jh.

Garten der Politik des Einfachen Mannes

1 Eingang
2 Halle des Fernen Duftes
3 Pavillon des Rohrschilfs
4 Kleiner Fliegender Regenbogen
5 Kleines Wassergrün
6 Duftinsel
7 Pavillon Lotoswind auf Vier Seiten
8 Pavillon Schneeduft und Wolkenüppigkeit
9 Pavillon der Grünen Wellen
10 Verborgene Klause zwischen Wutong-Baum und Bambus
11 Pavillon der Bestickten Seide
12 Haus der Zierlichkeit
13 Pavillon des Horchens auf den Regen
14 Haus des Erblickens der Berge
15 Ein anderes Himmelreich
16 Halle des Umgekehrten Schattens
17 Pavillon des Mit-jemandem-Zusammensitzens
18 Pavillon der Günstigen Zwei
19 Haus der 36 Mandarinenten
20 Halle des Bleibens und Horchens
21 Halle des Schwimmenden Grün

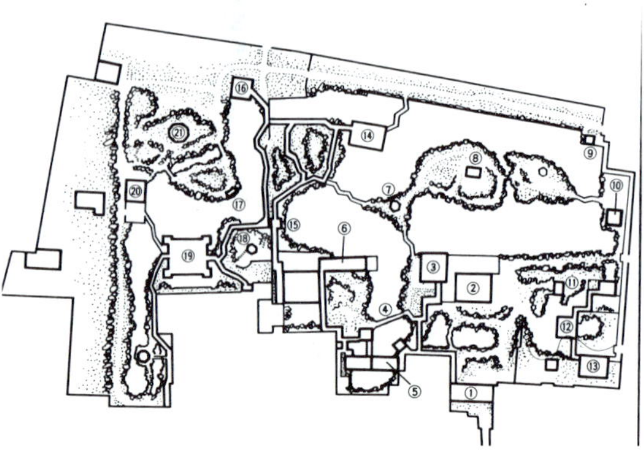

ristisch für sie ist ihre verwinkelte, vielgestaltige Anlage und das Spiel mit Assoziationen zu Dichtung und Malerei.

Nahe liegend ist hierbei auch die Verbindung von daoistischer Naturbetrachtung und der Gestaltung von Gärten. Gärten bieten ein wundervolles Beispiel für alles Werden und Vergehen, für den Zyklus allen Seins, so wie ihn der Daoist wahrnimmt (s. S. 77). Der Daoist möchte mit diesem ewigen Zyklus in Einklang gelangen. So finden sich einerseits Umsetzungen des Ideals des daoistischen, in Bescheidenheit lebenden Einsiedlers, der sich in Harmonie mit der Natur befindet, andererseits aber auch der üppigere, mit viel Geld angelegte Garten des wohlhabenden Gelehrten, der sich sein Refugium schafft, um sich der Kontemplation hingeben zu können – fern vom geschäftigen Betrieb bei Hof oder als Kaufmann. Der Garten soll – obwohl künstlich angelegt – sanft dahingleiten, das Wasser scheinbar natürlich fließen, Wege sich weich dahinschlängeln. Es werden auch Paarungen gebildet, Szenerien einander paarweise gegenübergestellt: Das Dao drückt sich in Yin und Yang aus, in hart und weich. Wird nur eines dargestellt, ist das andere immanent vorhanden. Anspielungen, Andeutungen, ein Zitat aus einem Gedicht, die Andeutung eines Gemäldes lassen ganze Szenerien vor dem Kennerauge entstehen.

Dichter wie Maler waren oft auch begnadete Gartenarchitekten. Zwei berühmte chinesische Dichter des 4./5. Jh. seien beispielhaft genannt: Tao Yuanming (s. S. 173), berühmt für seine Chrysanthemengedichte, und Xie Lingyun. Tao war nicht wohlhabend, musste schließlich als Bauer seinen Lebensunterhalt verdienen. Doch sein bescheidener Garten und die einfache Behausung, die er besaß, sein Leben mit der Natur galten in späterer Zeit als Synonym für daoistischen Geist. Sein Zeitgenosse Xie hingegen war reich, ein Herzog, spielte bei Hofe lange eine wichtige Rolle, doch war er darüber hinaus auch daoistischer Kräuterkundiger und zog sich für einige Zeit in ein buddhistisches Kloster zurück. Dem erstgenannten Ideal eiferte gewiss der berühmte Dichter Bai Juyi (772–846) nach, der sich am Lu-Berg (Chengdu) eine ›Grashütte‹ erbaute. Er und der große Dichter Su Dongpo (1036–1101) haben ihren Teil zu einer der schönsten Gartenlandschaften Chinas beigetragen: dem Gebiet um den Westsee bei Hangzhou. Die beiden Deiche, die sie als Stadtgouverneure Hangzhous dort errichten ließen, sind ein beliebtes Motiv, das in zahlreichen chinesischen Gärten nachgeahmt wurde.

Der Dichter Bai Juyi hat sich in eine Grashütte zurückgezogen. Ausschnitt aus einer der »Szenen aus einer Grashütte« aus dem 8. Jh.

4. Jh. v. Chr.
Seelenbanner der Marquise (Markgräfin) Dai aus Mawangdui
Han-Zeit (206/202 v. Chr.–220)
Erhaltene Grabmalereien zeigen Porträts, Palastszenen, Festungsanlagen.
Tang-Zeit (618–906)
Die Landschaftsmalerei entwickelt sich zu einem eigenständigen Genre, Weltbildvorstellungen fließen ein.
Zeit der Fünf Dynastien (906–960) und Song-Zeit (960–1127)
Blütezeit der Landschaftsmalerei, neben den Malern der akademischen Tradition gewinnen die Literatenmaler an Bedeutung.
Yuan-Zeit (1260–1368)
Die gegenseitige Beeinflussung von Akademie- und Literatenmalern verändert die Malweise: Dominieren zunächst ›Retromaler‹, setzt sich in der zweiten Hälfte der Yuan-Zeit verstärkt der freie Ausdruck in der Malerei durch.
Ming-Zeit (1368–1644)
Dong Qichang teilt die Malerei der vergangenen Epochen in eine Südliche und Nördliche Schule ein und spricht den Literatenmalern einen höheren künstlerischen Rang zu als den Akademiemalern.

Grabmalereien und Malerei im kultischen Kontext

Spricht man von chinesischer Malerei, so denkt man vor allem an Landschaftsbilder sowie Pflanzen- und Tierdarstellungen sowohl einer akademischen Tradition als auch der Literatentradition. Doch reicht die Geschichte der chinesischen Malkunst in frühere Zeiten zurück, aus denen teilweise die Belege gänzlich fehlen oder nur wenige archäologische Relikte erhalten sind. Diese Malkunst sei zunächst kurz skizziert.

Aus der Zeit der frühen, mit dem **religiösen Kultus** vor Buddhismus und Daoismus verbundenen Malkunst ist bisher kaum etwas gefunden worden. Zu den ältesten Stücken zählen zwei Seidenmalereien aus dem 4. Jh. v. Chr. und das berühmte Seidenbild, ein Seelenbanner, aus dem Grab der Markgräfin Dai aus Mawangdui, das aus der Westlichen Han-Zeit stammt. Es bedeckte den Sarg und zeigt die Verstorbene (kaum auszumachen) umgeben von Symbolen des Himmels und der Erde (Abb. S. 159).

Neben Malereien, die im kultischen Kontext zu sehen sind, muss es in den Palastbauten des Altertums bereits prächtige Wandmalereien gegeben haben, auf die Texte späterer Zeit (Tang- und Song-Zeit) noch Bezug nehmen. Man kann von einer **Repräsentationsmalerei** sprechen. Um eine Vorstellung von der Art der frühen Bildnisse zu gewinnen, lassen sich die Wandmalereien in Gräbern heranziehen, die uns zumindest ab der Späteren Han-Zeit teilweise überliefert sind.

Kaiser Xuandi, dargestellt auf einer Yan Liben zugeschriebenen Querrolle mit Kaiserbildnissen aus dem 7. Jh.

Ziegel aus einem Wei-zeitlichen Grab bei Jiayuguan mit einer Szene der Essenszubereitung

Qing-Zeit (1644–1911)
Niedergang der Akademie-/Berufsmaler, beginnende Differenzierung innerhalb der Literatenmalerei in eine ›orthodoxe‹ und eine Schule der Individualisten.
Beginn des 20. Jh.
Fortsetzung der klassischen Maltradition, vorsichtige Einbindung auch westlicher Elemente
1960er-Jahre
Kunst als Propaganda, sozialistischer Realismus
seit den 1970er-Jahren
Allmählicher Wandel, anfangs primär zugunsten der traditionellen chinesischen Kunst, doch verstärkt heute auch im Austausch mit westlicher Kunst. Herausbildung einer chinesischen Avantgarde

Porträts von Staatsdienern, eine Bankettszene, Stadt- und Festungsanlagen, aber auch – wie etwa auf Ziegeln in den Grabanlagen bei Jiayuguan im Nordwesten Chinas – witzige, skizzenhafte, dabei flächig gemalte Darstellungen von Alltagsszenen und Tieren.

In den Grabanlagen aus der Tang-Zeit, die bei Xi'an freigelegt wurden, finden sich in den Grabgängen und den Kammern viele Szenen, die das Leben bei Hofe und den Kosmopolitismus jener Epoche verdeutlichen. Einmal ist die Palastgarde dargestellt, dann Hofdamen, aber auch zentralasiatische Jäger oder ein Polospiel. Je weiter man sich in die jeweilige Grabanlage hineinbegibt, desto mehr scheint man sich dem Leben im Palast zu nähern.

Im Mausoleum des Prinzen Zhanghuai etwa stößt man schließlich auf Bildnisse chinesischer Beamter, die auf eine Audienz warten, ausländischer fürstlicher Geiseln etc., bis man den Garten erreicht, in dem die Damen bereitstehen, ihrem Herrn das Leben nach dem Tode angenehm und einem Fürsten angemessen zu gestalten. Die einzelnen Malereien scheinen wie Momentaufnahmen, und sogar hier in den Grabbildern zeigt sich die von den Tang-Malern betriebene Perfektion von Gruppenkompositionen – etwa in dem Zusammenklang von Reitergruppen. Die Gesichter sind im Allgemeinen noch ausdruckslos, es bleibt wenig Raum für Individualität.

Wandmalerei
Die Technik chinesischer Wandmalereien, das gilt auch für buddhistische Höhlenmalereien, unterscheidet sich von der bei uns gängigen. Es handelt sich nicht um Freskomalereien im eigentlichen Sinn. Die Farbe wird hier auf den bereits getrockneten Putz aufgetragen.

Grundregeln und Themen der chinesischen Malkunst

Bei der Betrachtung der chinesischen Malerei sollte man stets daran denken, dass in China Malerei mit demselben Begriff wie Kalligraphie, *hua*, bezeichnet wird. Der Pinselstrich, die Linienführung bestimmen die Qualität einer Arbeit.

Das Themenspektrum präsentiert sich zunächst eher eingeschränkt: Während im Altertum insbesondere Menschen und höfische Szenen etc. dargestellt wurden, wandeln sich die Themen insbesondere ab dem 8. Jh. zusehends. Allerdings belegen Texte, dass der Landschaftsmalerei schon früher eine gewisse Bedeutung zukam. So ist eine kurze Abhandlung eines Malers aus dem 4./5. Jh. überliefert, worin jener schreibt, er habe seine bescheidene Behausung mit Landschaften ausgemalt, um diese im Alter ohne Anstrengung durchwandern zu können.

Ab der Tang-Zeit kristallisieren sich die Hauptgenres der chinesischen Malerei deutlich heraus: Neben den bereits erwähnten figürlichen Bildern und Porträts sind Landschaftsmalerei, die Pflanzen- und Tiermalerei und hierbei als Sonderformen die Bambusmalerei sowie die Blumen- und Vogelmalerei besonders populär. Die chinesische Figurenmalerei zeigt zumeist das Leben des chinesischen Adels, der Gentry. Das Leben des gewöhnlichen Volkes hingegen dient höchstens als

Erläuterung der sechs technischen Aspekte der Malerei nach Xie He

1. Die Stimmung und Atmosphäre eines Bildes sollen die Lebenskraft zeigen; d.h. der Geist der Szene soll erfasst und zu Papier gebracht werden, sodass der Betrachter wiederum diesen Geist erfahren kann.
2. Die Pinselführung folgt wie in der Kalligraphie strukturellen Gesetzmäßigkeiten; die Striche bilden das Gerüst, die ›Knochen‹ eines Bildes.
3. Die Dinge sollen ihrer Natur gemäß, realitätsgetreu dargestellt werden.
4. Angemessene Farbgebung (Farbe meint in China zunächst die Abstufung der Skala vom reinen Schwarz der Tusche in zarte Grautöne; bunte Farben werden im Allgemeinen nur zart aufgetragen, wobei der Blau-Grün-Stil eine Ausnahme bildet).
5. Die Komposition soll in sich stimmig sein, dabei wie zufällig wirken.
6. Nachbildung und Kopie – dies bezieht sich auf das Lernen an großen Vorbildern: Zu den höchsten Zielen eines chinesischen Künstlers gehört es, im Stil eines großen Meisters zu malen.

(Xie He, 490 n. Chr., im Vorwort zu seiner Schrift »Gu Huapin Lu«)

romantisches Attribut. Porträts finden sich von Kaisern, hochrangigen Würdenträgern, von buddhistischen oder daoistischen Priestern und Patriarchen oder als Ahnenporträts. Jedoch besitzt dieses Genre in der chinesischen Maltradition keinesfalls die Bedeutung wie im europäischen Raum. Hinzu kommt, dass diese Bildnisse zumeist von ›professionellen‹ Malern geschaffen wurden, während man die wahre Kunst den ›Hobbymalern‹, den Literatenmalern, zusprach.

Materialien, Bildformen und Montierung

Pinsel, Tusche und Reibstein, Seide bzw. Papier (die Erfindung des Papiers in China ist für das Jahr 105 n. Chr belegt) bilden die Utensilien eines chinesischen Malers. Bei den Pinselhaaren handelt es sich zumeist um Haare von Ziege oder Wolf, die Schäfte können aus Bambus, Holz oder Horn gefertigt sein. Die Tusche besteht aus Kiefernruß und Knochenleim, die in Stabform gepresst werden (diese Tuschestäbe oder -blöcke können aufwändig gestaltet sein, in Model bzw. Holzstempel gepresst werden und so selbst kleine reliefierte Kunstwerke darstellen). Der Maler reibt die Tusche auf seinem Reibstein ab und vermengt sie mit Wasser. Neben auf Seide gemalten Bildern findet insbesondere in der Kalligraphie und Tuschmalerei verstärkt seit etwa dem 13. Jh. Papier Verwendung, das aus Bambus, Reisstroh oder auch Hanf hergestellt wurde.

Reibstein aus der Ming-Zeit und Schreibpinsel aus der Qing-Zeit

Anders als im europäischen Raum werden die klassischen chinesischen Bilder nicht ständig an Wänden hängend ausgestellt, sondern jeweils zur speziellen Betrachtung hervorgeholt. Diesem Vorgang entspre-

Kostbare Tuschblöcke aus der Qing-Zeit

chen die Formen der Bilder: Querrollen, Hängerollen und Albumblätter. Die älteste Form ist vermutlich die Querrolle, die viele Meter lang sein kann. Bei Quer- wie Hängerolle werden die auf Seide oder feinem Papier gemalten Bilder auf Seidenbrokat oder festeres Papier aufgezogen, die beim Zusammenrollen dann als Schutzhülle dienen. An einem Ende (bei der Querrolle links, bei der Hängerolle unten) ist normalerweise jeweils ein Rundholz angebracht, um welches die Rolle dann nach der Betrachtung gewickelt wird. Übrigens werden die brokatenen oder papiernen ›Passepartouts‹ häufig von Malerfreunden oder Besitzern genutzt, um nachträglich Besitzstempel, Kommentare u.ä. zu vermerken. Die Albumblätter werden mit einer Art Passepartout gerahmt und dann ebenfalls auf Seide, später auch oft auf Papier aufgezogen und als Album zusammengestellt oder als Leporello zusammengefasst aufbewahrt.

Die Landschaftsmalerei

Die chinesische Landschaftsmalerei ist geprägt von der spezifischen Naturauffassung in China. Es handelt sich um eine aus der daoistischen Betrachtung kommende, emotionale Bindung: Das Sicht- und Hörbare der Natur – ihr Geist – soll zum Ausdruck kommen. So finden sich selten reale, sondern im Allgemeinen ideale Landschaften dargestellt, wobei beim Betrachter das Gefühl erzeugt werden soll, er stünde in der wirklichen Landschaft. Es geht darum, dass der Künstler »seinen Augen vertraut und in Übereinstimmung mit dem Herzen malt« (Zong Bing, 375–443). Doch bis in die Tang-Zeit hinein steht die Landschaft im Grunde noch im Schatten der figürlichen Malerei. Erst allmählich entwickelte sich Landschaft zu einem eigenständigen Thema, befreit sich aus der Rolle, nur Staffage zu sein. Traditionelle Weltbildvorstellungen fließen in die Landschaftsmalerei ein. In Flussläufen und in Berglinien manifes-

Wang Wei (699–759)
Dem Maler und Dichter der Tang-Zeit Wang Wei werden maltechnische Neuerungen zugeschrieben, die für die einfarbige Landschaftsmalerei wichtig werden sollten. Er soll erstmals tiefere Farbtöne gebrochen haben (*pomo*) und eine Innenzeichnung (*cun*) entwickelt haben, um Wege aus der Flächigkeit der monochromen Tuschebilder zu finden.

tiert sich das Qi, der Lebensatem (s. S. 80). Sie sind wie Adern, durch die das Qi fließen kann. Berge und Felsen sind Sammelpunkte des Qi, sie sind Ort der Kraft, Symbol für das allem innewohnende Dao (s. S. 76).

Der Mensch als Mikrokosmos muss sich in den Makrokosmos der Natur und des Universums einfügen. Die Geomantik, die Lehre vom Fengshui, erschließt ihm, von welcher Landschaftsform positive oder negative Einflüsse ausgehen. Er fügt sich und seine Bauten klein und unscheinbar in das Gesamt der Natur und damit der Welt an sich ein. Der Glaube an eine hierarchische Ordnung hinter allen Erscheinungen der Natur kommt ab dem 10. Jh. verstärkt zum Tragen – zu einer Zeit, als auch in der Philosophie der Neo-Konfuzianismus Aspekte des Daoismus stärker integrierte. Mit dem 10. Jh., der Zeit der Fünf Dynastien (906–960) und der Nördlichen Song-Zeit (960–1127), beginnt die **Blütezeit der Landschaftsmalerei** in China.

Fan Kuan,
Reisen zwischen Berg und Strom,
11. Jh., Hängerolle, Tusche und blasse Farbe auf Seide, 155,3 x 74,4 cm, Palastslg. Taizhong, Taiwan

Die Felsen- und Bergdarstellungen gewinnen auf den Hängerollen an Körperhaftigkeit, an Monumentalität und dominieren oft ein Bild, während sich die übrige Landschaft um sie herum gruppiert. Der Pinselstrich gewinnt an Bedeutung, und abgestufte Tuschetöne verleihen dem Bild Tiefenwirkung, wobei die Elemente der Landschaft, und seien sie wie mit Nebelschwaden überzogen, erkennbar bleiben. Auf den Querrollen scheint man bei der Betrachtung den geschwungenen Linien der Berge zu folgen, den Tälern und Flüssen. In der Song-Zeit drückt sich die oben beschriebene Naturauffassung in der Malerei aus. Zu den großen Namen dieser Zeit gehören **Li Cheng**, der bevorzugt Winterlandschaften schuf, und **Fan Kuan** (11. Jh.). Ihnen wurden sogar kosmische Kräfte zugeschrieben, denn ein »wahrer Künstler ... arbeitet mit der gleichen Schöpferkraft wie die Natur selbst und ohne menschliche Willkür«.

Ein Zeitgenosse Fan Kuans war **Guo Xi**, der eine noch dichtere, realere Atmosphäre zwischen Bild und Betrachter schuf. Wieder verhüllen Nebelschwaden Berggipfel, lassen sie in unermessliche Höhen reichen. Details über Details zeichnen seine Werke aus – und doch fügen sie sich in ein perfektes, authentisches Gesamtbild.

Die hier bisher genannten Maler gehören sämtlich der **akademischen Tradition** an, waren Absolventen der Kaiserlichen Malakademie, orientierten sich an alten Vorbildern – auch wenn sie diese teils verwarfen und sich eigenständig weiterentwickelten – und waren oft bei Hofe tätig. Mit dem Jahr 1127 endet die Nördliche Song-Zeit, 1138 wird der Hof unter den Südlichen Song nach Süden, nach Hangzhou, verlegt. Die gänzlich andere Landschaft am Westsee, die weichere, nahezu lyrische Umgebung sollte Einfluss auf die Bilder der Akademiemaler nehmen. Während die Bilder aus dem Norden Chinas von recht harten Konturen, kompakten Formen und Monumentalität geprägt waren, bestimmen nun weiche Tuschelinien, von Nebelschwaden sanft überzogene, geschwungene Hügellandschaften das Bild.

Unter den Malern der Südlichen Song-Zeit fallen insbesondere die Künstler der **Ma-Xia-Schule** durch ihren eigenwilligen Stil auf. Die Schule ist benannt nach den Malern **Ma Yuan** und **Xia Gui**, die Ende des 12. und im ersten Viertel des 13. Jh. tätig waren. Typisch für sie ist eine Darstellung von Landschaftsausschnitten, die aus dem Bildzentrum heraus in eine Ecke gedrängt sind. Daher rührt auch die Bezeichnung »Eineck-Ma« für Ma Yuan. Insgesamt wird der Aspekt der Leere (Wu, s. S. 84) verstärkt in die Bilder einbezogen, die Linie wird reduziert, Konturen lösen sich im Nebel auf – und dennoch bietet die Linie weiterhin den Halt; das Dargestellte bleibt klar erkennbar.

Xia Gui,
Eine reine und eine ferne Ansicht von Flüssen und Bergen,
12./13. Jh., Ausschnitt aus einer Querrolle, Tusche auf Papier, Höhe 46,5 cm, Palastslg. Taizhong, Taiwan

In der Yuan-Zeit, also unter der Herrschaft der Mongolen (1260–1368), beginnt ein neuer Entwicklungsstrang in der Malerei, der sich aus einer gegenseitigen Einflussnahme von **Akademie- und Literatenmalern** erklären lässt. Viele Hofkünstler hatten sich nach dem Sieg der Mongolen in den Süden des Reichs zurückgezogen, die Akademie war aufgelöst. Man suchte neue Wege, und wie so oft taten sich mehrere Möglichkeiten auf. Den wilden Chan- oder exzentrischen Malern wollte man nicht nacheifern, doch der Akademiestil galt als veraltet und zu gefällig. Also suchte man die Lösung einerseits in der Hinwendung zu archaischen Wurzeln und andererseits in der Neuerung schlechthin.

Die Persönlichkeit des Künstlers darf nun Eingang in seine Arbeiten finden: Es geht nicht mehr nur um die

Die Literatenmaler

In der Zeit der Südlichen Song, also ab der zweiten Hälfte des 11. Jh., trat eine neue Gruppe neben die der traditionellen, an klassischen Vorbildern ausgerichteten Akademiemaler: die Literatenmaler (*wenrenhua*) und mit ihnen auch die Chan-Maler. Hochgebildete Laien verbrachten ihre Freizeit mit Malen, Schreiben und Dichten. Der wohl bekannteste Intellektuelle dieser Ära ist **Su Dongpo** (1036–1101): Er war Maler und Dichter, Kalligraph, Schriftsteller – und Staatsmann. Weitere bedeutende Maler aus diesem Kreis waren **Mi Fu** (1052–1109) und **Li Gonglin** (1040–1106). Ihr Ansatz unterscheidet sich in zwei Dingen grundsätzlich vom Ansatz der Akademie: Zum einen muss das Bild nicht notwendigerweise mit dem eigentlich Dargestellten in Beziehung stehen. Vielmehr drückt sich der Künstler als Persönlichkeit aus. Zum anderen fällt damit auch der Anspruch fort, dass der Betrachter des Bildes das Gefühl haben soll, er stünde in einer wirklichen Landschaft. Sie malen Landschaften, aber auch Personen, greifen häufig zur reinen Tuschmalerei mit wagemutigen Pinselstrichen, malen zum Vergnügen und verschenken ihre Werke. Verwischungen und nur wenige reduzierte Konturstriche sind Ausdruck dieser spielerischen Herangehensweise. Werke dieser Künstler sind kaum erhalten, doch Bilder ihrer Anhänger aus den Nachfolgegenerationen dokumentieren noch heute den Stil. Selbiges gilt auch für die Bilder der buddhistischen **Chan-Maler**. Hier muss man ins 13. Jh. voranschreiten und Arbeiten des Abtes **Muqi** und seiner Schüler betrachten.

Mi Youren, **Berge in Wolken,** 12. Jh., Hängerolle, Tusche auf Papier (25 x 29,2 cm), Städtisches Museum Osaka

reale Wiedergabe einer Landschaft. Während in der ersten Hälfte der Yuan-Herrschaft der Rückgriff auf ältere Malstile dominiert, sollte in der zweiten Hälfte dieser Epoche die Literatenmalerei und der freie Ausdruck einem neuen Höhepunkt zustreben. Zu den **›Retromalern‹** zählen **Qian Xuan** und **Zhao Mengfu** ebenso wie **Gao Kegong**, die sich an Vorbildern aus der Nördlichen Song-Zeit oder früher orientieren.

Berühmtheit erlangten schließlich die **Vier Großen Meister** der zweiten Hälfte der Yuan-Zeit: Wu Chen, Huang Gongwang, Ni Zan und Wang Meng, die eindeutig in der Tradition der Literatenmaler stehen. Für Huang Gongwangs Bilder sind Schlichtheit und eine gewisse Kühle charakteristisch, die dem persönlichen Ausdruck des Malers dennoch Raum lassen. Er arbeitet planvoll, beginnt mit stark verdünnter, blasser Tusche, bearbeitet dann allmählich diese Grundlage, konturiert mit höchster Konzentration – und doch wirkt das Ergebnis leicht und spielerisch erzielt; die Linien zeigen sich voller Kraft und Charakter. Huang

Ni Zan

Ni Zan (1301–74) stammt aus Wuxi im Süden Chinas, aus einer wunderschönen Landschaft, geprägt vom Kaiserkanal und dem Tai-See, aus dem die in der Gartenkunst begehrten Taihu-Steine stammen. Mit Anfang 50 begann er eine Art Wanderleben – mit einem Hausboot auf dem Tai-See. Für die Bilder Ni Zans charakteristisch ist sein unorthodoxer Bildaufbau. Häufig verläuft ein breites Wasser quer über das Bild, teilt zwei unterschiedliche Motivblöcke voneinander. Dabei lässt er keine echte Raumwirkung entstehen. Auf einer Wandrolle, datiert 1371, bilden Bäume den Vordergrund des Bildes, dann folgt der Flusslauf und im Hintergrund ragt ein Berg auf. An diesem Bild wird auch die Reduzierung der Natur sehr deutlich, die Ni Zan zur Perfektion entwickelte. Er arbeitete mit trockenen und transparenten Strichen, was nahezu skizzenhaft wirkt. Durch die Monotonie im Bild, die fehlende Raumwirkung und das scheinbar Dilettantenhafte erfüllte Ni Zan ein Ideal der Literatenmaler: Spielerisch soll es sein, ›ruhig/reizlos‹ und ›schlicht/sanft‹ soll das Bild wirken – und so *pingdan* entsprechen, der Ästhetik der ungetrübten Eleganz.

Ni Zan,
Bäume in einem Flusstal in Yushan,
datiert 1371, Hängerolle, Tusche auf Papier (95,3 x 35,8 cm),
Slg. C.C. Wang, New York

ist der Yuan-Maler, der zusammen mit **Ni Zan**, der bewusst die Raumwirkung ignoriert, nahezu monochrome Bilder schafft und den größten Einfluss auf spätere Künstler ausüben sollte. Der letzte der Vier Großen Meister, **Wang Meng**, malt in einem gänzlich anderen Stil. Fast üppig gestaltet er sich auftürmende Landschaften, dicht strukturiert, aus der Bildfläche fast herausdrängend. Während bei Huang Gongwang und Ni Zan die schlichte Stille, die Ruhe und Zurückhaltung im Vordergrund steht, scheinen Wangs Bilder vor Unruhe zu bersten.

In den beiden folgenden Dynastien der Ming und Qing sollte sich die doppelgleisige Entwicklung zwischen historisierenden, an traditionellen Vorbildern orientierten Künstlern einerseits und individualistischen, teils außerordentlich expressiven andererseits Malern fortsetzen. Mit dem Beginn der wieder chinesischen Ming-Dynastie (1368–1644) wurden Maler erneut offiziell als Hofmaler an den Kaiserhof gerufen. Von den Literatenmalern wegen ihres Konservativismus und ihrer niedrigen sozialen Stellung gering geschätzt, sollte kaum einer der Hofkünstler zu größeren künstlerischen Weihen gelangen. Einer von ihnen, **Dai Jin** (frühes 15. Jh.), verließ vielleicht deshalb nach einigen Jahren in kaiserlichen Diensten den Hof und zog sich in seine südliche Heimat bei Hangzhou zurück. Zwar sollte auch er zu Lebzeiten nicht zu Ruhm gelangen, doch ist ihm eine Wiederbelebung der Ma-Xia-Schule zu verdanken, die als so genannte **Zhe-Schule** zu einer kurzen Blüte gelangte. Auffällig ist, dass neben dem

Wang Meng,
Haus am Gezhi-Fluss,
14. Jh., Hängerolle, Tusche und Farben auf Papier

Dai Jin,
Fischer am Fluss,
15. Jh., Ausschnitt aus einer Querrolle, Tusche und Farben auf Papier (Höhe 46 cm), Freer Gallery of Art, Washington, D.C.

Wen Zhengming,
Alte Bäume am Wasserfall,
datiert 1549,
Hängerolle, Tusche und Farbe auf Seide,
194,1 x 59,3 cm,
Palastslg. Taizhong, Taiwan

dezenten Malstil, den sanften Konturen und den zarten Abstufungen der Tuschen, wie sie sich bei Dai Jin oder einem **Wu Wei** (1459–1508) finden, die Bilder dieser Schule häufig durch eine gewisse Unruhe, eine übertriebene Detailfreude, eine zu starke Intensität gekennzeichnet sind – was späteren Kritikern missfiel.

In Suzhou entwickelte sich um die beiden Künstler **Shen Zhou** (1427–1509) und **Wen Zhengming** (1470–1559) die **Wu-Schule**, zu deren Vertretern **Lu Zhi** (1496–1576) und **Chen Shun** (1483–1544) zählen. Sie stehen deutlich in der Tradition der Literatenmaler, etwa eines Ni Zan oder Wu Zhen. Expressive Linienführung, der Mut zum ungewöhnlichen Bildaufbau, aber auch lyrische Stimmungen finden sich bei diesen Künstlern.

Neben diesen Protagonisten der Literatenmalerei wirkten im frühen 16. Jh. auch drei zu den Berufsmalern gehörende Künstler, die zwar in der akademischen Tradition standen, jedoch ebenfalls im Süden um Suzhou lebten und nicht bei Hofe tätig waren. Man kann sagen, dass diese Künstler – **Zhou Chen**, **Tang Yin** und **Qiu Ying** – mit großem künstlerischem Können und persönlichem Genie versuchten, eine Verbindung zwischen der akademischen Schule der Nördlichen Song-Dynastie und der Südlichen Schule der Literaten zu erzielen.

Die späte Ming-Zeit ist geprägt von einer Vielzahl unterschiedlichster Stile und Raum für Individualisten. Als Individualist erweist sich z. B. **Dong Qichang**, der nicht nur selbst als Maler tätig war, sondern die Kunst insofern beeinflusste, als er die Malerei der vergangenen Jahrhunderte in eine Nördliche und eine Südliche Schule einteilte und die Werke der Literatenmaler als künstlerisch deutlich wertvoller einstufte als die Kunst der Akademie.

Was sich in der Ming-Zeit immer stärker andeutete und von Dong Qichang quasi festgeschrieben wurde, war der Niedergang der Berufsmaler, die in der Qing-Zeit schließlich der künstlerischen Bedeutungslosigkeit anheim fielen. Die Differenzierung in Berufs-/Akademiemaler auf der einen und Literatenmaler auf der anderen Seite wird abgelöst durch eine Differenzierung innerhalb der Literatenmaler: Es entsteht eine **›orthodoxe Schule‹** und eine **Schule der Individualisten**. Die so genannten Orthodoxen orientierten sich am oben erwähnten Dong Qichang, standen teils in den Diensten der neuen mandschurischen Verwaltung oder lebten als Privatgelehrte. Zu diesen gehören **Wang Shimin**, der beispielsweise den Yuan-zeitlichen Künstler Huang Gongwang sehr schätzte, oder in einer jüngeren Generation **Wang Yuanqi**, zu dessen Vorbildern Ni Zan zählte. Für letzteren war die Natur- und Landschaftsbeobachtung und unter formal-gestalterischen Gesichtspunkten die Balance – oder ihr Gegenteil – zwischen mit Bildinhalten gefüllten und leeren Flächen von großer Bedeutung. Diese orthodoxe, dabei von genialen eigenständigen Entwicklungen der Künstler bestimmte Strömung in der Malerei der Qing-Zeit sollte im Laufe dieser Dynastie an Bedeutung verlieren. Die späteren Maler, die sich dieser Gruppe zurechneten, verfielen zu sehr der reinen Imitation, dem Klammern an ihren Vorbildern, ließen es an eigener schöpferischer Kraft mangeln.

Dong Qichang, **Herbstlandschaft,** 16./17. Jh., Hängerolle, Tusche und blasse Farben auf Seide, 142 x 60 cm, Slg. Nü Wa Chen

Anders gestaltete es sich bei den Individualisten – zumeist Gelehrte, die sich dem chinesischen Kaiserhaus verbunden fühlten. Sie zogen sich mit der Regierungsübernahme durch die Fremddynastie der mandschurischen Qing – wie ihre Kollegen unter den

Die **Tier- und Pflanzenmalerei** bzw. ihre Spielart, die Blumen- und Vogelmalerei, gilt in China im Vergleich zur Landschaftsmalerei als von minderem Rang. Als rein dekorative Elemente gehören Pflanzen und Tiere zu verschiedensten Bildern, verraten dem Betrachter zumeist die Jahreszeit. So steht die Winterpflaume für den Winter bzw. sein nahendes Ende, die Chrysantheme für den Herbst. Die Pflanzensymbolik, wie sie in der Gartenkunst (s. S. 122) eine Rolle spielt, findet sich genauso in der Malerei.

In der Tang-Zeit kommt den Pferdeporträts eine besondere Rolle zu. In dieser Epoche lebten die beiden berühmtesten Pferdemaler Chinas, **Cao Ba** und **Han Gan** (um 713–755). Im 10. Jh. entwickelte sich die Tier- und Pflanzenthematik endgültig zu einem eigenständigen Genre. Künstler wie **Huang Quan** (gest. 965) und

Xu Xi (gest. nach 975) gründeten sogar eigene Schulen.

Als berühmtester Blumen- und Vogelmaler der Nördlichen Song-Zeit gilt **Cui Bai** (11. Jh.). Zwar war er ein Mitglied der Kaiserlichen Akademie, doch sind seine Bilder von Unabhängigkeit geprägt. Er wollte das Wesen der Tiere erfassen, verzichtete auf Vorstudien in Holzkohle und malte direkt mit dem Pinsel auf Seide. Seine Tiere wirken lebendig. Grundsätzlich kombinieren die Maler gern Pflanzen mit Vögeln, etwa Bambus und Reiher, Weide und Schwalbe.

Die Entwicklung der **Vogel- und Blumenmalerei** verlief parallel zu der der Pflanzenmalerei. So wurde auch in diesem Genre im 11. Jh. eine

Han Gan, Pferdeführer, 8. Jh., Tusche und blasse Farbe

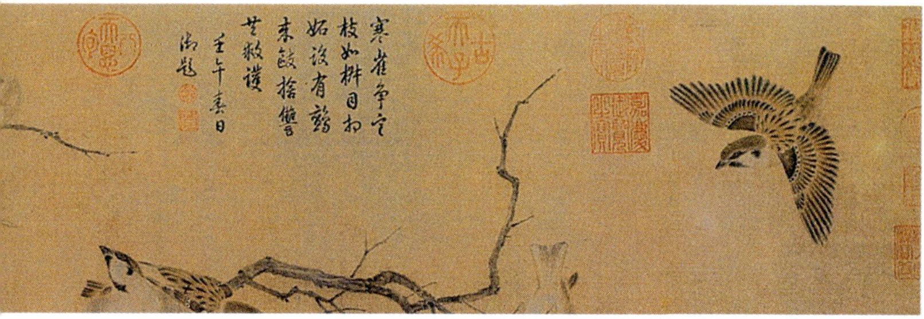

Cui Bai, Wintermeisen, 11. Jh., Querrolle, Tusche und Farben auf Seide

stärkere Ordnung spürbar, die wahre Naturabbildung als Ausdruck der kosmischen Ordnung fand sich hier wie in den Landschaftsbildern jener Zeit. Ähnliches stand hinter den Darstellungen bedeutender Persönlichkeiten – in einer Verherrlichung des Kaiserhauses bzw. der mit ihm verbundenen Hierarchie wurde die zweite irdische Ausprägung der kosmischen Ordnung manifest.

Ein großer Förderer der Kunst – dabei ein Vertreter einer orthodoxen Malrichtung – und selbst begeisterter Blumen- und Vogelmaler war Kaiser Huizong (reg. 1101–25). Für ihn sollten die Bilder realistisch sein, fein und lyrisch, und nicht nur das Äußere, sondern auch das Innere, die Seele eines Vogels, einer Pflanze erfassen.

Erwähnt sei noch, dass die Darstellung von Pflaumenblüte, Orchidee, Chrysantheme und Bambus ebenso wie die Bambus- und Kiefermalerei in der Yuan-Zeit eine eigene Richtung bildeten.

Huizong, Fink und Pflaumenblüte, 12. Jh.

mongolischen Yuan – ins Privatleben, ins Kloster oder in ein Eremitendasein zurück. Die Landschaft wird einmal mehr zur Zufluchtsstätte, zum Symbol einer trotz aller politischen Unbilden nicht gebrochenen geistigen Tradition. Namentlich genannt seien hier zwei buddhistische Mönche der frühen Qing-Zeit: **Kuncan** (Shiqi), dessen Werk bildnerische Dichte prägte, und **Hongren**, der dagegen sehr zurückgenommene, ›dürftig‹ gestaltete Bilder entwarf. Bekannt durch sein exzessives Leben, obwohl ebenfalls buddhistischer Mönch, wurde **Bada Shanren** (Zhu Da): Ein Großteil seiner Werke entstand im Zustand vollständiger Trunkenheit. In seinen Bildern tauchen immer wieder befremdliche Elemente auf, wie etwa der Natur in keiner Weise entsprechende Vogeldarstellungen oder Landschaften, die durch ihre Linienführung verblüffen. Seine Bilder sind abgebrochen, unlogisch komponiert und doch von einer bestechenden Dynamik und Ausdruckskraft.

Zhu Da (Bada Shanren), **Lotus und Wasservogel,** Tuschmalerei, Mitte 17. Jh.

Als einer der ganz Großen seiner Zeit darf **Shitao** (Daoqi) gelten, wie Bada Shanren ein Nachfahr des Herrscherhauses der Ming. Seine Werke sind gekennzeichnet durch eine intensive Wahrnehmung realer Landschaften, die aber miteinander in der Vorstellung verschmelzen und zu einer abstrakten Landschaftsform werden, in der sich die Nähe zwischen Natur und Kunst ausdrückt. Shitao greift die malerische Umsetzung eines daoistischen Weltbildes wieder auf: So wie das *qi* die Natur und den Kosmos gestaltet,

Shitao (Daoqi), **Mann in einem Haus unter einem Felsen,** 17./18. Jh., Albumblatt, Tusche und blasse Farben auf Papier, 24 x 28 cm, Slg. Nü Wa Chai

so gelten diese Gesetze auch für die Entstehung der Bilder. Dabei betreibt Shitao eine differenzierende Naturbetrachtung, entwickelt Formen, die Typen werden, womit ein Baum für alle Bäume, ein Berg für alle Berge steht.

Im Verlauf des 18. Jh. sollten sich dann verstärkt exzentrische Künstler präsentieren, die dennoch Anknüpfungspunkte an traditionelle Vorbilder aufweisen. Exzentrik definiert sich dabei nicht unbedingt über die Wahl der Malmittel, obwohl dies bei **Gao Qipei** (1672–1734) eine Rolle spielt. Ihm diente nicht nur der Pinsel als Medium, sondern er entwickelte eine ausgereifte Form der **Fingermalerei**, wo Handballen, Fingerkuppen und -nägel zum Einsatz kamen.

Einige Maler dieser Richtung wurden bekannt als die **Acht Exzentriker von Yangzhou.** Unter ihnen finden sich unterschiedlichste Talente vereint, von technisch vollendeten Malern wie **Hua Yan**, der durch die Reduktion in seinen Bildern besticht, bis zu einem Maler wie **Jin Nong**, bei dem sich kaum ausmachen lässt, welchen Anteil das Nichtbeherrschen einer Technik einerseits und die absichtliche Unbeholfenheit andererseits an der Wirkung seiner Bilder haben. Vielleicht drückt sich in den Bildern des letzten der Acht Exzentriker, **Luo Ping**, am deutlichsten aus, was diese Epoche der chinesischen Malkunst ausmachte: Archaismus, in Kunstfertigkeit umgewandelter Dilettantismus und persönliches Empfinden.

Qi Baishi,
Krebse,
datiert 1932, Hängerolle, Tusche auf Papier,
134 x 33,5 cm,
Slg. C.P. Lin

Die chinesische Kunst im 20. Jh.

Im 20. Jh. arbeiteten zunächst Künstler, die die Traditionen der klassischen chinesischen Malkunst fortsetzten. Hierzu zählen etwa **Qi Baishi** (1863–1957), der einen abstrahierenden Stil entwickelte, wobei er seine Pinselstriche kühl und sparsam setzte. Er malte insbesondere Blumen, Vögel, Krebse, Fische, Früchte etc. Seine Bilder erinnern an die Arbeiten der Chan-Maler. Andere Künstler verbanden chinesische mit westlichen Elementen. Hierzu zählt etwa **Xu Beihong** (1895–1953), der zugleich der letzte große Pferdemaler Chinas war.

In denselben Kontext gehört auch **Huang Binhong** (1864–1955). Für die Mitte des 20. Jh. sind der Maler Fu Baoshi (1904–65) und der Landschaftsmaler **Li Keran** (1907–89) zu nennen, wobei Li einerseits die Literatenmalerei nicht verleugnete, andererseits aber einen neuen Realismus in seine Arbeiten einbrachte. Nicht zuletzt arbeitete er häufig intensiv mit Licht und Schatten, suchte nicht mehr in einer Landschaft das Wesen aller Landschaften auszudrücken, sondern der einen Landschaft ihren individuellen Charakter zu verleihen bzw. seine persönliche Stimmung in das Bild einfließen zu lassen.

Ab Mitte der 1960er-Jahre veränderte sich die Situation für die Kunst in China gravierend. Mit Beginn der Großen Proletarischen Kulturrevolution wurde der Malerei wie allen Künsten eine klare **Propagandafunktion** zugewiesen: Nur dergestalte Arbeiten waren noch opportun. Dabei wurden von Holzschnitten bis zu Ölgemälden unterschiedliche Techniken verwendet. Im Bildgehalt ging es um den Aufbau des Sozialismus und um den Mao-Kult. Die Bilder verherrlichen die Erfolge der Kommunistischen Partei, zeigen glückliches Landleben mit reichen Ernten, Barfußärzte, die die Landbevölkerung versorgen, das Militär im Einsatz für das Wohl des Volkes, Mao Zedong unterwegs im Land, aber auch Bilder des industriellen Fortschritts, der Schwerindustrie und ihrer Arbeiter.

Ein erneuter Wandel setzte erst zaghaft Ende der 1970er-Jahre ein, was zunächst den klassischen chinesi-

Li Fenglan, **Fröhliches Einbringen einer reichen Baumwollernte**

Liu Haisu,
Wolken an den Gelben Bergen (Huang Shan),
datiert 1978, Querrolle, Tusche und Farben auf Papier, 80 x 173 cm, Hong Kong Museum of Art

schen Kunstformen zugute kam. Doch allmählich, durch den stärkeren wirtschaftlichen wie kulturellen Austausch mit dem Westen, entwickeln sich neue zeitgenössische Richtungen – eine **chinesische Avantgarde** entsteht, die vom Neorealismus, der sich auf die Propagandabilder der Kulturrevolution bezieht, bis hin zur Pop-Art eines **Yu Youhan** reicht. In Beijing haben sich zahlreiche Galerien und Künstler-Cafés etabliert, und auch in Shanghai unterstützen Galerien die jungen Künstler eines sich öffnenden Chinas.

Das Interesse an moderner chinesischer Kunst nimmt auch im Ausland zu. Diverse internationale Galerien vertreten bereits chinesische Künstler. Aber auch der Austausch gewinnt weiter an Bedeutung. So widmete man Jörg Immendorff Ende 2002 eine Ausstellung in Shanghai, und darüber hinaus eröffneten zwei deutsche Galerien gemeinsam mit einem chinesischen Galeristen ebendort eine weitere Galerie – und eröffneten diese mit einer Ausstellung wiederum mit Werken Jörg Immendorffs und **Fang Lijuns.** Letzterer ist insbesondere für seine Männer mit nackten Schädeln bekannt, die gewaltige Schreie auszustoßen scheinen: Ausdruck von Schmerz, Revolte, von Ungeduld. Seit 1994 zeigt er diese Gestalten oft schwimmend, ins Wasser eintauchend, Synonym für das Eintauchen in das neue Leben, die neuen gesellschaftlichen Bedingungen.

Im Atelier des Malers Yu Youhan in Shanghai

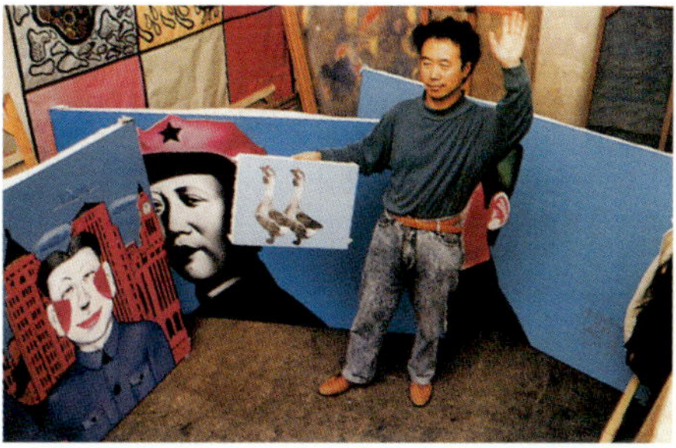

Wang Xizhi: Vorwort zum Orchideenpavillon

Der Kalligraphie kommt in China als Kunstform große Bedeutung zu. Schon in den »Riten der Zhou« (»Zhouli«) wird das Schreiben neben Bogenschießen, Wagenlenken, Musik, Rechnen und den Riten zu den sechs Kunstfertigkeiten des Adels gezählt, und um das 3./4. Jh. n. Chr. gilt die Schrift schließlich als eigenständige Kunstform.

Man spricht vom Weg des Schreibens (*shudao*) oder der Methode/dem Standard des Schreibens (*shufa*). Wie Dichtkunst und Malerei und oft im Verbund mit ihnen zählt er zum Pflichtkanon jedes Gelehrten. Zu den bekanntesten Schriftkünstlern Chinas – und den frühesten – zählt zweifelsfrei **Wang Xizhi** (um 303–um 361). Sein »Vorwort zur Sammlung des Orchideenpavillons«, das er 353 niederschrieb, gilt als eines der Meisterwerke chinesischer Schreibkunst. Der Tang-Kaiser Taizong (reg. 629–649) schätzte ihn so sehr, dass er alle von Wang verfassten bzw. ihm zugeschriebenen Texte sammeln und auf Steinsäulen kopieren ließ. In der Tang-Zeit definierte **Yan Zhenqing** (709–785) eine neue Ästhetik. Seine Schriftzeichen sind klarer, kräftig gezeichnet und quadratisch. Um 725 lebte auch der Mönch **Huaisu**, der in der ›wilden Konzeptschrift‹ (*kuangcao*) – besonders gern nach dem Genuss von Wein – arbeitete. Zu den berühmten Kalligraphen zählen Song-zeitliche Künstler wie **Su Shi** (1036–1101), **Mi Fu** (1051– 1107), in der Yuan-Zeit **Zhao Mengfu** (1257–1302), in der Ming-Zeit **Wen Zhengming** (1470–1559) und **Dong Qichang** (1555–1636) und in der Qing-Zeit **Zhang Zhao** (1691–1745).

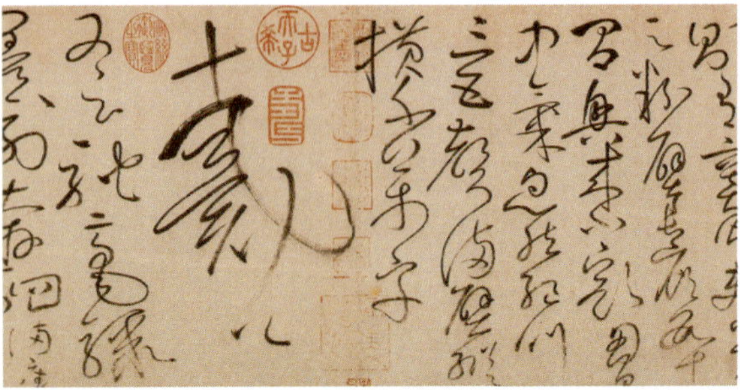

Huaisu: Seinen autobiografischen Essay »Zixutie« verfasste Huaisu in der Konzeptschrift. Diese Arbeit gilt als Meisterwerk dieses Typus.

Die Kalligraphie folgt strengen **Regeln:** Die Haltung des Pinsels ist ebenso festgelegt wie die Abfolge der Striche bei der Schreibung eines Zeichens. Ein Kalligraph wählt je nach Stimmung, Umgebung und Inhalt des Textes einen bestimmten Schriftstil (*shuti*) aus. In Su Guotings (648–703) »Handbuch der Kalligraphie« (»Shu Pu«) heißt es, dass ein begabter Kalligraph in der Lage sei, in seinen Schriftzeichen Naturkräfte oder die Bewegung von Tieren widerzuspiegeln. Wie in den klassischen Büchern schreibt man in der Kalligraphie von rechts oben nach links unten. Für die Bewertung einer Arbeit sind der Rhythmus der Zeichen, die Strichführung und die Komposition der zur Verfügung stehenden Fläche entscheidend.

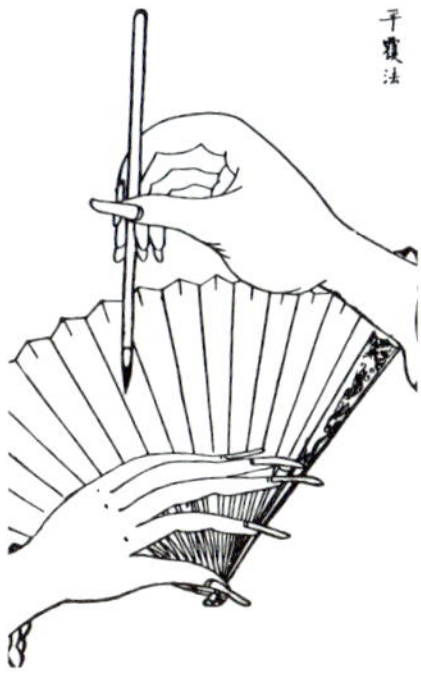

Die korrekte Haltung des Pinsels

Beim einzelnen Strich spielen die Struktur (*gu* = Knochen), die Konsistenz (*rou* = Fleisch) und der Zusammenhang (*jin* = Sehnen) eine Rolle. Wer in der Schriftkunst Meisterschaft entwickeln möchte, dem steht ein mühsamer Übungsprozess bevor, der sich über Jahre hinzieht und zumeist im Kopieren älterer Werke besteht. Die Qualität hat ihren Höhepunkt erreicht, wenn der Künstler alle Regeln beherrscht, sie aber zu transzendieren weiß. Natürlichkeit und Spontaneität (*ziran*) in der Ausübung sowie Transzendenz der Regeln sind wie in der Malerei das Ziel.

Die Grundtypen chinesischer Schrift

1. *Zhuanshu*, Siegelschrift: Diesen Schrifttypus fixierte Li Si. Die *xiaozhuan* (kleine Siegelschrift) war die in der Qin-Zeit chinaweit verbindliche Schrift. Sie wurde allerdings bald nur noch für Grabschriften etc. verwendet.
2. *Lishu*, Kanzleischrift: Diese Schrifttype, eine geschmeidigere Pinselschrift als die archaisierende Siegelschrift, wurde zur offiziellen Schrift der Han-Zeit.
3. *Kaishu*, die Normalschrift: Sie entstand im Verlauf der Späteren Han-Zeit bis ins 4. Jh. n. Chr. Sie greift deutlich auf die Kanzleischrift zurück, ist aber grafisch einfacher gestaltet. Diese Schrift wird heute noch im Buchdruck verwendet.
4. *Xingshu*, die Kursivschrift: Sie bestand ebenfalls bereits im 4. Jh. n. Chr. Charakteristisch sind die Vereinfachung und Verschleifung der Pinselstriche.
5. *Caoshu*, die Konzeptschrift: eine extrem verkürzte Schriftvariante, die bereits vor der Zeitenwende verbreitet war und wie eine chinesische Vorstufe der Stenografie anmutet. In der Tang-Zeit werden teils ganze Zeichenreihen in einem Zug und stark vereinfacht durchgeschrieben.
6. Heutige vereinfachte Schrift

1
2
3
4
5
6

Bronzeschale der Familie Shiqiang, Westliche Zhou-Zeit, Provinz Shaanxi. Die lange Inschrift aus 284 Schriftzeichen ist zweigeteilt. Thema sind Heldentaten von sieben Königen der frühen Zhou und ein kurzer Abriss über fünf Generationen der Familie Shiqiang.

Bronzekunst

Die Anfänge der Bronzekunst in China stehen mit dem Ahnenkult und Staatswesen in Verbindung. Ungeklärt ist, ob sie eine chinesische Erfindung war oder eine ›Importkunst‹. Schon um 3000 v. Chr. sind Bronzemesser für China belegt, und die Erlitou-Kultur (um 2000–1500 v. Chr.) verfügte bereits über eine recht weit entwickelte Bronzetechnik. Aus dieser Zeit sind erste Bronzegefäße überliefert. In der Shang- und Zhou-Zeit (16.–3. Jh. v. Chr.) gelangte die Bronzekunst dann zu ihrer Blüte. Bronzen dienten entweder als Insignien der Macht, als Lohn für besondere Verdienste oder aber als wichtige Utensilien im Ahnenkult des Herrscherclans.

Schon in der damaligen Zeit arbeitete man im **Bronzegussverfahren.** Zunächst wurde ein Tonmodell gefertigt, auf dem man den gewünschten Reliefdekor aufbrachte. Anschließend wurde das Modell gebrannt. Hiervon nahm man in Ton Teilformen ab und brannte auch diese. Schließlich setzte man aus diesen Teilen die eigentliche Gussform zusammen, wobei mittels metallener Stifte ein fester Abstand zwischen Mantel und Kern eingehalten wurde. Die Bronze wurde nun geschmolzen und in die Form gegossen. War sie dann erkaltet, konnte man die tönernen Teilformen abnehmen und erneut verwenden. Meist war es erforderlich, gewisse Dekorteile und insbesondere die Gussnähte nachzuarbeiten.

In den Reliefdekoren jener Zeit dominierten zoomorphe, also von Tierformen abgeleitete Motive, teils

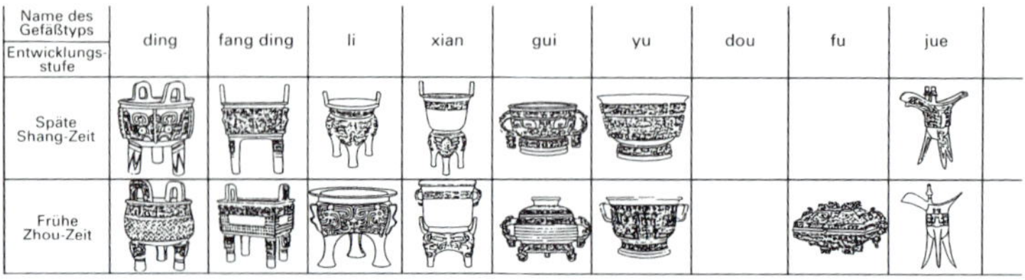

Übersicht über verschiedene Gefäßtypen: Gefäße mit Füßen dienten vermutlich dem Kochen von Opferspeisen oder dem Erwärmen von Wein. Deckelbehälter wie *gui* oder *fu* nahmen Vorräte wie Getreide auf, Gefäße wie *hu* oder *lei* bargen Wein oder Wasser, kleinere Becher fanden bei Trankopfern Verwendung.

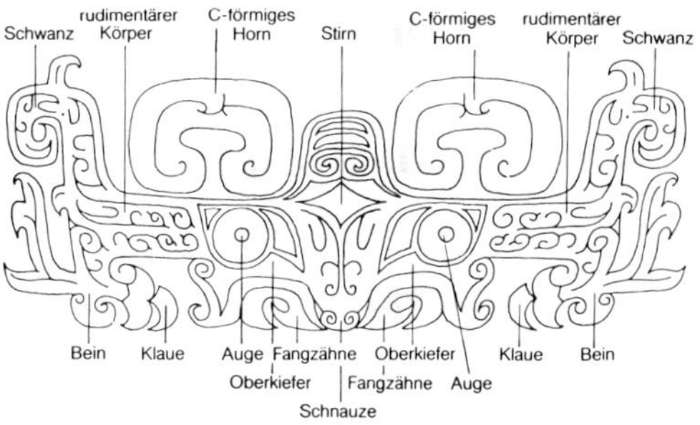

Nachzeichnung einer *taotie*-Maske

auch in abstrahierter Form. Ein immer wiederkehrendes Hauptmotiv ist das so genannte *taotie* (›Fresser‹), eine Art Tiermaske mit stark betonten, starrenden Augen – vielleicht um den bösen Blick abzuwehren –, mit einer gratartig ausgebildeten Nase, spiralförmigen Hörnern, Raubtierzahnen und herabhängenden Lefzen. Der lediglich angedeutete Körper mutet wie ein Drache an. Welche Bedeutung dieser Maske in der Kultur des Altertums zukam, ist bis heute nicht geklärt.

Neben dem Taotie finden sich andere Tiermotive, wie z. B. kleine von der Seite gezeigte Drachen (*kui*), Schlangen, als der Erde verbundene Symbole, und Vögel. Unter den geometrischen Motiven fallen gewundene und spiralförmige Muster auf, die als Darstellung von Naturphänomenen (Donner und Wolken) gelten.

Darüber hinaus weisen zahlreiche Bronzen auch der frühen Zeit **Inschriften** auf, die Hinweise auf die Verwendung des jeweiligen Gefäßes, auf geschichtliche Ereignisse und nicht zuletzt auf die Entwicklung der chinesischen Schrift geben.

Die Bronzekunst hat sich in den folgenden Jahrhunderten erhalten, erlebte aber insbesondere ab dem 8. Jh. v. Chr. eine zunehmende Profanisierung. Neue Herstellungsverfahren wie die **Wachsausschmelztechnik** kamen hinzu, die Bronzen wurden zum Teil auch mit Materialien wie Gold oder Jade verziert.

Bi-Scheibe aus dem Neolithikum, Provinz Zhejiang

Jade

»Jade ist Schönheit in Stein mit fünf Tugenden: Ihr warmer Glanz steht für Menschlichkeit, ihre makellose Reinheit für sittliche Lauterkeit, ihr angenehmer Klang für Weisheit, ihre Härte für Gerechtigkeit und ihre Beständigkeit für Ausdauer und Tapferkeit.« (»Shuowen Jiezi«).

Jade gilt in China von alters her als edelster mineralischer Stoff. Im Altertum wurden ihr gar **magische Eigenschaften** zugeschrieben: Sie sollte Lebensenergie spenden und es dem Menschen ermöglichen, mit den Göttern in Verbindung zu treten. Nicht von ungefähr gilt der Jadekaiser (Yuhuang) seit dem frühen 11. Jh. oft als Ranghöchster im Pantheon der daoistischen Volksreligion. Dank der ihr zugeschriebenen wohltätigen Wirkung und Wunderkraft wurde Jade häufig zur Herstellung von Ritualobjekten verwendet. Daoisten galt der Stein als Mittel, um das Verwesen eines Leichnams aufzuhalten. So legte man den Toten Gegenstände aus Jade in Mund, Nase und Ohren, legte sie auf Augen, Finger und Zehen. Häufig zu finden ist die so genannte Bi-Scheibe, eine runde Scheibe mit einem runden Loch in der Mitte (vermutlich ein Himmelssymbol).

In der Han-Zeit (206 v. Chr.–220 n. Chr.) ließen sich hochrangige Persönlichkeiten sogar in aus Jadeplättchen gefertigten Gewändern bestatten – so etwa der Fürst Liu Sheng und seine Gemahlin Dou Wan im 2. Jh. v. Chr. Zikadengestaltige kleine Figuren auf der

Hochgestellte Persönlichkeiten wurden in der Han-Zeit häufig in Gewändern oder Rüstungen aus Jadeplättchen bestattet.

Was ist Jade?
Jade, chinesisch *yu,* ist kein eindeutiger mineralogischer Begriff. Ursprünglich verwendete man den Begriff Yu in China für verschiedene schöne Minerale, die sowohl hart als auch geschmeidig sind, sich weich, aber kühl anfühlen und nach dem Polieren einen weichen Glanz aufweisen. Heute bezeichnet man prinzipiell zwei Minerale als Jade: den Jadeit (Natrium-Aluminium-Silikat) und den Nephrit (ein Calcium-Magnesium-Silikat), wobei der seltenere, transparentere, dichtere und härtere Jadeit als wertvoller gilt. Die Farbschattierungen beider Minerale können je nach Gehalt an Eisen, Mangan und Chrom verschiedenste Farben und Farbschattierungen besitzen: von Weiß (selten in reinem Weiß) über Beige, Gelb- und Grüntöne bis hin zu Lavendel oder Schwarz. Besonders begehrt und wertvoll ist den Chinesen ein klares Smaragdgrün, das sich nur beim Jadeit findet. Fundstätten der Jade gibt es in China an verschiedenen Orten, große Mengen stammen seit dem 18. Jh. aus dem Kunlun-Gebirge (Autonome Region Xinjiang), die begehrte leuchtend grüne Jade aus Oberbirma (Myanmar).

Zunge und Jadestücke in den Körperöffnungen sollten das Entweichen der Lebenssubstanz verhindern.

Allmählich trat die rituelle Bedeutung der Jade jedoch zugunsten ihrer **Schmuckkraft** in den Hintergrund. In der Tang- und insbesondere in der Song-Zeit erfuhr die Jadekunst eine erneute Blüte. Vielerlei Objekte, oft mit archaisierenden Motiven, erfreuten sich großer Beliebtheit und wurden zum Sammelobjekt der Literatenbeamten. Die Technik der Jadebearbeitung, das Schleifen der Jade, wurde immer mehr verfeinert, vielgliederige, durchbrochene Objekte wurden teilweise aus einem einzigen Jadestück gefertigt. In der Qing-Zeit verarbeitete man dann auch große Jadeblöcke, die aus Zentralasien, häufig aus der Gegend um Khotan, herbeigeschafft wurden. So ließ der Qianlong-Kaiser aus einem 2,10 m hohen, aus Khotan stammenden Jadeblock einen Berg mit Häusern und Figuren arbeiten.

Detail aus einem 2,10 m hohen Berg aus Jade, der im Auftrag des Qianlong-Kaisers bearbeitet wurde. Dieser Ausschnitt stellt Arbeiten zur Regulierung von Wasser dar.

Seide

China und Seide sind nahezu synonym, spätestens seit Freiherr von Richthofen die Handelswege und Wege des Kulturaustauschs, die bereits im Altertum China mit dem Abendland verbanden, Seidenstraße nannte.

In China wurde Seide bereits im Neolithikum verarbeitet, in der Shang-Zeit müssen adelige Familien Seidenstoffe verwendet haben, was Abdrücke in der Patina von Bronzefunden verraten. Doch am Anfang der Seidenwebkunst steht eine Legende. Die Gemahlin des mythischen Gelben Kaisers soll das Geheimnis der Seidenraupe entdeckt haben. Mit ihren Damen ergötzte sich Si Ling im kaiserlichen Garten, suchte Schatten unter einem dicht belaubten Maulbeerbaum. Darin erblickte sie helle, rundliche Gebilde, die sie für Obst hielt und pflücken wollte. Da entschlüpfte daraus ein Schmetterling, der seine Flügel entfaltete. Sein vorheriges Kleid, eben jenes rundliche Gebilde, war von zarter Weichheit – und die Kaiserin wünschte sich nun ein Gewand aus diesem duftigen Material. Sie beobachtete die Tierchen und entdeckte, dass sie sich in einem endlosen Faden einspinnen. Auch soll sie ein Gerät zum Abhaspeln des Fadens und zum erneuten Wickeln erfunden haben. Damit stand Si Ling auf einer Stufe mit den großen Kulturheroen der chinesischen Mythologie. Die Gemahlinnen der chinesischen Kaiser verehrten sie noch bis in die Neuzeit, brachten alljährlich im Frühjahr – wenn der Kaiser symbolisch den Acker pflügte – Maulbeerblätter am Altar der Seidenraupe dar und baten um ein reiches Seidenjahr. So sind seit jeher in China die Frauen für Seidenraupenzucht und Seidenherstellung zuständig.

Opfer der chinesischen Kaiserin an die Seidengöttin aus dem »Sancai Tuhui«, 1609

Die Chinesen besaßen schon früh Webstühle. In der Zhou-Zeit arbeitete man bereits mit einem Zugwebstuhl mit Fußpedal, der kontinuierlich verbessert wurde. Bereits in der Han-Zeit waren die **Basistechniken** der Seidenherstellung voll entwickelt. Man kannte Gaze und Damast, stellte Brokat her, färbte mit Schablonen oder Druckstöcken oder zierte den Stoff mit Stickereien. Damals, im 2. Jh. v. Chr., begannen die Chinesen verstärkt Handel gen Westen zu betreiben. So erfuhren Byzantiner und Römer von dem kostbaren Stoff, der in China auch als Zahlungsmittel, als Steuerabgabe oder als chinesische Tributzahlung verwendet wurde. Sie benannten die Menschen des ihnen fremden Reichs sogar nach diesem Gut: *ser* = Seide, *Serer* = Chinesen.

Dieses seidene Seelenbanner aus der Westlichen Han-Zeit stammt aus dem Grab der Marquise von Dai (168 v. Chr.) in Mawangdui (s. S. 134).

Die **Seidenweberei** entwickelte sich stetig weiter. Insbesondere in der Motivik lassen sich ähnlich wie in der Keramik Einflüsse aus westlichen Kulturen feststellen, z. B. in Form von Blatt- und Weinranken. Neben der **Seidenweberei** praktizierte man in China die aufwändige Kesi-Technik, die Seidenwirkerei. Seit der Zeit der mongolischen Herrschaft (Yuan-Zeit, 1279–1368) knüpft man in China auch Seidenteppiche.

Die Chinesen bewahrten bis ins 5. Jh. ihr Monopol der Seidenherstellung. Doch war man im Westen begierig, dass Geheimnis zu lüften. Schon der römische Senat machte den kostbaren Stoff für die finanziellen Probleme der Städte verantwortlich. Er verbot 16 n. Chr. den Männern (nicht nur die Damen gingen in Seide gewandet) das Tragen seidener Kleider. Die Kenntnis von der Seidenproduktion gelangte schließlich durch Verrat nach Westen. So soll im 5. Jh. eine chinesische Prinzessin, die in die Wüstenoase Khotan verheiratet wurde, in ihrer hoch aufgetürmten Frisur Seidenraupen versteckt und so außer Landes gebracht haben. In der Fremde wollte sie zumindest nicht auf Seidenstoffe verzichten. Damals entstand in Khotan eine blühende Seidenproduktion. Von Zentralasien aus schmuggelten dann 552 angeblich zwei Mönche in ihren Wanderstäben Raupen nach Ostrom. So konnte Kaiser Justinian (527–565) die erste Seidenraupenzucht und Seidenmanufaktur im Abendland gründen.

Haupt eines Arhat *(luohan)*. Hier sieht man deutlich, dass die Lackschichten über Stoff aufgetragen wurden. Liao-Dynastie, 11.–12. Jh., William Rockhill Nelson Gallery of Art, Atkins Museum, Kansas City

Lackkunst

Lack ist ein eigentümliches Naturprodukt. Die Rinde des in Mittel- und Südchina heimischen Lackbaums (Rhus vernicifera) sondert, so man sie einschneidet, einen milchigen Saft ab, der in feuchtwarmer Luft härtet. Die trockene Lackschicht ist unempfindlich gegen Feuchtigkeit, Säure und weitgehend auch gegen Kratzer. Dies erkannte man in China schon früh: Bereits im Neolithikum verwendete man Lack als Dichtungsmittel und bemalte ihn auch (die ältesten Funde stammen aus der Provinz Zhejiang, Hemudu-Kultur, um 5000 v. Chr.). Im Grab der Marquise von Dai (gest. 168 v. Chr.), aus dem das berühmte seidene Seelenbanner (s. S. 134) stammt, fand man u. a. 180 Lackobjekte. Schon damals besaßen Lackwaren also einen hohen Stellenwert.

Mit Lack lassen sich unterschiedlichste Materialien überziehen – Holz und Bambus, Pappmaché, Rohrgeflecht, Leder oder Leinwand – und zu verschiedenen Objekten verarbeiten: Es gibt Dosen und Schalen, Teller und Vasen, ja sogar Plastiken oder Möbelstücke.

Das Vorgehen scheint einfach: Auf das Basismaterial trägt man eine Grundierung auf und darauf dann die gewünschte Anzahl an Lackschichten. Charakteristisch für die chinesischen Lackarbeiten sind die Farben Rot und Schwarz. Reiner Lack ist nach dem Trocknen von bräunlicher Farbe. Um die schwarze Farbgebung zu erhalten, gibt man Ruß oder in Essig getränkte Eisenfeilspäne hinzu; für roten Lack mischt man Zinnober bei.

Schnitzlack-Tablett mit Blumen und Vögeln, 14. Jh., British Museum, London

Chinesische Lackarbeiten zeigen verschiedenste kunstvolle Ausgestaltungen: Bestechend sind Lackarbeiten, die mit **Perlmutt-, Gold- oder Silberblechintarsien** versehen sind. Diese ›Einlegetechnik‹ verwendete man bereits in der Westlichen Zhou-Zeit. In einem weiteren Verfahren trägt man über 100 hauchfeine Lackschichten übereinander auf und schneidet dann **Reliefdekore** hinein – eine Technik, die in der Yuan- und Ming-Zeit ihren Höhepunkt finden sollte. Manche Objekte weisen 200–300 solcher feiner Schichten auf. Da jede Schicht zunächst trocknen muss, benötigte man unter Umständen mehrere Jahre, um eine solche Arbeit fertig zu stellen.

Schwarzlack-Tablett mit Perlmutt-Intarsien, die einen Drachen zwischen Wellen und Wolken darstellen. Das Objekt stammt wahrscheinlich aus dem 14. Jh.

Keramik

In China werden von alters her drei Arten von Keramik hergestellt: Tonware (*tao*), Steinzeug und Porzellan, wobei die beiden letzteren gemeinsam als *ci* bezeichnet werden.

Die Anfertigung von Tonwaren lässt sich bis auf einen Zeitraum von 8000 Jahren zurückverfolgen. Während die Tradition der Irdenware in den nordwestlichen Regionen Chinas mit Beginn der historischen Periode zu enden scheint, greift die Keramik der Shang-Zeit die Töpferkultur neolithischer Vorläufer auf. Zu nennen sind hier die Keramik etwa der **Peiligang- und Hemudu-Kultur** (6. Jahrtausend v. Chr.) und der Yangshao und Longshan-Kulturen (5.–3./2. Jahrtausend v. Chr.).

Der rötliche oder graue Ton ist rot oder schwarz bemalt. Kamm-, Schnur- und Spiralmuster, Zickzacklinien, aber auch stilisierte Fische, Frösche oder menschliche Masken zieren die Gefäße. Zumeist handelt es sich um Grabbeigaben oder Urnen. Schon damals war die Technik des **Reduktionsbrandes** bekannt, bei der die Gegenstände in sauerstoffreduzierter Atmosphäre gebrannt werden. In der Shang-Zeit setzte sich die Drehscheibe, die im Bereich der Longshan-Kultur bereits verwendet wurde, weiter durch. Die ausgereiftere, der Bronzekunst zu verdankende Brennofentechnik ermög-

Blütenförmig gelappte Porzellanschale mit weißer Glasur, Xing-Ware, 9./Anfang 10. Jh.

lichte Brände bei 1100–1200 °C, sodass neben Gebrauchskeramik recht hartes Steinzeug mit relativ hohem Kaolinanteil hergestellt werden konnte. Auch erste Glasuren wurden entwickelt: In der Zhou-Zeit finden sich bereits **Feldspatglasuren**.

Diese Entwicklung setzte sich fort. In der Han-Zeit wurde in der Nähe von Shaoxing (Provinz Zhejiang) eine schwächer gebrannte Tonware grün glasiert, die sich in ihrer Farbgebung und in ihren Formen an archaischen Ritualbronzen orientierte. Aus dieser Region sollte später die höher gebrannte, ebenfalls grün glasierte **Proto-Yue-** und dann **Yue-Ware** kommen. Charakteristisch sind ihre dünnen, transparenten Feldspatglasuren. Die Hoch-Zeit der Yue-Ware lag in der Tang-Zeit (618–906), in der große Stückzahlen im asiatischen Raum vertrieben wurden. Aus ihr entwickelte sich in der Song-Zeit das grüne **Seladon**, dessen nördliches Zentrum in Yaozhou bei Xi'an (häufig mit eingeschnittenen Dekoren) und dessen südliches bei Longquan lag.

Neben der grün glasierten Ware hatte sich in der Tang-Zeit die Produktion der weißen **Xing-Ware**, die bei 1150–1350 °C gebrannt wurde, durchgesetzt: aus weißem Kaolin und mit einer glänzenden, transparenten Feldspatglasur. Aus der Xing-Ware entstand in der Song-Zeit die ebenfalls berühmte bläulich-weiße **Qingbai-Ware** aus Jingdezhen – der direkte Vorläufer des echten Porzellans. Beim echten **Porzellan** verglast die Tonmasse aus Kaolin und feldspathaltiger Petuntse und wird bis zu einem gewissen Grad transparent. Dieser Scherben ist von nahezu reinem Weiß. Das echte Porzellan erfreute sich unverziert in Reinweiß großer Beliebtheit, doch findet sich häufig eine **Unterglasurbemalung** in Kobaltblau, die ab dem 14. Jh.

Westasiatischer Einfluss und die Sancai-Keramik
Die Tang-Zeit war die vielleicht weltoffenste und kosmopolitischste Phase der chinesischen Geschichte. Über die Seidenstraße gelangten Kunst- und Kulturformen aus Westasien und sogar Europa nach China. So lässt sich auch in Formen und Motivik der Keramiken jener Zeit der westasiatische Einfluss erkennen. Exotische Dekore wie z. B. Jagdmotive waren beliebt, Formen wie die griechische Amphore oder persische Pilgerflaschen wurden kopiert.
Zu den Keramiken der Tang-Zeit gehört die Sancai-Keramik – eine weiche Tonware mit dreifarbiger (*san cai*) Glasur –, die vor allem im Grabkult Verwendung fand. Bekannt sind Plastiken von Menschen (Reiter, Kamelführer, Hofdamen etc.) und Tieren (u.a. Pferde und Kamele), doch wurden auch Gebäudemodelle und Gefäße gefertigt. Gängig ist die Farbkombination leuchtend grün, weiß und bernsteinbraun, seltener finden sich kobaltblau und schwarz.

Tang-zeitliche Grabfigurine in Dreifarbglasur

an Bedeutung gewann. Seit dieser Zeit waren die Porzellanmanufakturen von Jingdezhen die Hauptproduktionsstätten für den Export. Neben Kobaltblau verwendete man Kupferrot für Unterglasurmalereien, ab dem 15. Jh. griff man verstärkt zu farbigen Dekoren mit **Emailfarben**, die über der Glasur aufgetragen wurden, was einen zweiten Brand erforderlich machte.

Eine Blüte erlebte die Porzellanproduktion in der Qing-Zeit: Man stellte einen reinweißen Scherben her und wandte die unterschiedlichsten Glasurtechniken an. Die Emailtechnik wurde verfeinert, und ab dem 18. Jh. treten neben die bereits bekannten Glasurfarben neue Farben aus Europa. Die bereits in der Ming-Zeit auftretenden Glasurfamilien *famille rose* und *famille verte* wurden weiter entwickelt. Für den Export produzierte man Keramik bemalt nach westlichen Vorlagen.

Drachen tummeln sich auf gelbem Grund. Ein farbenfrohes Beispiel der in Jingdezhen hergestellten Keramik aus der Kangxi-Periode (1662–1722) der Qing-Zeit

14.–11. Jh. v. Chr.
Bronzeinschriften und Orakelinschriften auf Schildkrötenpanzern und Schulterblättern von Rindern teils schon in Gedichtform
12. Jh. v. Chr. (angeblich)
»Buch der Wandlungen«
800 v. Chr.
»Buch der Lieder«
145–um 90 v. Chr.
Historiker Sima Qian, der das »Shi Ji« verfasst
343–290 v. Chr.
Qu Yuan, Verfasser des »Lisao«
2. Jh. v. Chr.
Das »Buch der Lieder« wird in den Kanon der Fünf Konfuzianischen Klassiker aufgenommen. »Elegien von Chu« werden zusammengestellt.
4. Jh.
Steinabreibungen sind bekannt.
362–427
Tao Yuanming, Verfasser von »Der Pfirsichblütenquell«
Tang-Zeit (618–906)
Blütezeit der Dichtkunst, Zeit von Dichtern wie Meng Hao (689–740),

Sucht man nach den Anfängen chinesischer Literatur, so stößt man vielleicht auf die ersten Orakelinschriften auf Schildkrötenpanzern und Schulterblättern von Rindern – die teils schon Gedichtform besitzen. Doch letztlich lassen sich die frühen Formen der Literatur in China einerseits in mythologischen Überlieferungen, Verkündigungen legendärer Herrscher etc. – das »Shu Jing« (»Buch der Urkunden«) – und andererseits in Liedersammlungen finden. Dann folgen auch schon philosophische Schriften, wie sie im Kapitel zum Daoismus bzw. Konfuzianismus erwähnt sind, sowie das große Werk der chinesischen Geschichtsschreibung, das »Shi Ji« des Historikers Sima Qian. Die chinesische Literatur umfasst also eine ganze Reihe von Gattungen: frühe historiografische Schriften, philosophische Werke, Enzyklopädien, die Dichtkunst sowie die schrift- und die umgangssprachliche Literatur.

Charakteristisch für die chinesische Literatur insgesamt ist die unscharfe Abgrenzung zwischen Sachliteratur und Belletristik. Zum einen liegt dies darin begründet, dass beispielsweise historische Schriften literarische Texte beinhalten oder in Prosaliteratur Gedichte eingeflochten sind, aber insbesondere steht es mit dem Schreibenden bzw. Lesenden in Zusammenhang: Das Ideal des Gelehrten, des gebildeten Beamten oder Würdenträgers charakterisierte über lange Jahrhunderte diese Personen. Gebildet bedeutete dabei nicht, mit Fachwissen ausgestattet, sondern in Kenntnis all der Dinge und Elemente zu sein, die als kulturbildend galten/gelten. Und dazu zählte im Bereich der Literatur zunächst die Kenntnis all jener Tex-

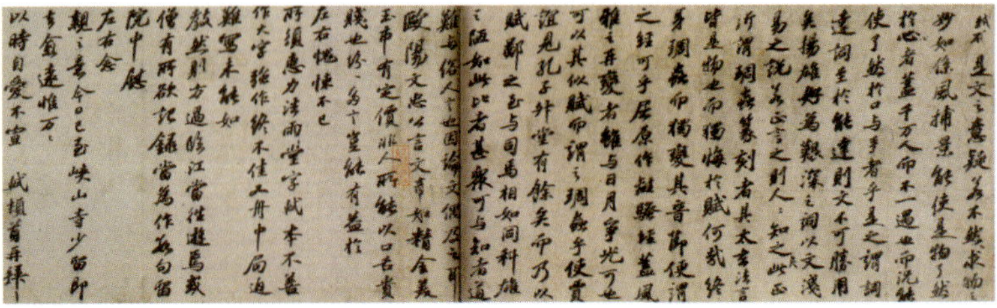

Fragment eines Briefes von Su Dongpo an seinen Freund Xie Minzhi. Hierin geht es um Fragen der Literatur.

Denkmal für die Vierte-Mai-Bewegung in Beijing

te, die als Stoff der kaiserlichen Beamtenprüfungen definiert waren, wie etwa die Konfuzianischen Klassiker (s. S. 66).

Die klassische chinesische Literatur war nur einem kleinen Kreis von Gelehrten zugänglich. Selbst wenn ein Mensch aus dem Volk Schriftzeichen hätte lesen können, wäre er an der Komplexität der Sprache gescheitert. Die gesprochene und die geschriebene Sprache hatten in China lange Zeit wenig miteinander gemein. Neben den verschiedenen Formen der ›wahren‹ Literatur wurden in der Bevölkerung natürlich Geschichten, Märchen und Witze erzählt – die später ebenfalls gesammelt und niedergeschrieben wurden.

Man darf dabei nicht vergessen, dass im 19. Jh. vermutlich nur etwa 5 % der Menschen in der Lage waren, zumindest im eingeschränkten Umfang zu lesen oder zu schreiben. Erst Hu Shi (s. S. 178) und in seiner Folge die Schriftsteller der Vierten-Mai-Bewegung von 1919 traten dafür ein, dass die Umgangssprache (*baihua*) auch die alleinige Schriftsprache und somit für das Gros der zu alphabetisierenden Bevölkerung verständlich werden sollte.

Literatur und Macht im kaiserlichen China

Literatur im alten China wurde nahezu mit Bildung gleichgesetzt. Ihr kam eindeutig eine erziehende, belehrende Funktion zu. Jedoch war sie auch – in eingeschränkter Form – ein probates Mittel, um sich gegenüber dem Herrscher zu artikulieren, ein gewisses Maß an Kritik zu äußern. Ganz ähnlich gestaltet sich die Rolle der Literatur heute in den Zeiten der Republik und der Volksrepublik China.

Kaum verwunderlich ist, dass sich in der Literatur die Entwicklungen der philosophischen Schulen, der Machtverhältnisse in China etc. ebenso wie in der Ma-

Wang Wei (um 701–761), Li Taibo (701– 762), Du Fu (712–770), Bai Juyi (772–846). Allmähliche Etablierung der erzählenden Prosa, zunächst meist Erzählungen merkwürdiger Begebenheiten

868
Das älteste erhaltene chinesische Buch in Blockdruck entsteht, eine Ausgabe des »Diamant-Sutra«.

Ming-Zeit (1368–1644)
Entstehung des chinesischen Romans: »Der Roman der Drei Reiche«, »Die Reise nach dem Westen« (16. Jh.), »Die Räuber vom Liangshan-Moor«, »Jinpingmei« etc.

Qing-Zeit (1644–1911)
Der Roman »Der Traum der Roten Kammer« erscheint; satirische Werke entstehen.

ab 1917
Die literarische Revolution wird eingeläutet. Das Schreiben in Umgangssprache wird eingeführt, moderne Prosa entsteht, westliche und russische Autoren werden übersetzt.
Hu Shi (1892–1962), Lu Xun (1898–1966), Ye Shengtao (1894–1988), Yu Dafu (1896–1945), Mao Dun (1896–1981), Lao She (1899–1966), Guo Moruo (1892–1978), Ba Jin (*1904), Ding Ling (1904/07–86) zählen zu den Erneuerern der Literatur.

Die Hanlin-Akademie. Das Studium der konfuzianischen Klassiker bildete das Tor zu einer Beamtenkarriere und damit zu Macht und Einfluss.

1942
Mao Zedong hält seine Rede »Über Kunst und Literatur«.
ab 1949
Literatur erfüllt einen politischen Zweck, ist Propaganda.
seit 1976
Vorsichtiger Wandel, aber immer noch zumeist politische Zweckgebundenheit: Narbenliteratur (Feng Jixai »Ach!«), Reformliteratur (Zhang Jies »Schwere Flügel«), Untergrundliteratur (Bei Dao »Gezeiten«)
1979
Ba Jin wird für den Literaturnobelpreis vorgeschlagen.
nach 1983/84
›Suche nach den Wurzeln‹, Reportageliteratur (Zhang Xinxin »Pekingmenschen«), Frauenliteratur, Literatur der nationalen Minderheiten
1989
Nach den Tian'anmen-Ereignissen gehen viele Schriftsteller ins Exil.
2000
Der in Frankreich lebende und inzwischen auf Französisch schreibende Autor Gao Xingjian erhält den Nobelpreis für Literatur.

lerei widerspiegeln. Auf eine Blütezeit vor der Reichseinigung unter Qin Shihuangdi folgte die Han-Dynastie mit dem Konfuzianismus als Staatsdoktrin, mit konfuzianischen Moralvorstellungen und Hierarchien. Literatur hatte schicklich zu sein, hatte die Stellung des Herrschers zu untermauern. In dieser Zeit, dem 2. Jh. v. Chr., wurden auch 305 (bzw. 311) Lieder, die auf die Zhou-Zeit zurückgehen, als »Shi Jing» (»Buch der Lieder«) in den Kanon der »Fünf Konfuzianischen Klassiker« aufgenommen. Diese Lieder muten teils volkstümlich an, teils sind sie dem höfischen Umfeld und Leben zuzuordnen und teils handelt es sich um Hymnen an vergangene Dynastien. Doch auch die Liebe, die Ehe und der Krieg spielen eine Rolle – wobei das Thema Liebe den gestrengen Konfuzianern gar nicht schicklich erschien. Ganz im Sinne der Funktion von Literatur im Konfuzianismus deutete man Liebesschwüre in Treuebekenntnisse gegenüber dem Oberen um ...

Die Konfuzianischen Klassiker bildeten den zentralen Kanon, der in den Beamtenprüfungen abgefragt wurde. Erfolgreiches Auswendiglernen dieser Texte bildete die Grundvoraussetzung, um den Rang eines kaiserlichen Beamten erlangen zu können. Dies hatte durchaus auch Auswirkungen auf die Art, wie Literatur geschaffen wurde: Wer heute klassische chinesische Texte – ob Prosa oder Lyrik – liest, ist immer wieder mit überraschend vielen Zitaten aus Vorläuferwerken konfrontiert: Wie in der Malerei erfolgte die Schulung am Vorbild, und als selbstverständlich wurde vorausgesetzt, dass der ebenbürtige Gelehrte diese Anspielungen verstand.

Interessant ist, dass auch in den Literaturgattungen die politisch-philosophische Entwicklung zum Ausdruck kam. In der Zeit, in der sich der Neo-Konfuzianismus ausbildete, der Konfuzianismus sich mit dem Daoismus befruchtend auseinander setzte, kam es in der Literatur zu Annäherungen zwischen Dichtkunst und Prosa. In diesen Zusammenhang gehören Namen wie **Han Yu** (768–824) oder **Su Dongpo** (1036–1101).

Von der Steinabreibung zum Buchdruck

In China versuchte man sich früh in effektiven Methoden, Texte zu vervielfältigen. Schon für das 4. Jh. ist bekannt, dass Steinabreibungen angefertigt wurden. Wichtige Texte wurden in China in steinerne Stelen gemeißelt. Wollte man einen solchen Text vervielfältigen, so legte man ein angefeuchtetes Blatt Papier auf die Stele, klopfte es fest und ließ es antrocknen. Dann überzog man das Papier mit Tusche. Auf diese Weise kopierte man den Text in Weiß auf schwarzem Grund.

Der Blockdruck greift dieses Prinzip im Grunde auf. Nachgewiesen ist für das 8. und 9. Jh. die Verfügbarkeit etwa von gedruckten Rechnungen, aber auch von medizinischen oder kalligraphischen Blättern. Das älteste chinesische und im Blockdruck erstellte Buch ist das »Diamant-Sutra«, ein buddhistischer Text aus dem Jahr 868. In der Folgezeit wurden die unterschiedlichsten Textsammlungen – Gedichtsammlungen, der konfuzianische, daoistische und buddhistische Kanon – im Blockdruckverfahren vervielfältigt. Mit dem Blockdruck erhält man positiv schwarz gedruckte Zeichen: Der gewünschte Text wird zunächst auf ein Blatt Papier geschrieben, dieses dann mit der Schrift nach unten auf der Holzplatte befestigt. Nun konnten die Zeichen ausgeschnitten werden. War der Druckstock fertig gestellt, färbte man die Zeichen mit Tusche ein, legte ein Blatt Papier sorgfältig auf und rieb bzw. bürstete darüber. Bereits im 11. Jh. (in Europa erst 400 Jahre später) arbeitete man in China dann mit beweglichen Lettern: zunächst aus Keramik (von Bi Sheng 1042–48 entwickelt), später aus Holz (was die Tusche besser annimmt) und schließlich aus Kupfer. Auf diese Weise ließen sich problemlos zahlreiche Exemplare einer Seite drucken. Bedenken muss man aber dabei, dass die Handhabung einzelner Lettern und die Zusammenstellung von Setzkästen in einer Sprache, die über Tausende von Schriftzeichen verfügt, kein einfaches Unterfangen ist.

Bereits im 13. Jh. verwendete man beim Druck mit beweglichen Lettern rotierende Setzkästen. Der ›Ansager‹ nannte dem Setzer die Zeichennummer, der sie aus dem Kasten nahm, auf ein Tablett legte, das ein Gehilfe dann zum Drucker trug.

Eine hölzerne Druckplatte mit drei Buddha-Darstellungen aus dem 18. Jh. Der Blockdruck geht in China vermutlich bis in die Sui-Zeit (6./7.Jh.) zurück.

Das Chinesische gehört zu den sino-tibetischen Sprachen. Die Sprache ist ursprünglich monosyllabisch: Eine Silbe entspricht einem Wort. Im Lauf der Zeit aber haben sich zumeist zweisilbige Wörter entwickelt. Charakteristisch ist ferner, dass die Sprache weder Deklination noch Konjugation kennt. Ob ein Wort Subjekt, Verb oder Objekt eines Satzes ist, erschließt sich allein aus Satz und Kontext. Für den, der die Sprache lernen möchte, ein scheinbar angenehmer Umstand – der aber Tücken besitzt. Das dritte Charakteristikum bilden die Töne. Jede Silbe ist mit einem Ton verbunden. Im Beijinger bzw. nordchinesischen Dialekt, der heute als Amtssprache Putonghua (allg. Sprache, Mandarin) dient, gibt es vier Töne: gleichbleibend hoch, ansteigend, steigend-fallend und fallend.

Die Anzahl der chinesischen Lautsilben ist recht beschränkt: Es gibt ca. 400. Zwar erhöhen die vier Töne die Anzahl der Phoneme, doch bleibt es bei vielen gleich lautenden Silben (Homophonen). Und: Etwa 1600 Lautsilben schaffen noch keinen Wortschatz.

Dialekte

Neben dem Nordchinesischen werden in China verschiedene Dialekte gesprochen, die für einen Chinesen, der aus einer anderen Region stammt, wie eine Fremdsprache anmuten. Ein Chinese aus Beijing kann im Allgemeinen gesprochenes Kantonesisch, den Dialekt der Hakka oder die Sprache aus Fujian nicht verstehen.

Die Schriftzeichen

Die chinesische Sprache besitzt kein Alphabet. Wörter setzen sich nicht aus Buchstaben zusammen, sondern ein Schriftzeichen steht für eine bedeutungstragende Lautsilbe. Ursprünglich galt: 1 Begriff = 1 Zeichen. Die ersten chinesischen Schriftzeichen waren Bildzeichen, Piktogramme. Diese entwickelten sich zu einer Wort- und Begriffsschrift und nicht zu einem Alphabet: Entscheidend war die Bedeutung, nicht die Aussprache.

Runenartige Zeichen auf Keramiken aus Banpo oder komplexere Zeichen auf Keramiken aus Dawenkou könnten Vorläufer der chinesischen Schrift darstellen – allerdings handelt es sich nie um zusammenhängende Mitteilungen. Für das 14.–11. Jh. v. Chr. ist die chinesische Schrift

Marken, runenartige Zeichen auf Keramiken aus dem neolithischen Dorf Banpo

dann in Form von Bronze-Inschriften und Orakeltexten auf Schildkrötenpanzern oder Schulterblättern von Rindern belegt.

Qin Shihuangdi, der Reichseiniger (s. S. 17), beauftragte seinen Kanzler Li Si mit einer Sprach- und Schriftreform, und so erschien 213 v. Chr. ein offizielles Verzeichnis der Schriftzeichen. Darin hatte Li Si 3300 Zeichen zusammengetragen und definierte ihre korrekte Form (wobei ihm allerdings Fehler unterliefen). Im Verlauf der Han-Zeit erhöhte sich die Zeichenzahl auf nahezu 10 000. Heute gibt es um die 49 000 Zeichen, wobei manche Wörterbücher sogar 60 000 Schriftzeichen – darunter zahlreiche ungebräuchliche – enthalten.

Zu den Bildzeichen kamen weitere Zeichentypen hinzu. Heute besteht das Gros (etwa 90 %) der Zeichen aus einem Radikal (Wurzel), das im weitesten Sinn den Bedeutungskreis eines Zeichens beschreibt, und einem Lautbestandteil, der eine Aussprache andeutet.

Die sechs Gruppen von Schriftzeichen im »Shuowen Jiezi« aus dem Jahr 121 n. Chr.

1. Piktogramme: Bilder, die zu abstrakteren Graphiken verändert wurden. Teils lässt sich dies heute noch nach vollziehen

 alt: Mond 月 heute: *yue* = Mond  alt: Sonne 日 heute: *ri* = Sonne

2. Kombinationen aus Piktogrammen, wodurch bestimmte Zustände ausdrückbar werden (Beispiel: *ming* für hell, zusammengesetzt aus *yue*/Mond und *ri*/Sonne)

日 Sonne 月 Mond 明 *ming* = hell

3. Kombinationen aus Piktogrammen, deren Bedeutungsgehalt sich assoziativ ergibt (Beispiel: die Zeichen für Feld und Kraft ergeben das Zeichen für Mann/*nan)*

田 *tian* = Feld 力 *li* = Kraft 男 *nan* = Mann

4. Zeichen, die durch leichte Veränderungen in sich oder spiegelbildliche Schreibung einen Bedeutungswandel erfahren (Beispiel: Beamter/*si* und Herrscherin/*hou*)

司 *si* = Beamter 后 *hou* = Herrscherin

5. Lautliche Übertragungen, d. h. ein Zeichen wird für ein gleich lautendes Wort anderer Bedeutung verwendet

6. Kombinationen aus Laut- und Bedeutungselementen in einem Zeichen

Han Yu war ›der‹ Vertreter der klassischen chinesischen Prosa schlechthin. Er pflegte den schnörkellosen und sachlichen Antiken oder Alten Stil und war auf seine Weise ein Vordenker des Neo-Konfuzianismus (auf ihn gehen die Streitschriften gegen den Buddhismus zurück, die letztlich zu dessen Niedergang in China führten; s. S. 70). Der knapp drei Jahrhunderte später wirkende Su Dongpo verband in seinem Denken im besten neo-konfuzianischen Sinn konfuzianisches mit daoistischem und buddhistischem Gedankengut. Er darf als wichtigster Repräsentant der **›Alten Prosa‹** seiner Zeit gelten – und zugleich als begnadeter Dichter, herausragender Kalligraph und Kunsttheoretiker.

Die Dichtkunst

Die Dichtkunst galt im alten China als die hohe Kunst innerhalb der Literatur. Die Gelehrten vermochten sich in Gedichtform auszudrücken; erzählende, unterhaltende Prosa hingegen – also Prosa, bei der es sich nicht um Annalen der Geschichte, Throneingaben u. ä. handelte – ordnete man den weniger gebildeten Teilen der Bevölkerung zu. Assoziationen, Zitate, Anspielungen auf andere Werke oder auch geschichtliche Ereignisse, manchmal auch eine Zweideutigkeit in der Wortwahl machen die chinesische Lyrik zu einem Spiel für Eingeweihte.

Dieses Blatt von Jin Nong zeigt die enge Verbindung zwischen Dichtung, Kalligraphie und Malerei. Er kalligraphiert das Gedicht »Rhapsodie von der Roten Wand« Su Dongpos und kombiniert es mit einer Darstellung jener Landschaft am Yangzi, die der Dichter vom Boot auf dem Fluss aus betrachtet.

Charakteristisch für die chinesische Lyrik sind strikte formale Vorgaben im Hinblick auf Verslänge, Reimfolgen etc. Dabei bildeten sich im Lauf der Zeit unterschiedliche **Gedichtformen** heraus: die Lieder im »Shi Jing«, die *fu* (›Rhapsodien‹), die Musikamtslieder (*yuefu*-Lieder) in Vier- oder Fünf-Versform, die *ci* aus den »Elegien von Chu«, oder die *lüshi* (Regelgedichte).

Die im **»Buch der Lieder«** (»Shi Jing«) zusammengestellten Gedichte lassen sich mit Fug und Recht als Lieder bezeichnen, waren sie doch an Melodien gebunden: Volkslieder, Lobeshymnen, Lieder für Opferzeremonien oder Feiern an Herrscherhöfen. Die in dieser Sammlung enthaltenen 305 (311) Lieder gehen überwiegend auf das 9.–7. Jh. v. Chr. zurück, wurden wohl aus einem größeren Fundus ausgewählt und in dieser Kombination im 2. Jh. in den Kanon der »Fünf Konfuzianischen Klassiker« (s. S. 66) aufgenommen. Wie oben bereits erwähnt, waren hierfür gewisse Uminterpretationen (Liebesgedicht = Treuebekenntnis gegenüber dem Herrscher) notwendig. In den Gedichten des »Shi Jing« finden sich jene Elemente, die für die chinesische Lyrik prägend werden sollten: bestimmte Reimschemata (ganz klassisch etwa xaxa oder aaxa), viersilbige Verse sowie ein ausgeprägter Sinn für Metaphorik.

Ein zweites Kompendium des 2. Jh. (aus dem Jahr 125) bilden die 17 **»Elegien von Chu«** (»Chu Ci«; Chu ist ein ehemaliges Reich), die im Süden Chinas ent-

Qu Yuan

Qu Yuan (um 343–290 v. Chr.) kennt noch heute jedes Kind in China. Er war Dichter, aber vor allem und zuerst Staatsmann, ein loyaler Diener seines Herrn, des Fürsten von Chu. Als Vizeminister warnte er eindringlich vor der Gefahr, die vom Reich Qin ausging und plädierte für ein Bündnis mit einem Nachbarstaat. Durch Verrat wurde König Huai von Chu bei entsprechenden Verhandlungen ermordet, und sein Nachfolger machte Qu Yuan dafür verantwortlich. Qu ging ins Exil, sein Rat blieb ungehört. 222 v. Chr. wurde Chu besiegt, und Qu Yuan ertränkte sich verzweifelt und voller Trauer im Dongting-See. Der Herrscher von Qin rief sich 221 v. Chr. als Qin Shihuangdi zum Ersten Kaiser von China aus. Während an den Kaiser u. a. die gewaltige Grabanlage bei Xi'an erinnert, bleibt Qu Yuan durch seine Gedichte und einen Volksbrauch in Erinnerung: Der Überlieferung nach versuchten Fischer, ihn mit Booten aus dem Wasser zu retten. Um zu verhindern, dass Fische seinen Körper anfraßen, warf man Reisbällchen ins Wasser, um die Fische zu füttern. Noch heute begeht man in China am 5. Tag des 5. Mondes (Mondkalender) das Drachenbootfest (es finden Drachenbootrennen statt) und isst in Bambus- oder Bananenblättern gedämpfte Klebreiskuchen (*zongzi*).

Kompositionsregeln – das Regelgedicht *lüshi*
Bestimmte Reimfolgen und Versmaße spielen in den o. g. Formen bereits eine große Rolle. Auch in den Musikamtsliedern bestimmt ein vorgebenes Maß von vier bzw. fünf Versen die Struktur der Stücke. Eine neue Qualität erhielt die Gedichtkomposition im 5./6. Jh: Die besondere Intonation im Chinesischen, seine unterschiedlichen Tonhöhen, waren verstärkt ins Bewusstsein der Gelehrten getreten. Es entwickelte sich der so genannte Neue Stil (*jintishi*) mit dem Regelgedicht *lüshi*: Dieses beinhaltet acht Verse à fünf oder sieben Silben. Sowohl die Reimfolge zwischen den Versen ist festgelegt als auch die Abfolge der Silbentonhöhen in einem Vers. Sonderformen des Lüshi sind eine Kurzform (*jueju*) und ein Reihengedicht (*bailü*).

standen sind. Im Allgemeinen werden sie mit **Qu Yuan** (um 343–290 v. Chr.) assoziiert, dem letztlich aber wohl nur das »Lisao« (»Trauer nach der Trennung«) zugeordnet werden darf. In diesen Stücken, im Deutschen Elegien genannt, da sie einen klagend-elegischen Ton aufweisen, finden sich Elemente, die in den Stücken des »Shi Jing« keine Rolle spielen. Dies liegt vor allem darin begründet, dass der Süden Chinas eine gewisse kulturelle Eigenständigkeit besaß: Er war mystischer und in der Frühzeit im sakralen Bereich noch deutlich vom Schamanismus geprägt. Dies spiegelt sich auch in den formalen Aspekten der Ci wider. Vom Inhaltlichen einmal abgesehen – in Qu Yuans »Lisao« findet eine kosmische Reise gen Westen zum Reich der Himmelskönigin statt, vermutlich in Anlehnung an Schamanenreisen –, finden sich Phrasen, die in ihrer Wiederkehr an Elemente liturgischer Gesänge erinnern.

Des Weiteren ist interessant, dass sich in Qu Yuans Elegie ein verkannter und verleumdeter Untertan zu Wort meldet, der sich schließlich enttäuscht der korrupten Welt bzw. einem unverständigen Herrscher entzieht. Eine Motivik, die auch in Gedichten späterer Zeit immer wieder in Erscheinung tritt: »Ich bin mir wohl bewußt, daß Redlichkeit nur bringt Verderben, ach!/ Doch ich ertrüg' es nicht, von ihr zu lassen je./ Dich rief zum Zeugen ich, neunfacher Himmel, ach!/ Und niemand als der Göttlich-Holde war der Grund« (Qu Yuan, »Lisao«).

Die Verbindung zwischen Ci (»Elegien«) und Fu (den Liedern, Rhapsodien, im »Shi Jing«) besteht vor allem im Inhaltlichen. In den Fu, die in der Han-Zeit zur eigenen Lyrikgattung wurden, leitet oft ein Prosatext ein Gedicht ein. Während im »Lisao» des Qu Yuan eine Art von kosmischer Reise beschrieben wird, haben die Fu häufig Reisen von Herrschern zum Inhalt. Es sind längere, beschreibende Gedichte – gereimt, aber mit unterschiedlichen Verslängen. Schon das »Han Shu« (»Annalen von Han«) beinhaltet in seinem literaturmonografischen Kapitel 1004 Fu. Die Themen

Herrscher, sein Umfeld, Ermahnungen und Preisungen blieben lange in den Fu erhalten, doch nahm allmählich auch die Selbstwahrnehmung des Dichters Raum ein: Das lyrische Ich erhielt Raum, persönliche Gefühle wie Enttäuschung und Trauer erinnern an Qu Yuans Elegie.

Tao Yuanming (362–427), berühmt für sein Werk »Der Pfirsichblütenquell«, ist beispielhaft für einen Beamten, der sich aus dem politischen Leben zurückzog, sein Dasein als Bauer fristete und sich der Dichtkunst widmete. Er besang die Freundschaft, den Wein und das einfache Leben auf dem Lande. In derselben Zeit wirkte auch der Dichterkreis der Sieben Weisen vom Bambushain – ein anarchisch-fröhlicher Zirkel, der sich dem gemeinsamen Zechen und Dichten hingab.

Der trunkene Dichter Li Taibo wird von einem Diener nach Hause geführt. Buchillustration aus dem Ende des 19. Jh.

Die Tang-Zeit stellte auch im Bereich der Dichtkunst eine Blütezeit Chinas dar. In dieser Epoche wirkten die für ihre Naturlyrik besonders geschätzten **Meng Haoran** (689–740) und **Wang Wei** (um 701–761), der als anarchisch geltende und dem Wein zugetane **Li Taibo** (701–762) und schließlich **Du Fu** (712–770) mit seinen Gedichten voller Melancholie, aber auch voller komplizierter Anspielungen. Nicht zu vergessen ist natürlich **Bai Juyi** (772–846), der mehr als 2000 Gedichte verfasste. Diese Reihe ließe sich unendlich fortsetzen, was indes den Rahmen eines solchen Büchleins sprengen würde.

Ausschnitt aus »Die Sieben Weisen vom Bambushain«, Steinabreibung eines Reliefs aus der Wei- oder Jin-Zeit

Die Heimkehr des Tao Yuanming. Am klaren Wasser schreib ich manch Gedicht, Tuschebild von Li Zai (Ausschnitt aus einer Querrolle, datiert 1424)

Tao Yuanming: Lob eines verarmten Herrn

Beißend eisig nähert sich das Jahr dem Ende./ Eingepackt in meinen Mantel/ sonn ich mich auf der Veranda./Im südlichen Garten / zeigt sich nicht ein einziger grüner Sproß/ verdorrte Äste/ füllen den Obstgarten im Norden./ Ich stell die Flasche auf den Kopf –/ kein Tropfen kommt heraus;/ ich blicke zum Ofen/ und sehe keinen Rauch./ Die Klassiker liegen/ gestapelt neben meinem Sitz;/ die Sonne sinkt,/ sie läßt mir keine Zeit zum Lesen./ Daß man keine Arbeit hat,/ führt dich nicht in eine Krise,/ aber die um dich herum von dir abhängen,/ zeigen Verstimmung./ Als Trost bleiben mir jene,/ die seit alten Zeiten/ das gleiche Schicksal hatten.

Li Taibo: Abschied um Mitternacht

Unter kaltem Mond bei einer fahlen Leuchte/ soffen wir grandios./ Aus Furcht vor unserem orgiastischem Gehabe/ flatterte ein weißer Reiher aus den Untiefen des Flusses./ Es war Mitternacht.

Du Fu: An Li Po (Li Taibo)

Wieder ist Herbst,/ und wir sind immer noch/ der Flaum von Disteln im Wind./ Der Taoisten Elixier des Lebens/ haben wir nicht gefunden./ Trinkend und singend/ verschwende ich vergeblich meine Tage –/ aber auf wessen Kosten/ bin ich so stolz und ungebärdig?

Du Fu verfasste jedoch auch kritische, das Leid des Krieges thematisierende Gedichte.

Du Fu: Am Ostturm

Der Weg zehntausend Meilen im Wüstensand,/ Durch dieses Tor führt er nach Westen das Heer./ Bald häufen sich wieder die Knochen in neuen Gefechten;/ Den Geistern der vormals Gefallnen winkt keine Wiederkehr. / Des Turmes Eck stößt vor in den wirbelnden Wind;/ Ein Wasserlauf dunkelt im Schatten der Wälle./ Stimmen, die näher kommen: da bringt ein Kurier/ Den Einsatzbefehl bis an des Huang-ho Quelle.

Bai Juyi : Nach dem Rausch
Nach Wein und lauten Liedern,/ des wilden Wahnes überdrüssig,/ trete ich vor das Tor,/ pflege den Müßiggang/ und verschwende keinerlei Gedanken./ Wie bei jenen Leuten,/ die schwache Trinker/ und ewig Nüchternheit verachten,/ kann es nicht lange dauern,/ bis ich im Land des Rausches/ wieder wohne.

Su Dongpo (1036–1101), zunächst im Staatsdienst tätig, aber dann im Exil in Südchina lebend, zählt zu den berühmtesten Dichtern der Song-Zeit:

Su Dongpo: An meinen Sohn
Alle Welt giert nach klugen Kindern,/ aber ich, der ich mein Leben lang/ unter meiner Klugheit zu leiden hatte,/ wünsche mir, daß du, mein Sohn,/ aufwächst fühllos und dumm,/ damit du ohne Unheil zu erleiden/ deinen Platz findest unter den Ministern des Staates.

Su Dongpo: Ausflug
Meine Faulheit macht sie wirr,/ Beamte und Städter./ Keinen Streit muß ich mehr schlichten,/ kann saufen und herumspazieren,/ nächtelang./ Zurück beim Tempel,/ Dämmerlicht,/ die Glocke angeschlagen,/ Fußgeraschel/, Mönche stolpern./ Roben flattern./ Zu schlechter Stunde/ komm ich vorbei,/ mit Fuß und Stock/ stoß ich die Türen auf –/ ich bin Beamter außen,/ nicht im Innern.

Und hier ein – nicht repräsentatives – Beispiel moderner Lyrik des 1956 in Beijing geborenen Gu Cheng:

Gu Cheng: Bogenlinien
Vögel im Sturm/ die schnell die Richtung ändern // Jugendliche/ die eine Münze aufheben // Die nach ihrer Phantasie ausgestreckten/ Weinranken // Der erhobene Rücken der zurückflutenden Meereswellen

Chinesische Prosa

Der **Geschichtsschreibung** kommt innerhalb der chinesischen Kultur eine große Bedeutung zu. Dies wird deutlich, vergegenwärtigt man sich einerseits die Legitimationszwänge, denen Herrscher ausgesetzt waren, und andererseits die Macht des Konfuzianismus, der sich auf das geschriebene Wort bezog und seine Werke kanonisierte. Der Geschichtsschreibung kam eine moralisch-erzieherische Funktion zu, der ihre Verfasser im Sinne der herrschenden Schicht gerecht werden mussten. Die Reichsgeschichten Chinas bestehen nicht einfach aus einer Chronik des Landes, sondern gliedern sich in mehrere Rubriken: Annalen, Biografien, Themen wie Astronomie, Ritualwesen etc.

Die **Annalen** beinhalten häufig auch erzählerische Passagen, sodass sie zumindest für das chinesische Altertum durchaus dem Bereich der Prosa zugerechnet werden können. Zu den bedeutenden Annalen zählen u. a.:

– das »Shu Jing« (»Buch der Urkunden«; s. S. 66)
– »Chunqiu« (»Frühlings- und Herbstannalen«) für die Zeit von 722 bis 481 v. Chr. – eine Zusammenfassung der wichtigsten Ereignisse jener Zeit, die an Bedeutung gewann, da man sie später Konfuzius zuschrieb
– das »Zuozhuan«, der »Kommentar des Zuo« zu den Frühlings- und Herbstannalen«
– das »Zhanguoce«, über die Zeit der Streitenden Reiche
– das »Shi Ji« (vollendet 91 v. Chr.) des Sima Qian (145–90 v. Chr.), das zum Vorbild für die folgenden 23 Annalen der chinesischen Reichsgeschichte werden sollte
– das »Han Shu«, eine Dynastiegeschichte der Han
– »Zizhi Tongjian«, Annalen für die Zeit von 403 v. Chr.–959 n. Chr. des Sima Guang (1019–86), der auf die o. g. thematische Gliederung verzichtete.

Porträt Sima Qians

Das Ansehen des **Romans** (*xiaoshuo*) litt stets unter der konfuzianischen Vorgabe, dass Literatur der Bildung zu dienen habe: Reine Unterhaltung war verpönt. Hinzu kam, dass in manchem Roman Kritik an der Obrigkeit laut wurde – oder gar die Erotik eine Rolle spielte. Dies widersprach dem offiziellen Bildungs- und Kulturanspruch. Dennoch begann sich die erzählende Prosa bereits in der Tang-Zeit unter Verwendung der Schriftsprache zu etablieren – zunächst mit Erzählungen von legendenhaften, merkwürdigen Begebenheiten. Zwar gab es Liebes- und Heldengeschichten, doch in späterer Zeit findet gerade die Form der wundersamen Erzählung eine berühmte Fortsetzung in Pu Songlings (1630–1715) Sammlung »Liaozhai zhiyi« (»Merkwürdige Erzählungen aus dem Studio ›Sorgenfrei‹«).

In der Ming-Zeit bildete sich dann der eigentliche chinesische Roman heraus, geschrieben in einer Mischung aus Schrift- und Umgangssprache, wobei die Umgangssprache durchaus dominierte. Diese Entwicklung stand im Kontext einer neuen städtischen, dem Vergnügen zugewandten Kultur einer wohlhabenden Schicht, die nach konfuzianischen Maßstäben indes nur eine eingeschränkte Bildung besaß.

In diese Zeit fallen Werke wie:

– »Der Roman der Drei Reiche« (»Sanguozhi yanyi«), der von den Kämpfen 220–264 erzählt, Pekingopern inspirierte und noch heute in Comics umgesetzt wird,

– »Die Reise nach dem Westen« (»Xiyouji«) von Wu Zheng'en (um 1506–um 1582), die von der Reise des Mönchs Xuanzong und des Affenkönigs Sun Wukong nach Indien handelt (und ebenfalls in Pekingopern und Comics ihren Niederschlag findet),

– »Die Räuber vom Liangshan-Moor« (»Shuihuzhuan«), eine chinesische Robin-Hood-Saga, und das

– »Jinpingmei« (»Schlehenblüten in goldener Vase«), ein Sittenroman, der recht

Illustration zur »Reise nach dem Westen«

Comic-Adaption von 1979 zu einer Geschichte aus dem »Roman der Drei Reiche«

drastisch das Leben der städtischen Mittelschicht schildert.

In der Qing-Zeit erschien dann nochmals ein großer Roman, »Honglou Meng«, »Der Traum der Roten Kammer«, von Cao Xueqin (1715–63), ein chinesisches Pendant zu den »Buddenbrooks«. Daneben entdeckt man auch satirische Werke, die dem China ihrer Zeit einen kritischen Spiegel vorhalten, so z. B. Li Ruzhens »Schicksal der Blumen im Spiegel« (»Jinghuayuan«) aus dem 18. Jh.

Ein erneuter deutlicher Wandel und die Aufhebung des Unterschieds zwischen einer Literatur der Bildungselite und einer Literatur für weniger gebildete Gruppen sollte erst im 20. Jh. erfolgen, als im Zuge der Vierten-Mai-Bewegung die Umgangssprache zur Schriftsprache erhoben wurde.

Der Wandel in der Literatur – Baihua und Vierte-Mai-Bewegung

Mit dem Ende des Kaiserreichs 1911/12 veränderte sich die politisch-kulturelle Landschaft in China grundlegend. Während noch im gerade zu Ende gegangenen 19. Jh. die Bedrohung durch westliche Nationen, der westliche Einfluss an sich, eine Art konfuzianischer Reaktion hervorrief, geschah im 20. Jh. etwas anderes. Westliche Vorstellungen gewannen bereits zu Beginn des neuen Jahrhunderts an Raum – eine ganze Reihe junger Leute ging zum Studium nach Frankreich, Deutschland oder die in USA. Diskussionen prägten die Atmosphäre, man war neugierig, sich offen mit den unterschiedlichsten Ideen und Theorien auseinanderzusetzen.

Die literarische Revolution läutete 1917 **Hu Shi** (1892–1962) ein, als er in der Zeitschrift »Xin Qingnian« (»Neue Jugend«) in einem Aufsatz, den er noch in präzisem klassischen Schriftchinesisch (*wenyan*) verfasste, vehement für die Verwendung der normalen Umgangssprache (*baihua*) in der Literatur eintrat. Seine Argumentation: Literatur und Bildung sollten aus dem Elfenbeinturm einer gelehrten – und machthabenden – Elite heraustreten, und mit der Verwendung der Umgangssprache werde es endlich möglich, auch breitere Bevölkerungsschichten zu erreichen. Auch **Chen Duxiu**, der spätere Mitbegründer der Kommunistischen Partei Chinas, postulierte drei Grundsätze der literarischen Revolution: Literatur soll Volksliteratur, realistische Literatur und soziale Literatur sein.

Illustration zum »Tagebuch eines Verrückten«

In der Folge war es der große chinesische Schriftsteller der Moderne, **Lu Xun** (1898–1966), der als erster neue, moderne Prosa schuf: 1918 erschien in der Zeitschrift »Xin Qingnian« seine Erzählung »Das Tagebuch eines Verrückten« (»Kuangren riji«). Erstmals geht es hier um einen einfachen Mann aus dem Volk, um seine Befindlichkeit, sein inneres Empfinden, um einen Menschen, der letztlich erkennt, dass die alte, tradierte Gesellschaft menschenverachtend ist. Lu Xun war auch ein produktiver Übersetzer: von Gogol und Plechanow über Jules Verne bis hin zu japanischen oder polnischen Autoren.

Lu Xun

In der Folge der Vierten-Mai-Bewegung von 1919 – entstanden aus einem Protest gegen die Abtretung deutscher Rechte auf chinesisches Territorium an Japan im Rahmen des Versailler Vertrags – entwickelte sich eine fruchtbare Auseinandersetzung der Autoren mit chinesischen und westlichen Wertesystemen.

Neben Lu Xun zählen zu den bedeutenden Schriftstellern dieser Zeit **Ye Shengtao** (1894–1988), **Yu Dafu** (1896–1945) und vor allem **Mao Dun** (1896–1981), der

Denkmal für Guo Moruo in seinem früheren Beijinger Wohnsitz

mit seinem Roman »Shanghai im Zwielicht« (»Ziye«, 1932) auch in Deutschland bekannt wurde. **Lao She** (1899–1966) erlangte mit seinem Theaterstück »Das Teehaus« (»Chaguan«) oder dem Roman »Rikschakuli« (»Luotuo xiangzi«, 1937) bei uns Aufmerksamkeit. Bekannte Schriftsteller der Moderne sind darüber hinaus **Guo Moruo** (1892–1978) sowie **Ba Jin** (geb. 1904), dessen Roman »Die Familie« (»Jia«) 1937 erschien. Ba Jin wollte mit seinen Werken die chinesischen Jugendlichen dafür sensibilisieren, dass nicht allein das persönliche Glück im Vordergrund des Handelns stehen dürfe, sondern ein jeder auch gesellschaftliche Verantwortung trage. Ba wurde 1979 für den Literaturnobelpreis nominiert. Als weibliche Vertreterin der modernen Schriftsteller erlangte **Ding Ling** (1904/07–86) Anerkennung.

Literatur in der Volksrepublik China

Aufgrund der politischen Situation in China, der Auseinandersetzung zwischen der Nationalen Volkspartei auf der einen und der Kommunistischen Partei auf der anderen Seite bzw. auch zwischen China und ausländischen imperialistischen Nationen, verstärkte sich die politische Komponente in der Literatur. 1930 wurde in Shanghai die **Gesellschaft Linker Schriftsteller** gegründet. Den wesentlichen Anstoß innerhalb der Literaturentwicklung gab jedoch der Lange Marsch der Kommunisten unter **Mao Zedong** nach Yan'an, wo dieser 1942 seine berühmte Rede »Über Kunst und Literatur« hielt. In dieser Rede, die im Kontext der Zeit gelesen werden muss, forderte er, dass Literatur den Interessen des Volkes zu dienen habe, wobei unter Volk insbesondere die Bauern, Arbeiter und Soldaten zu verstehen sind. Des Weiteren postulierte er den Klassencharakter der Kunst und daraus resultierend den Anspruch, dass für die Bewertung von Kunst und Literatur an erster Stelle der politische Gehalt und erst an zweiter Stelle die künstlerische Qualität stehen solle. Dieses Literaturkonzept sah Mao für eine Periode des Übergangs vor: Auf lange Sicht sollte auch der künstlerische Anspruch wieder steigen.

Erwähnt werden muss, dass ein Großteil der o. g. Autoren nach der Gründung der Volksrepublik China nicht mehr schriftstellerisch tätig waren: Mao Dun wirkte von 1949–65 als Kultusminister, Guo Moruo war lange Zeit Präsident der Akademie der Wissenschaften, Ye Shengtao Stellvertretender Erziehungsminister etc. Allerdings gibt es auch Fälle wie Ding Ling, der sich in Auseinandersetzungen mit der Partei verstrickte und aus diesem Grund lange nicht literarisch tätig sein konnte.

Literatur erfüllte einen politischen Zweck, wurde zur **Propaganda.** Dabei zeigte sich in den 1940er-Jahren lediglich ein gemäßigter Funktionalismus der Literatur. Und auch in den Jahren 1956/57 – zur Zeit der Kampagne der Hundert Blumen (»Lasst hundert Blumen blühen, lasst hundert Schulen miteinander streiten«) war es möglich, die chinesische Wirklichkeit – mit ihren positiven und negativen Seiten – zu thematisieren. Doch mit Beginn der Kampagne gegen rechts (1957) und während der Kulturrevolution bis zum Sturz der Viererbande (1966–76) endete die relative schriftstellerische Freiheit. Im Zentrum der Literatur stand nun ein idealisiertes Bild Chinas, seiner Partei und seiner Menschen.

Mit dem Ende der Kulturrevolution 1976 setzte erneut ein vorsichtiger Wandel in der Literatur der Volksrepublik China ein. Dennoch kamen ihr weiterhin klare politische Aufgaben zu: Kritik an der Viererbande, an der Kulturrevolution und im Gegenzug das Lob der von Zhou Enlai propagierten Vier Modernisierungen (der Industrie, Landwirtschaft, Verteidigung sowie Wissenschaft und Technik). Die Literatur der

Die Literatur Taiwans
Irgendwie ähnelt sich die Geschichte der modernen und zeitgenössischen Literatur in der Volksrepublik China und der Republik China auf Taiwan. In den Jahren nach 1949 besteht der Unterschied nicht in der Funktionalität und Instrumentalisierung der Literatur, sondern in der politischen Stoßrichtung: Literatur auf Taiwan ist primär antikommunistisch. Ähnlich wie in der Volksrepublik finden sich einige bemerkenswerte Schriftsteller wie **Bai Xianyong** oder **Chen Rouxi** (die als Taiwanesin dennoch während der Kulturrevolution 1963–77 in der Volksrepublik lebte), die aber letztlich ins US-amerikanische Exil gehen. Und nicht anders als in der Volksrepublik, wo kulturpolitische Liberalität mehr als einmal in Repression umschlug, geschieht dies auch auf Taiwan – je nach politischer Situation. So sprengen die Behörden Ende 1979 eine Veranstaltung zum Tag der Menschenrechte und verhaften dabei nicht genehme Autoren, die für einige Jahre im Gefängnis verschwinden (**Wang Tuo,** geb. 1944, und **Yang Qingchu,** geb. 1940).

ersten Jahre nach 1976 wurde bekannt als **Wunden- oder Narbenliteratur** (*shanghen*): Mitglieder insbesondere der Viererbande werden angegriffen, ihnen und ihren Gefolgsleuten Fehlurteile und die Verführung der Jugend sowie die Zerstörung von Lebensläufen zur Last gelegt. Bekannt wurde beispielsweise **Feng Jicai** mit seinem Kurzroman »Ach!«. Persönliche Themen, die in der Zeit vor 1949 noch denkbar und schreibbar waren, in der Zeit der Kulturrevolution aber als bourgeois und revisionistisch galten, durften indes weiterhin nur eingeschränkt in Angriff genommen werden: So konnte Liebe nur dann thematisiert werden, wenn sie positiv auf das Engagement für Partei und Vaterland wirkte. Eine Thematik blieb allerdings undenkbar, die in der westlichen Literatur immer wieder zur zentralen Motivik gehört: die Krise, die Zerrissenheit eines Protagonisten.

Ab etwa 1979 lassen sich verschiedene Ansätze feststellen: So gibt es eine Literatur, die **Reformen** (*gaige*) propagierte und sich dabei mit den Widersprüchen zwischen maoistischen und westlichen Wertvorstellungen auseinander setzte. Aus diesem Spektrum etwa wurde Zhang Jies Roman »Schwere Flügel« ins Deutsche übersetzt. Spannende Arbeiten stammen aus der Feder von Autoren wie **Bei Dao**, dessen zunächst nur im Untergrund kursierender Roman »Gezeiten« – schon 1974 verfasst – erst 1979 erstmals privat vervielfältigt wurde. Nach und nach begannen sich chinesische Schriftsteller, insbesondere aus der Generation der um 1950 Geborenen, mit Themen zu beschäftigen, die im Westen zum thematischen Kanon zählten und zählen.

Weitere Richtungen entstanden: Zum einen zeigte sich als Reaktion auf die Kampagne gegen Geistige Verschmutzung (1983/84) die Beschäftigung mit der Volkskultur, die **Xungen-Literatur** (*xungen* = Suche nach den Wurzeln), zum anderen etablierte sich die so genannte **Reportageliteratur** (*baogao wenxue*), die auch ins Deutsche übersetzt wurde. Zu diesem Genre zählen etwa **Zhang Xinxins** Reportagen »Pekingmenschen«, aber auch Frauenliteratur, Literatur der nationalen Minderheiten etc.

Nicht verschwiegen werden darf, dass mit dem **Tian'anmen-Zwischenfall** vom Juni 1989, dem Massaker auf dem Platz des Himmlischen Friedens in Beijing, das die seit einigen Jahren sich entwickelnde demokratische Bewegung in China zunächst auf grausame Weise zum Erliegen brachte, sich eine Reihe der führenden modernen Schriftsteller Chinas genötigt sahen, ins Ausland zu gehen, darunter Bei Dao, Zhang Xinxin, Liu Binyan, Duo Duo, Su Xiaokang, Dai Houying, Zhang Jie etc.

Die Verleihung des Nobelpreises für Literatur an **Gao Xingjian** im Jahr 2000 wurde in China und teils auch im Ausland zwiespältig zur Kenntnis genommen. Seit langem lebt und arbeitet Gao in Frankreich, er schreibt auf Französisch.

Literarische Wandzeitung in Beijing

um 3000 v. Chr.
Entwicklung der chinesischen Musik
2. Jt. v. Chr.
›Tanzender Schamane‹, eine der Wurzeln des Chortanzes
Shang-Zeit (um 1660–1050 v. Chr.)
Aufzeichnungen und Relikte geben Auskunft über die Musik, die wohl pentatonisch ist.
Zhou-Zeit (um 1050–226 v. Chr.)
Die rituelle Bedeutung der Musik zeigt sich in der Existenz eines Musikministeriums.
9. Jh. v. Chr.
Eine heptatonische Skala entsteht.
Qin-Zeit (221–207 v. Chr.)
Zerstörung von Instrumenten und Manuskripten
Han-Zeit (206/202 v. Chr.–220)
Einführung einer Notenschrift
Tang-Zeit (618–906)
Blütezeit der Musik. Die Musik aus Kucha kommt nach Chang'an.
Song-Zeit (960–1279)
Ausprägung des klassischen Dramas, eine der Wurzeln der chinesischen Oper
Ming- (1368–1644) und Qing-Zeit (1644–1911)
Entstehung des Kunqu, in der Qing-Zeit Ausprägung der Pekingoper

Vermutlich steht die frühe chinesische Musik mit zentralasiatischen Kulturen in Zusammenhang und entwickelte sich um 3000 v. Chr. Für die Shang-Zeit (um 1660–1050 v. Chr.) finden sich bereits Aufzeichnungen und archäologische Relikte, die etwas über chinesische Musik verraten. Anfänglich scheint sie mit fünf Tönen gearbeitet zu haben, doch bereits im 9. Jh. v. Chr. entstand eine heptatonische (siebentönige) Skala.

Der Musik kam rituelle Bedeutung zu. Mit ihrer Hilfe glaubte man, die Harmonie im Kosmos positiv beeinflussen zu können. Dieser hohen rituellen Wirkkraft entspricht, dass bereits in der Zhou-Zeit ein Musikministerium geschaffen wurde. Interessant ist, dass die Musik alsbald in einen konfuzianischen Kontext gestellt wurde. Konfuzius sah in ihr ein probates Mittel, um die Ordnung des Universums und damit der Gesellschaft zu beschwören. Zwar erlebte die Musik unter Qin Shihuangdi (reg. 221–207 v. Chr.) einen herben Rückschlag (Zerstörung von Instrumenten und Manuskripten – wie ja auch konfuzianische Werke verbrannt wurden), doch sollte sie in der folgenden Dynastie unter Han Wudi zu neuer Blüte gelangen. Während der Han-Zeit wurde eine Notenschrift eingeführt.

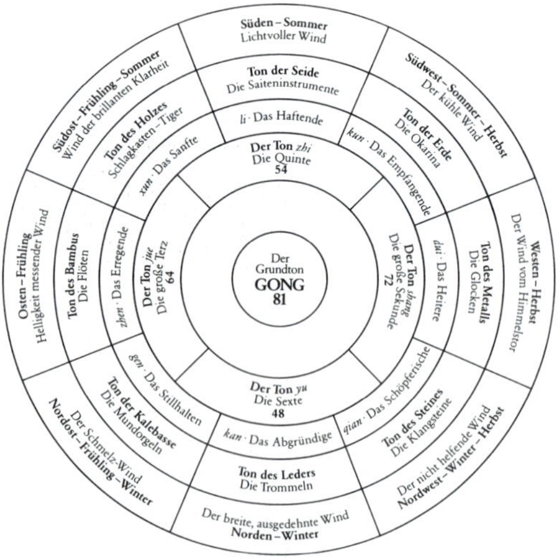

Zuordnung der acht Instrumentalkategorien zu den Jahreszeiten, den Himmelsrichtungen, den acht Trigrammen und den fünf Tönen mit deren Idealzahlen

In der Tang-Zeit waren die exotischen Klänge aus Kucha und Zentralasien sehr beliebt. Hier unterhält eine Gruppe Musiker gemeinsam mit einer chinesischen Tänzerin die Leute vom Rücken eines Kamels aus.

Ihren Höhepunkt erreichte die traditionelle Musik sicherlich unter den Tang-Herrschern, die eine großartige Förderung der Kultur betrieben und lange Jahre auch offen waren für Einflüsse aus dem Westen. Hier spielte insbesondere die Musik aus dem zentralasiatischen Kucha (Kuqa) eine wichtige Rolle. Diese Oasenstadt im Westen Chinas war einst ein blühendes kulturelles Zentrum. Bis zum 9. Jh. lebten dort überwiegend Tocharer, aber auch Inder, Tibeter, Sogdier etc. Kucha war berühmt für seine Musiker und seine Tänzerinnen. Die **Qiuci-Musik** aus Kucha machte am Tang-Hof Furore. So notierte der buddhistische Pilgermönch Xuanzang: »Das begnadete Flöten- und Lautenspiel der Musiker des Landes stellt alle anderen Königreiche in den Schatten.« Und im »Tang Shu«, den Annalen der Tang-Zeit, heißt es nach René Grousset: »Diese Musiker waren damals so versiert, dass sie nach ein wenig Übung eine Melodie wiedergeben konnten, die sie nur ein einziges Mal gehört hatten. Vier Tänzer waren diesem Orchester angeschlossen. Der so genannte Tanz der Fünf Löwen, der lange in China erfolgreich war, wurde von den Musikern Kutschas eingeführt.« Ein Orchester aus dieser Stadt war tatsächlich in der Tang-Zeit am Kaiserhof tätig und spielte bei Festen auf.

Die traditionelle chinesische Musik hört man heute vor allem noch auf dem Land, an Tempeln oder auf Märkten in der Stadt. Hier und da werden auch Konzerte traditioneller Musik gespielt. Eine ganze Reihe von Musikern beherrscht klassisch-chinesische Instrumente, spielt alte Musik, verbindet aber auch traditionelle Melodien mit westlichen Anklängen.

Traditionelle chinesische Instrumente

Die chinesische Musik verfügt über eine breite Palette an Musikinstrumenten, die sich in vier Gruppen einteilen lassen: Streich-, Zupf-, Blas- und Percussioninstrumente. Das bekannteste traditionelle **Streichinstrument** ist die *erhu* aus der Familie der *huqin*, eine senkrecht auf den Knien zu haltende, also im Sitzen zu spielende zweisaitige ›Geige‹ ohne Griffbrett und ohne Bünde. Die Erhu wurde während der Tang-Zeit aus Vorläuferinstrumenten nomadischer Völker entwickelt und ist bis heute eines der beliebtesten traditionellen Instrumente. Nicht zuletzt findet sie im Begleitorchester der Pekingoper Verwendung. Zur Huqin-Familie zählen weitere überwiegend zweisaitige Streichinstrumente, die oft mit regionalen Klängen verbunden sind.

Zu den **Zupfinstrumenten** gehören zum einen die *pipa*, *yueqin* und *sanxian*, die auf den Knien bzw. Oberschenkeln gehalten und damit sitzend gespielt werden. Zum anderen gibt es der Zither ähnliche Instrumente, die vor dem Musiker auf dem Boden stehen wie die *guzheng*. Bei der Pipa handelt es sich um ein altes Instrument, das bereits in Texten der Späten Han-Zeit (25–220 n. Chr.) erwähnt wird. Horizontal gespielte Vorläufer gab es bereits in der Qin-Zeit. Das viersaitige und zwölfbündige Instrument der Han-Zeit durchlief verschiedene Entwicklungen: Verwandte Formen entstanden, die teils mit den Fingern, teils mit einem Plektrum gespielt wurden. Die heute gängige Pipa ist birnenförmig, hat einen kurzen abknickenden Hals, vier oder fünf Saiten und 30 Bünde. Bei der chinesischen *ruan* handelt es sich um eine mit der Pipa verwandte Kurzhalslaute mit geradem Hals und mit rundem Klangkörper (wie auch die Yueqin oder Mondgitarre). Der Hals der Ruan ist mit 24 Bünden besetzt, sie verfügt über vier Saiten. Die viersaitige Pipa ist A–E–D–A gestimmt.

Pipa-Spielerin

Das vielleicht klassischste chinesische Musikinstrument ist eine siebensaitige Zither, *guqin* (alte Qin), die vermutlich seit etwa 3000 Jahren in ihrer Form unverändert blieb. So belegt ein Fund aus den 1970er-Jahren den Bau einer solchen Qin vor 2500 Jahren.

Ebenfalls sehr alt ist die *zheng* oder *guzheng* (alte Zheng), eine Zither, die bereits zur Zeit der Streitenden Reiche gespielt wurde. Ursprünglich besaß sie zwölf, heute 21–25 Saiten. Sie wird aus einem besonderen Platanenholz gefertigt, ihre Stege lassen sich verschieben, wodurch der Tonartwahl keine Beschränkung auferlegt ist. Optisch ein wenig der Guzheng ähnelt die *yangqin*, die vier Oktaven umfasst und geschlagen, nicht gezupft wird.

Zu den **Blasinstrumenten** gehört die weich und volltönend klingende chinesische Bambusflöte *dizi*, deren Alter auf etwa 3500 Jahre geschätzt wird. Ihr Klangspektrum umfasst etwa zwei Oktaven. Unverkennbar in Optik und Klang ist des Weiteren die chinesische Variante der Mundorgel, *sheng*, die für China bereits seit 3000 Jahren belegt ist. Sie setzt sich zumeist aus 17 Pfeifen zusammen (die *lusheng* hat sechs, moderne Varianten bis zu 36 Pfeifen), die nach oben aus der Windkammer emporragen. Sie ist ein wichtiger Bestandteil im traditionellen chinesischen Orchester.

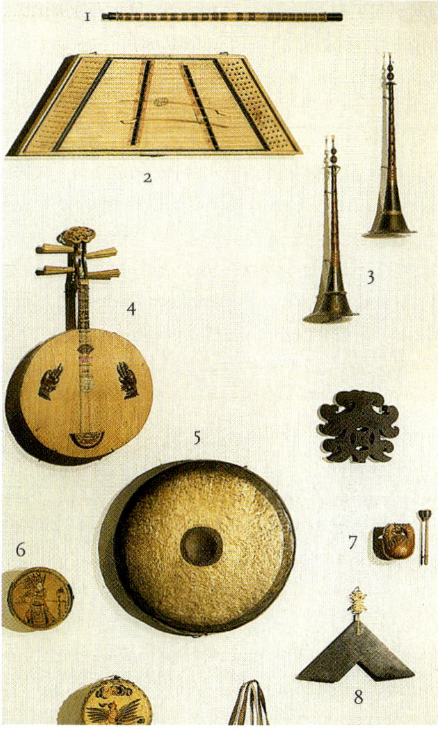

Auswahl von Musikinstrumenten:
1 Dizi
2 Zithervariante
3 Suona
4 Yueqin
5 großer Gong
6 Tanztrommel
7 Fischtrommel
8 Klangsteine

Vom Äußeren her trompetenähnlich, erinnert die *suona* im Klang eher an eine Oboe. Ihr Klangkörper ist aus Holz, die Enden sind aus Kupfer, sie besitzt sieben Löcher.

Wichtig für die chinesische Musik sind die **Rhythmusinstrumente** wie Zimbeln und Trommeln. Die glockenförmige *bangu* ist unten offen und wird mit Bambusschlegeln geschlagen. Bei der *paigu* handelt es sich um eine Zusammenstellung aus fünf Trommeln. Selbstverständlich finden auch Glocken Verwendung.

Die Ursprünge der chinesischen Opern lassen sich in verschiedene Epochen und Bereiche der chinesischen Geschichte und Kultur zurückverfolgen. Wenn man so will, kann man bis ins 2. Jt. v. Chr., zum ›Tanzenden Schamanen‹ (*wuwu*), zurückgehen, auf dessen rituellen Tanzschritten die Tradition des Chortanzes beruht, die in der Tang-Zeit mit Tanz und Spiel der kaiserlichen Hofdamen des Taizong im Birnengarten (*liyuan*) ihren Höhepunkt fand. Eine andere bedeutende Wurzel der chinesischen Opern findet sich im klassischen Drama, das sich ab der Song-Zeit (960–1279) verstärkt entwickelte und schließlich in der ausklingenden Ming- und dann der Qing-Zeit im *kunqu* kulminierte. Das Kunqu war zunächst lediglich ein mit Volksweisen kombiniertes einfaches Theater, benannt nach dem Ort Kunshan in der Nähe von Suzhou. Allmählich wurde es zu einer elaborierten Aufführungsform mit aufwändigen Melodien.

Es ließen sich zahlreiche weitere regionale Stile benennen, die alle zur chinesischen Operntradition gehören. Doch für unsere Betrachtung wichtig ist letztlich der Umstand, dass während der Qing-Zeit in der Hauptstadt Beijing vor etwa 200–250 Jahren aus diversen Stilen die Pekingoper entstand. Dies verdanken wir insbesondere dem Qianlong-Kaiser, der Operntruppen aus unterschiedlichen Regionen Chinas förderte, ja sogar das Land bereiste, um die Künstler kennen zu lernen. Entsprechend traten viele Opernensembles auch in der Hauptstadt auf, und zum 80. Geburtstag des Kaisers kamen vier berühmte Ensembles aus Anhui und blieben in Beijing. Ihre Hui-Opern, Lokalopern aus der Provinz Anhui, erfreuten sich großer Beliebtheit. Diese Musiktradition verband sich mit Stilen aus der Provinz Shaanxi (*qinqiang*) und Hubei (*handiao*) sowie dem südlichen Opernstil Kunqu zu so genannten *pihuang*-Melodien, dem direkten Vorläufer der Pekingoper. Etwa um 1850 wurden dann diese Melodien erstmals nicht mehr im Dialekt ihrer Herkunftsregionen, sondern im Beijinger Dialekt gesungen.

Auf Taiwan wie in der Volksrepublik China lebt die Pekingoper noch heute fort. Institute und Schulen bilden in der traditionellen Kunst aus. Nach dem Niedergang der traditionellen Pekingoper während der Kulturrevolution, als revolutionäre Propagandaopern an ihre Stelle traten, erfreut sie sich heute durchaus wieder großer Beliebtheit – wobei die moderne, vom Westen beeinflusste Musik ihr viele junge Leute abspenstig macht.

Die Pekingoper präsentiert sich als komplexes Gebilde, als Gesamtkunstwerk aus Musik, Gesang, Dialog bzw. Rezitation, Tanz und Akrobatik. Der Begriff **Pihuang-Melodie** ist eine Zusammenfassung aus den

Wörtern *xipi* und *erhuang*, zwei Melodien, die sich in der Intensität des Rhythmus und des Tempos unterscheiden. Der Rhythmus ist maßgebend für den Stimmungsausdruck. Beim Gesang selbst finden sich neben diesen beiden Melodien noch weitere Varianten. Wichtig für den westlichen Musikkenner ist es, zu verstehen, dass einzelne Melodien nicht zwingend nur in einer bestimmten Oper vorkommen, sondern vielmehr eine bestimmte Stimmung oder ein bestimmtes Handlungselement ausdrücken und unter diesem Aspekt in verschiedenen Stücken Verwendung finden können. So wird etwa, wenn ein General die Bühne betritt, stets das Wasserdrachenlied gespielt.

Im Prinzip finden alle oben beschriebenen klassischen **Musikinstrumente** bei der Orchestrierung einer Pekingoper Verwendung. Die Rhythmusinstrumente Trommel und Gong haben immer wieder Soloparts und darüber hinaus eine integrierende Funktion. Sie kündigen auch den Wechsel zwischen einzelnen Aufführungselementen (Tanz und Akrobatik oder Gesang und Rezitation) an.

Lauscht man einer Pekingoper, wird man wenig vom **Wortlaut** verstehen, da die im Beijinger Dialekt gehaltenen Textpassagen (*jingbai*) so übertrieben vorgetragen werden, dass sie verzerrt wirken, was bei den

Szene aus einer Pekingoper, Qing-Zeit

yunbai-Texten (gereimter Henan-Dialekt) durch die Fremdheit des Dialekts und die noch künstlichere, verzerrte Rezitation weiter verstärkt ist. Jedem Rollentypus ist eine der beiden Sprachformen zwingend zugeordnet.

Die Zahl der **Pekingopernstücke** geht in die Tausende. Sie lassen sich, bezogen auf die Handlung, in zwei klassische Kategorien unterteilen: Zunächst gibt es Stücke mythologischen Inhalts, wobei darunter gewiss die Reise des Mönchs Xuanzang mit dem Affenkönig Sun Wukong und dem Schwein gen Westen (»Xiyouji«) eine der bekanntesten ist. Die zweite Rubrik beinhaltet historische Stücke (teils auch neu bearbeitet), etwa nach dem »Roman der Drei Reiche« (»Sanguozhi yanyi«) oder die Geschichte der »Räuber vom Liangshan-Moor« (»Liangshanbo«). Lyrischer sind Stücke wie die Liebesgeschichte zwischen einem Sterblichen und

Die Maske eines intriganten Charakters

dem weiblichen Schlangengeist Bai Suzhen, »Die Legende von der Weißen Schlange« (»Baishezhuan«).

Wer eine Pekingoper anschaut, registriert unweigerlich die **Stilisierung** der Bewegungen, die Bedeutung pantomimischer Darstellung und ein minimalistisches Bühnenbild mit nur wenigen Requisiten. Jede Bewegung ist exakt vorgeschrieben, jede Hand- oder Fingerhaltung, jeder Schritt, jede Tanzfolge hat ihre Bedeutung. Reitet eine Person, hält sie eine Peitsche, rudert sie, erscheint sie mit einem Paddel. Tusche und Reibstein hingegen deuten auf ein Gelehrtenzimmer hin, Kampfszenen sind oft von Akrobatik geprägt. Eine viereckige schwarze Fahne bedeutet starken Wind, ein rechteckiges blaues Tuch an zwei Stangen steht für eine Burg oder Stadt. Häufig finden ein Tisch und zwei Stühle Verwendung. Flankieren die Stühle den Tisch, so handelt es sich um das Innere eines Raumes. Steht der Stuhl am Bühneneingang oder -ausgang, so spielt die Szene außerhalb des Raumes etc.

Diese Aspekte sowie die im Folgenden in groben Zügen dargestellten weiteren stilisierten und festgeschriebenen Elemente machen es nicht leicht, Zugang zur Pekingoper zu finden.

Die Rollentypen

In der Pekingoper gibt es vier Grundtypen von Rollen, die jeweils als Zivil- (*wen*) und kriegerische (*wu*) Rolle existieren:

– *Sheng*, eine männliche Rolle: positiver Typus, entweder ein Gelehrter oder ein Krieger
– *Dan*, eine weibliche Rolle, die Heldin
– *Jing*, eine männliche Rolle, positiver oder negativer Gestalt (auch ›bemaltes Gesicht‹ genannt),
– *Chou*, eine männliche oder weibliche komische positive oder negative Gestalt (auch ›kleines bemaltes Gesicht‹).

Diese vier Typen werden dann weiter unterteilt, etwa in alten Mann, jungen Mann und Knabe oder in alte Frau, traditionelle tugendhafte Frau, kokette Frau, junges Mädchen etc. Gesang, Rezitation, Kostüm, Maske und Bewegungen sind für jeden einzelnen Typus charakteristisch festgelegt. Allerdings gibt es weitere Unterteilungen, die auf von berühmten Darstellern – etwa Mei Lanfang – geprägte Interpretationsstile zurückgehen.

Die Masken

Zu den auffälligsten Elementen der Pekingoper gehören jene Rollen, die durch in Farbe und Muster ausdrucksstark geschminkte Gesichter charakterisiert sind. Die ›bemalten Gesichter‹ gehen auf echte Masken zurück, wie sie früher im Krieg zur Abschreckung von Feinden und später dann auf der Theaterbühne getragen wurden. Im Verlauf der Song-Zeit (960–1279) begann man dann die Masken direkt auf das Gesicht des Schauspielers zu malen.

Die Maske des Generals Yu

Es gibt in der Pekingoper unzählige Varianten, doch lassen sich einige Grundelemente erklären. Die Farben und das Muster einer Maske symbolisieren den Charakter, die Eigenschaften, die Identität und das Ansehen einer Figur.

Die Farben

– Schwarz: Aufrichtigkeit, Offenheit (aber auch Grobheit)
– Rot: Treue und Rechtschaffenheit
– Weiß: Intelligenz und List
– Gelb: Tapferkeit und das Böse, Argwohn
– Blau und Grün: Tapferkeit und Kraft, aber auch Tyrannei und Jähzorn
– Violett: Ruhe und Festigkeit

Grünes geteiltes Buntgesicht: Die Maske des Xu Shiying, der eine Bauernarmee siegreich gegen einen tyrannischen Herrscher führt

Rotes Drei-Ziegel-Gesicht: Maske des Militärberaters Jiang Wei. Rot steht für Treue und Tapferkeit, das Yin-Yang-Symbol auf der Stirn für Weisheit und strategisches Denken.

– Rosa: ebenfalls Treue und Rechtschaffenheit (bei älteren Personen)
– Gold und Silber: für Gottheiten und Geister verwendet

Die Muster

Auch hier können in diesem Rahmen lediglich die Grundtypen genannt werden:
– Ganzes Gesicht: Das Gesicht wird vollständig mit einer Farbe bemalt, dann werden die Sinnesorgane mit anderen Farben betont.
– Drei-Ziegel-Gesicht: eine Farbe für die Augen- und Nasenpartie, drei weitere Farben für Stirn und Wangen
– Kreuz-Gesicht: Zwei Linien kennzeichnen diese Maske – eine verläuft senkrecht über Stirn und Nase, eine waagerecht über den Augen.
– Geteiltes Buntgesicht: Eine sehr aufwändige Maske, bei der die Stirn einfarbig gestaltet wird, andere Partien jedoch mit komplexen Mustern versehen werden.
– Bildergesicht: Eine Bemalung, die das Gesicht einem Tier, Vogel oder Fisch ähneln lässt. Sie kennzeichnet übernatürliche Wesen.
– Schiefes Gesicht: Hier werden die Sinnesorgane verzerrt dargestellt. Bei der Figur handelt es sich entweder um eine von einer Verletzung gezeichnete Gestalt oder um einen Schurken.

Die Kostüme

Wie die Masken bestechen die Kostüme der Pekingoper durch ihre Pracht. Auch sie sind exakt festgelegt. Farben, Muster und die einzelne Elemente geben wiederum Auskunft über Charakter, Stellung etc. der dargestellten Person.

So lassen sich hochrangige Regierungspersönlichkeiten (Kaiser, Minister, General) an üppig mit Drachen, Wolken und Meerwasser bestickten **Gewändern** erkennen, wobei das kaiserliche Gewand von gelber Farbe ist. Sieht man auf der Bühne Figuren mit am Rücken befestigten Fahnen, so handelt es sich um einen General, der seine ›harte Rüstung‹ (*yingkao*) trägt. Ein weiteres auffälliges Element sind Kostüme, deren Ärmel mit weißen Seidenstreifen verlängert sind (*shuixiu* = Wasserärmel), ein Schmuckelement. Lange Fasanenfedern symbolisieren Mut und kämpferische Fertigkeit. Zivile Beamte tragen unbestickte Gewänder und häufig Kappen mit viereckigen ›Flügeln‹. Sind die ›Flügel‹ hingegen dreieckig, handelt es sich um eine Figur von intrigantem Charakter.

Es gibt vier verschiedene Arten von **Kopfbedeckungen:** Krone, Helm, Hut oder Mütze sowie Kopftuch. Doch auch hier können wiederum kleine Veränderungen genaueres über den Rang oder den Charakter einer Figur verraten.

Kostüm und Maske werden bei den männlichen Figuren oft durch **Bärte** ergänzt. Auch dabei gibt es verschiedene Farben (Schwarz, Weiß, Grau und Rot) und Formen, vom Vollbart über mehrfach geteilte Bärte bis zu verschiedenen Schnurrbartformen. Trägt eine Figur einen langen, roten Vollbart, so handelt es sich zumeist um eine ein wenig grobe oder seltsame Figur.

Die Fahnen verraten, dass es sich hier um einen Militärführer handelt.

China
N
0
500 km
RUSSLAND
KASACHSTAN
Balchasch-See
Altai
MONGOLEI
USBEKISTAN
Alma-Ata
Usu
Yining
Urumqi
KIRGISISTAN
Tian Shan
Kuqa (Kucha)
Turfan
Luntai
Kashgar
Hami
Aksu
Tarim He
Korla
Bagrash Köl
TADSCHIKISTAN
Tarim-Becken
Wüste
Yarkand He
Lop Nor
Yarkand (Shache)
Wüste Taklamakan
Dunhuang
PAKISTAN
Aksay
Jiayuguan
Große Maue
Khotan (Hetian)
Charklik (Ruoqiang)
Cherchen (Qiemo)
Qilian Shan
Karakorum
Keriya (Yutian)
Niya (Minfeng)
Kunlun Shan
Bukudaban Feng
7723 m
Muztag
6860 m
Golmud
Qinghai Hu (Koko Nor)
Xining
TIBETISCHE HOCHEBENE
Himalaya
Kailash
6714 m
Transhimalaya
Huang He (Gelber Fluss)
Shigatse
Lhasa
Jinsha Jiang
NEPAL
Tsangbo
Mt. Everest
Kathmandu
8848 m
BHUTAN
INDIEN
BANGLADESH
Lancang Jiang
Kunming
Dhaka
Kalkutta
MYANMAR (BIRMA)
LAOS
Golf von Bengalen
THAILAND

Übersichtskarte China

Fläche und Ausdehnung
Fläche: 9 627 343 qkm
Grenzen zu Lande: ca. 28 000 km
Küstengrenze: über 20 000 km
maximale Ost-West-Ausdehnung: ca. 4400 km
maximale Nord-Süd-Ausdehnung: ca. 4100 km

Bevölkerung und Bevölkerungsdichte
Gesamtbevölkerung: ca. 1,3 Mrd. Einwohner
Altersstruktur: unter 15 Jahren: ca. 27 %,
15–64 Jahre: ca. 66 %, ab 64 Jahre: ca. 7 %
durchschnittliche Bevölkerungsdichte/qkm 135 Menschen
Während in Gebieten wie Tibet (Xizang), Xinjiang und Qinghai nur 2–20 Menschen auf 1 qkm leben, liegt die Dichte in küstennahen Regionen bei 500–800 Menschen/1 qkm, wobei diese Zahl teils bei über 2000 liegt. Die größten chinesischen Städte (1997/98) sind
Chongqing 30,2 Mio.,
Shanghai 14,09 Mio.,
Beijing 12,59 Mio.,
Tianjin: 9,48 Mio.,
Wuhan: 7,1 Mio.,
Shenyang: 6,67 Mio.,
Guangzhou (Kanton): 6,47 Mio.

Chinas Wirtschaft
Bruttoinlandsprodukt 2000: 8940,4 Mrd. Yuan RMB = 1117,5 Mrd. Euro
Anteil des Primärsektors (1998): 18,4 %
Anteil des Sekundärsektors (1998): 48,7 %
Anteil des Tertiärsektors (1998): 32,9 %
Wachstumsrate: im Jahresschnitt über 7 %
Zahl der Beschäftigten 2000: 711,5 Mio., davon 212,74 Mio. in den Städten
Arbeitslosenrate in den Städten, gerechnet nach gemeldeten Arbeitslosen 3,1 %
aktive Außenhandelsbilanz 21,1 Mrd. US-$
Devisenreserven: 165,6 Mrd. US-$
Steuereinnahmen 2000: 1266 Mrd. Yuan, eine Steigerung um 22,8% zum Vorjahr neu bebaute Fläche: 1551,75 Mio. qkm
Wertzuwachs der Industrie: 9,9 % (3957 Mrd. Yuan)
Wichtigste Industriezweige: Eisen- und Stahlindustrie, Kohle, Maschinenbau, Rüstungsindustrie, Textilien, Zement, Petrochemie
Gesamt-Exportvolumen 2000: 249,2 Mrd. US-$
Export nach Deutschland (1998): 6,6 Mrd. US-$
Gesamt-Importvolumen 2000: 225,1 Mrd. US-$
Import aus Deutschland (1998): 7,9 Mrd. US-$
Handelsbilanzüberschuss: 24,1 Mrd. US-$
Wichtigste Exportgüter (nach Handelsvolumen): Stoffe, Kleidung, Telekommunikations- und Aufnahmegeräte, Erdöl, Erze
Wichtigste Importgüter (nach Handelsvolumen): Industriemaschinen, chemische Erzeugnisse, Stahl, Textilgarn, Düngemittel
Im Jahr 2000 wurden über 22 000 neue Projekte mit ausländischer Kapitalbeteiligung genehmigt, 32,1 % mehr als im Jahr 1999. Das tatsächlich eingesetzte ausländische Kapital belief sich im Jahr 2000 auf 40,7 Mrd. US-$, ein Plus von 1 % zum Vorjahr.

Zeittafel zur chinesischen Geschichte

Neolithikum	ca. 5.–2. Jt. v. Chr.
Xia-Zeit	um 2205–1766 v. Chr.
Shang-Zeit	um 1650–1050 v. Chr.
Zhou-Zeit	um 1050–226 v. Chr.
Westliche Zhou	um 1050–771 v. Chr.
Zeit der Frühlings- und Herbstannalen	770–476 v. Chr.
Zeit der Streitenden Reiche	475–221 v. Chr.
Zeit der Hundert Schulen	551–479 v. Chr.
Qin-Zeit	221–206 v. Chr.
Han-Zeit	206/202 v. Chr.–220
Westliche Han	206/202 v. Chr.–9 n. Chr.
Interregnum des Wang Mang	9–23/25
Östliche Han	25–220
Zeit der Drei Reiche	220–264
Westliche Jin-Zeit	265–317
Zeit der Nord- und Süddynastien (Nanbeichao)	317–589
Sui-Zeit	581/589–618
Tang-Zeit	618–906
Zhou-Dynastie (Wu Zetian)	690–705
Fünf Dynastien im Norden	907–960
Zehn Königreiche im Süden	901–979
Song-Zeit	960/979–1279
Yuan-Zeit (Mongolen)	1271–1368
Ming-Zeit	1368–1644
Qing-Zeit (Mandschuren)	1644–1911
Republik China	1911–49
Republik China auf Taiwan	seit 1949
Volksrepublik China	seit 1949

Landeskunde und Geschichte

Bartke, Wolfgang: Die großen Chinesen der Gegenwart. Ein Lexikon 100 bedeutender Persönlichkeiten Chinas im 20. Jh. Frankfurt/M. 1985

Bergmann, Theodor: Auf dem langen Marsch. Chinas Weg in die sozialistische Marktwirtschaft. Köln 1996

Chow Tse-Tsung: The May 4th Movement. Intellectual Revolution in Modern China. Cambridge, Massachusetts and London, England, 5. Aufl. 1980

Fairbank, John K.: Geschichte des modernen China 1800–1985. München 1989

Fang Lizhi: China im Umbruch. Berlin 1989

Franke, Herbert und Wolfgang Trauzettel: Das chinesische Kaiserreich. Fischers Weltgeschichte Bd. 19. Frankfurt/M., 16. Aufl. 1996

Gernet, Jacques: Die chinesische Welt. Frankfurt/M. 1987

Goepper, Roger: Das alte China. Geschichte und Kultur des Reiches der Mitte. München 1988

Granet, Marcel: Die chinesische Zivilisation. Familie, Gesellschaft, Herrschaft. Von den Anfängen bis zur Kaiserzeit. München 1976

Hsia, Adrian: Die chinesische Kulturrevolution. Zur Entwicklung der Widersprüche in der chinesischen Gesellschaft. Neuwied und Berlin 1972

Kausch, Anke: China. Die klassische Reise – Kaiser- und Gartenstädte, Heilige Berge und Boomtowns. Kunst-Reiseführer, Köln. 2. Aufl. 2000

Kausch, Anke: Krieger des Jenseits. Die Grabarmee des Ersten Kaisers von China. Hg. vom Museum für Kunst und Gewerbe Hamburg (Ausstellungskatalog). Heidelberg 1995

Kausch, Anke: Seidenstraße. Von China durch die Wüsten Gobi und Taklamakan über den Karakorum Highway nach Pakistan. Kunst-Reiseführer. Köln 2001

Kuhn, Dieter (Hg.): Chinas Goldenes Zeitalter. Die Tang-Dynastie (618–907 n. Chr.) und das kulturelle Erbe der Seidenstraße (Ausstellungskatalog). Heidelberg 1993

Merson, John: Straßen nach Xanadu. China und Europa und die Entstehung der modernen Welt. Hamburg 1989

Müller, Johannes: Kulturlandschaft China. Anthropogene Gestaltung der Landschaft durch Landnutzung und Siedlung. Gotha 1997

Needham, Joseph: Wissenschaft und Zivilisation in China. Frankfurt/M. 1984

Needham, Joseph: Wissenschaftlicher Universalismus. Über die Bedeutung und Besonderheit der chinesischen Wissenschaft. Frankfurt/M. Neuaufl. 1993

Schmidt-Glintzer, Helwig: Das alte China. Von den Anfängen bis zum 19. Jahrhundert. München 1995, 2. Aufl. 1999

Schmidt-Glintzer, Helwig: Das neue China. Von den Opiumkriegen bis heute. München 1999, 2. Aufl. 2001

Shaughnessy, Edward L. (Hg.): Das alte China. Im Land des himmlischen Drachen. München 2001

Weggel, Oskar: Geschichte Chinas im 20. Jahrhundert. Stuttgart 1989

Weggel, Oskar: China im Aufbruch. Konfuzianismus und politische Zukunft. München 1997

Zinzius, Birgit: China entdecken. München 1999

Religion und Philosophie

Bauer, Wolfgang: China und die Hoffnung auf Glück. Paradiese, Utopien, Idealvorstellungen in der Geistesgeschichte Chinas. München 1974

Bauer, Wolfgang: Geschichte der chinesischen Philosophie. Konfuzianismus, Daoismus, Buddhismus. Hg. von Hans van Ess. München 2001

Bechert, H. und R. Gombrich: Der Buddhismus. Geschichte und Gegenwart. München 1989

Blofeld, John: Der Taoismus oder Die Suche nach Unsterblichkeit. München, 4. Aufl.1994

Blofeld, John (Hg.): I Ging. Das Buch der Wandlung. Das große Weisheits- und Orakelbuch der Chinesen. Bern und München 1999

Dschuang Dsi: Das wahre Buch vom südlichen Blütenland. München, 8. Aufl. 1994

Granet, Marcel: Das chinesische Denken. Inhalt, Form, Charakter. Frankfurt/M. 1985

Kaltenmark, Max: Lao-tzu und der Taoismus. Frankfurt/M. 1996

I Ging: Das Buch der Wandlungen (übersetzt von Richard Wilhelm). München 22. Aufl. 1995

Grousset, René: Die Reise nach Westen oder Wie Hsüan Tsang den Buddhismus nach China holte. München 1994

Kulturstiftung Ruhr Essen (Hg.): Das alte China. Menschen und Götter im Reich der Mitte 5000 v. Chr.–220 n. Chr. (Ausstellungskatalog), München 1995

Kungfutse. Schulgespräche – Gia Yu. München, 2. Aufl. 1997

Laotse: Tao Te King. Das Buch vom Sinn und Leben. Übersetzt und mit einem Kommentar von Richard

Wilhelm. Kreuzlingen, München, 13. Aufl. 2000
Laotse: Tao-Tê-King. Das Heilige Buch vom Weg und von der Tugend. Übersetzung, Einleitung und Anmerkungen von Günther Debon. Stuttgart 1979, 2001
Li Gi. Das Buch der Riten, Sitten und Gebräuche. Aus dem Chin. von Richard Wilhelm. München, 2. Aufl. der Neuausg. 1994
Liä Dsi. Das wahre Buch vom quellenden Urgrund. Aus dem Chin. von Richard Wilhelm. München, 5. Aufl. 1996
Maspéro, Henri: Le Taoisme et les religions chinoises. Paris 1971
Schumann, Hans W.: Buddhismus. Stifter, Schulen und Systeme. München, 3. Aufl. 1995

Architektur und Gartenkunst
Beuchert, Marianne: Die Gärten Chinas. München 1988, Frankfurt/M. 1998
Blaser, Werner: Hofhaus in China/Courtyard House in China. Tradition und Gegenwart/Tradition and Present. 2. erweiterte Aufl. 1995
Chang Chao-Kang und Werner Blaser: China. Tao in der Architektur. Tao in Architecture. Basel 1987
Keswick, Maggie: Chinesische Gärten. Stuttgart 1989
Qiao Yun: Alte chinesische Gartenkunst. Leipzig 1988
Shatzman Steinhardt, Nancy et al.: Chinese Traditional Architecture. New York 1984
Thilo, Thomas: Klassische chinesische Baukunst. Leipzig 1977

Kunst, Kunsthandwerk, Musik
Cahill, James: Chinesische Malerei (in der Reihe Die Kunstschätze Asiens). Genf 1960, 1979
Eberhard, Wolfgang: Lexikon chinesischer Symbole. Geheime Sinnbilder in Kunst und Literatur. Leben und Denken der Chinesen. München, 5. Aufl. 1996
Huo Jianying: Die Kunst der Pekingoper. Beijing 1997
Ledderose, Lothar (Hg.): Im Schatten hoher Bäume. Malerei der Ming- und Qing-Dynastien (1368–1911) aus der Volksrepublik China. (Ausstellungskatalog) Baden-Baden 1985
Li Zehou: The Path of Beauty. A Study of Chinese Aesthetics. Beijing 1988
Rolf, Anita: Kleine Geschichte der chinesischen Kunst. Köln 1985
Ronte, Dieter, Walter Smerling und Evelyn Weiss: China. Zeitgenössische Malerei. (Ausstellungskatalog) Köln 1996
Timmermann, Irmgard: Die Seide Chinas. Eine Kulturgeschichte am seidenen Faden. Köln 1986
Watson, William: Art of Dynastic China. New York 1981

Literatur
Ba Jin: Die Familie. München 1980
Bei Dao: Notizen vom Sonnenstaat. Gedichte. München 1991
Chinesische Lyrik der Gegenwart. Hg. und komm. von Lü Yuan und Winfried Woesler. Stuttgart 1992
Debon, Günther (Hg.): Ostasiatische Literaturen (Reihe Neues Handbuch der Literaturwissenschaft). Wiesbaden 1984
Debon, Günther: Mein Weg verliert sich fern in weissen Wolken. Chinesische Lyrik aus 3 Jahrtausenden. 1988
Feng Jicai: Die lange Dünne und ihr kleiner Mann. Bochum 1994
Kubin, Wolfgang (Hg.): Hundert Blumen. Moderne chinesische Erzählungen (2 Bd.). Frankfurt/M. 1980
Lao She: Rikschakuli. Frankfurt/M. 1987
Lu Xun: Die Wahre Geschichte des Ah Q. Frankfurt/M. 1982
Zhang Jie: Schwere Flügel. München, Wien 1985
Zhang Xinxin und Sang Ye: Pekingmenschen. Köln 1986

Klassische chinesische Romane
Die folgenden Romane sind alle im Insel Verlag erschienen, zur Zeit scheint nur noch Die Räuber vom Liang Schan Moor lieferbar zu sein (Frankfurt/M. 1976)
Der Traum der Roten Kammer
Die Räuber vom Liang Schan Moor
Die Drei Reiche
Die Reise nach dem Westen
Kin Ping Meh

Orts- und Sachregister

Abbildungsnachweis

Anders, Jörg P., Berlin 58
Archiv für Kunst und Geschichte, Berlin: 26, 32, 41, 42, 45, 48
Art Archive 71
Beville, Henry B., Washington 131u., 142, 143u., 144, 145, 148u.
Bildagentur Schuster, Oberursel 31
Bildarchiv Preußischer Kulturbesitz, Berlin 27
Bridgeman Art Library, London/New York 33
Brinker, Helmut Prof. Dr. 12 o., 12 u.
British Museum, London 160u.
Corbis 44, 186
Cultural Relics Publishing House, Beijing 98, 164
Depot des Kulturamtes der Stadt Xi'an 162
dpa 53, 54 o., 54 u.
Duncan Baird Publishers 68
Flessel, Klaus Prof. Dr., Erlangen 83
Fülling, Oliver, Swisttal-Odendorf 124
Gabriel, Klaus, Berlin 40
Grießler, Margareta 36
Heil, Günter, Berlin 32, 152o.
Hu Chui/Liu Zhigang 137, 138
Hong Kong Museum of Art 151o.
Kuhn, Dieter Prof. Dr., Heidelberg 167o.
Metropolitan Museum of Art, New York 30, 31,
Müller, Kai Ulrich, Berlin 8, 9 oben, 10, 11, 56, 57o., 57 u., 85, 94, 95, 118
Museum für Kunst und Gewerbe, Hamburg 163u.
Museum of Chinese History, Beijing 13, 22, 39
Museum of Fine Arts, Boston 134
Museum Rietberg, Zürich 170
National Palace Museum, Taibei 28, 152u.
Palastmuseum Beijing 38
Palastslg. Taizhong, Taiwan 139, 140
Pansegrau, Erhard, Berlin 2, 18, 63, 110, 113, 114, 115, 127o., 128u.,
Private Collection of Gallery Regency, Paris 157
Rath, Britta, Wilstedt 87, 90, 92, 99, 109, 111, 116, 122, 125, 128o., 129, 131o., 165, 180
Réunion des musées nationaux, Paris 123
Robert Harding Associates 163o.
Robert Harding Picture Library Ltd. London 15, 24,
Rötting, Thomas / transit archiv, Leipzig 51
Sammlung C.C. Wang, New York 142
Städtisches Museum Osaka 141
Thiele, Peter Prof. Dr., Stuttgart 60
Thiem, Eberhard, Lotos Film, Kaufbeuren 66, 167u., 187
Tokyo National Museum 161
William Rockhill Nelson Gallery of Art, Atkins Museum 160o.
Woeste, Peter 9 u.

Quellennachweis

»Das chinesische Brevier vom weinseligen Leben.« Heitere Gedichte, beschwingte Lieder und trunkene Balladen der großen Poeten aus dem Reich der Mitte. Aus dem Chinesischen übersetzt und herausgegeben von Jochen Kandel, Scherz Verlag, Bern/München/Wien, 1985, S. 174/174
Debon, Günter: Mein Haus liegt menschenfern doch nah den Dingen. Dreitausend Jahre chinesischer Poesie. Eugen Diederichs Verlag, München 1988, S. 174 (»Am Ostturm«)
Grousset, René: Die Reise nach Westen oder wie Hsüan-tsang den Buddhismus nach China holte. Aus dem Französischen von Peter Fischer in Zusammenarbeit mit Renate Schmidt. Eugen Diederichs Verlag, München, 1986, Neuausgabe 1994, S. 185
»Shuowen Jiezi«. Zitiert nach Yang Yang: Die Entstehung der chinesischen Jadekultur: In: Das Alte China, hrsg. von Roger Goepper, Ausstellungskatalog Essen 1995, S. 156